에듀테크 교사 연구회 미리캔버스 팀
(김동은·김효민·박채린·이희정·임준열) 공저

2019년 이전까지만 해도 우리 교실은 칠판과 분필, 교과서와 프린트물이 중심이었습니다. 시각 자료가 필요하면 파워포인트를 열어 몇 시간씩 고민하며 만들었고, 그마저도 만족스럽지 않은 결과물에 자괴감을 느끼곤 했습니다. 전문 디자인 도구는 배우기에 너무 어려웠고, 본업에 치여 새로운 기술을 익힐 시간적 여유도 없었습니다.

그러나 코로나19 팬데믹을 거치며 상황은 급변했습니다. 갑작스러운 비대면 수업의 일상화는 우리 모두에게 도전이자 기회였습니다. 학생들의 관심을 끌고 효과적으로 지식을 전달하기 위해서는 매력적인 시각 자료가 필수적이라는 것을 절실히 깨달았습니다. 캐나다 인지심리학자 앨런 파이비오가 제시한 '그림 우월성 효과'는 단순한 이론이 아니라, 우리가 매일 경험하는 교실의 현실이었습니다. 이미지가 포함된 정보는 텍스트만 제공된 정보보다 65%나 더 오래 기억된다는 사실을 매 수업 시간에 느꼈습니다.

그러한 필요성 속에서 우리는 미리캔버스를 만났습니다. 처음에는 많은 디자인 도구 중 하나로 생각했지만, 직접 사용하며 이것이 단순한 도구가 아니라 교육 현장을 변화시킬 수 있는 플랫폼이라는 확신을 얻었습니다. 특히 한국인이 개발한 플랫폼으로서 우리의 미적 감각과 문화적 취향, 교육 환경을 정확히 이해하고 반영했다는 점이 큰 강점이었습니다. 53만 개 이상의 템플릿과 AI 도구의 결합은 비전공자인 우리도 전문가 수준의 교육 자료를 제작할 수 있게 해 주었습니다.

이 책은 우리 다섯 명의 집필진이 각자의 교실에서 미리캔버스를 활용하며 축적한 경험과 노하우를 집대성한 결과물입니다. 역사, 국어, 영어 등 다양한 교과에서 실제로 수업에 적용하며 얻은 성공과 실패, 학생들의 생생한 반응, 그리고 그 과정에서 발견한 실질적인 해결책들을 담았습니다.

이 책은 총 9개의 장으로 구성되어 있으며, 미리캔버스를 처음 접하는 교사부터 심화 활용을 원하는 교사까지 모두를 위한 단계별 안내서입니다.

1장에서는 교육에서 디자인이 왜 중요한지, 시각 자료가 학습에 미치는 영향은 무엇인지, 그리고 왜 미리캔버스인지에 대한 이론적 배경을 다룹니다. 2장과 3장에서는 회원 가입부터 템플릿 선택, 에디터 활용, AI 도구 사용법까지 기본 기능을 상세히 설명하고, 수업 강의안, 활동지, 포스터, 굿즈 등 실제 교육 현장에서 필요한 다양한 자료를 만드는 방법을 단계별로 제시합니다.

4장은 이 책의 핵심이라 할 수 있습니다. 우리 집필진이 직접 실행한 수업 혁신 사례를 구체적으로 담았습니다. 역사 시간에 안중근 의사의 『동양평화론』을 현대적 관점으로 재해석한 수업, 국어 시간에 문학관 큐레이터가 되어 작품을 시각화한 프로젝트, 영어 시간에 AI 이미지로 독해 지문을 표현한 수업 등 실제 수업안과 학생 작품, 소감까지 모두 녹였습니다.

5장과 6장에서는 효과적인 디자인의 원칙, 비주얼 리터러시의 적용, 애니메이션과 동영상 활용, 동시 협업 기능 등 심화 내용을 다룹니다. 7장에서는 제작한 자료를 체계적으로 관리하고 보관하는 방법을, 8장에서는 교육 현장에서 자주 마주치는 저작권 문제와 법적 고려 사항을 구체적인 사례와 함께 안내합니다. 마지막 9장에는 자주 묻는 질문, 유용한 단축키, 다른 에듀테크 도구와의 연계 방법, 교사 커뮤니티 정보 등 실전 팁을 모았습니다.

시중에 이미 미리캔버스 사용법을 다루는 자료들이 있지만, 이 책은 교육 현장에 특화된 체계적이면서도 직접적인 수업 기획 안내서입니다. 현직 교사가 직접 집필하여 학교 현장의 실제 고민과 해결책을 담았다는 점, 단순한 기능 소개를 넘어 실제 수업 사례와 학생 반응을 구체적으로 제시한다는 점, 그리고 저작권과 자료 관리까지 교사가 실제로 필요로 하는 모든 정보를 포괄한다는 점에서 차별화될 것입니다. 특히 한국 교육 환경에 최적화된 내용, 즉 S2B 학교장터를 통한 결제 방법, 한국인의 미적 감각을 반영한 템플릿 선택, 교육과정과 연계된 자료 제작법 등은 다른 자료에서 찾기 어려운 이 책만의 강점입니다.

이 책은 처음부터 끝까지 순서대로 읽을 필요가 없습니다. 지금 당장 필요한 부분을 찾아 펼치시면 됩니다. 기본 기능이 궁금하다면 2장부터, 수업 사례가 궁금하다면 4장부터, 저작권 문제가 급하다면 8장부터 시작하셔도 좋습니다. 각 장은 독립적으로 구성되어 있으면서도, 전체적으로는 초보자부터 숙련자까지 단계적으로 성장할 수 있도록 설계했습니다.

본문의 '미리 쌤의 팁'과 단계별 따라 하기는 실제 수업 준비 시 바로 활용할 수 있도록 구성했습니다. 활동지를 만들어야 한다면 3장의 해당 섹션을, 학생 프로젝트를 기획한다면 5장의 학생 참여형 디자인 예시를, 협업 수업을 계획한다면 6장의 워크스페이스 활용법을 참고하시면 됩니다.

이 책을 쓰며 우리가 가장 바랐던 것은 '디자인의 민주화'가 가져올 교육의 변화였습니다. 전문 디자이너가 아니어도, 비전공자라도, 누구나 쉽게 매력적인 교육 자료를 만들 수 있다는 것. 그리고 그것이 학생들의 배움을 더욱 풍성하게 만들고, 교사의 업무 부담을 줄이며, 무엇보다 교실을 즐거운 배움의 공간으로 만들 수 있다는 것을 전하고 싶었습니다.

AI 기술이 단순 반복 작업을 대신해 주는 시대, 교사와 학생 모두 더 창의적이고 본질적인 활동에 집중할 수 있습니다. 학생들은 자신의 생각을 시각적으로 표현하며 자연스럽게 21세기가 요구하는 비주얼 리터러시를 기르게 됩니다. 이것이 바로 우리가 꿈꾸는 미래 교육의 모습입니다.

이 책이 전국의 모든 교사들에게 작은 도움이 되기를, 그리하여 우리 교실이 조금 더 역동적이고 창의적인 공간으로 변화하기를 희망합니다. 내일 아침 교실에 들어서며 "오늘은 이렇게 수업해 볼까?" 하는 설렘이 생긴다면, 그것만으로도 이 책은 충분한 의미가 있을 것입니다.

이 책이 나오기까지 기꺼이 수업에 참여해 준 학생들, 솔직한 피드백을 나눈 동료 교사들, 그리고 에듀테크 교사 연구회 선생님들, 광문각 미디어 관계자분들의 지원에 깊은 감사를 전합니다. 무엇보다 더 나은 수업을 위해 끊임없이 고민하고 도전하는 전국의 모든 교사들께 이 책을 바칩니다.

2026년 1월

에듀테크 교사 연구회를 대표하여

미리캔버스 집필팀 김동은, 김효민, 박채린, 이희정, 임준열 드림.

# 목차

## 디자인 없이 디자인하는 시대, 왜 미리캔버스인가?

## 미리캔버스 기본 기능부터 마스터하기



## 3장

## 다양한 템플릿 활용법과 나만의 디자인 만들기

# 1장

## 디자인 없이 디자인하는 시대, 왜 미리캔버스인가?

# 1. 비전공자도 쉽게 할 수 있는 디자인 방법론

## 1 전통적 디자인 도구의 한계와 새로운 패러다임의 등장

과거 디자인은 복잡한 소프트웨어와 전문적인 지식이 필요한 분야였다. 어도비(Adobe)의 포토샵, 일러스트레이터 등 전문 도구들은 강력한 기능을 제공했지만, 완벽하게 마스터하기까지 수개월에서 수년이 걸렸다. 게다가 고가의 구독료와 고성능 컴퓨터가 필요해 교사 등 일반인에게는 큰 장벽이었다. 아이디어를 시각적으로 표현하고 싶어도 도구의 복잡성 때문에 포기하는 경우가 많았다. 설령 도구를 배우려 해도 본업 때문에 교사들은 시간적 여유가 없었다.

하지만 미리캔버스를 비롯한 웹 기반 디자인 플랫폼이 이런 상황을 바꿨다. 이러한 플랫폼들은 '디자인 민주화'라는 새로운 패러다임을 열어 주었고, 이제 누구나 전문 지식이나 비싼 소프트웨어 없이도 손쉽게 시각적 콘텐츠를 만들 수 있게 되었다.

## 2 비전공자를 위한 단계별 디자인 방법론

비전공자도 쉽게 따라 할 수 있는 디자인 방법론은 다음과 같다.

### (1) 1단계: 목적과 대상 명확화

디자인 작업을 시작하기 전에 반드시 목적을 명확히 해야 한다. 무엇을 만들지(포스터, PPT, 카드뉴스 등), 누구에게 보여 줄지(학생, 학부모, 동료 교사 등), 어떤 메시지를 전달할지를 정리한다. 이 단계를 소홀히 하면 작업 방향을 잃게 된다.

### (2) 2단계: 적절한 템플릿 선택

목적이 정해지면 카테고리에서 적절한 템플릿을 고른다. 처음에는 복잡한 것보다는 단순하고 깔끔한 디자인이 좋다. 색상, 레이아웃, 분위기가 목적에 맞는지 확인한다.

### (3) 3단계: 내용 교체 및 수정

템플릿의 텍스트와 이미지를 자신의 내용으로 바꾼다. 이때 원본 템플릿의 구조와 비율은 최대한 유지하는 것이 좋다. 급격한 변경보다는 점진적인 수정을 통해 완성도를 높인다.

### (4) 4단계: 색상과 폰트 조정

기본 템플릿의 색상이 마음에 들지 않으면 브랜드 색상이나 개인 취향에 맞게 조정한다. 단, 색상은 2~3가지만 쓰고, 폰트는 1~2가지만 사용해 일관성을 유지한다.

### (5) 5단계: 세부 요소 추가 및 조정

아이콘, 도형, 장식 요소를 추가할 수 있다. 그러나 "덜 하는 것이 더 낫다"는 원칙을 지켜 과도한 장식은 피한다. 균형과 가독성을 항상 고려한다.

### (6) 6단계: 최종 검토 및 다운로드

완성된 디자인을 검토해 오타, 정보 정확성, 전체적인 느낌을 확인한다. 문제가 없으면 JPG, PNG, PDF 등으로 다운로드한다. 이 과정을 따르면 비전공자도 10~15분 안에 완성도 높은 결과물을 만들 수 있다. 실제로 많은 교사가 이런 방식으로 수업 자료, 안내문, 포스터 등을 제작하고 있으며, 좋은 결과를 얻고 있다.

# 2. 교육 현장에서 미리캔버스가 주목받는 이유

## 1 교육용 미리캔버스의 특화된 서비스 체계

첫째, 교사 인증 시스템을 통해 교육자 전용 콘텐츠와 기능을 제공한다. 둘째, 학급 관리 기능으로 학생 작업을 효율적으로 관리하고 피드백을 제공한다. 셋째, 교육과정과 연계된 특화 템플릿을 통해 수업 준비 시간을 단축한다.

또한, S2B(학교장터)를 통한 결제 시스템은 교육기관의 행정 편의를 크게 고려한 기능이다. 무통장 입금, 카드 결제, 계좌 이체(세금계산서 발행) 등 다양한 결제 방식을 지원하여 학교의 회계 처리 절차에 맞출 수 있다. 이는 해외 서비스에서는 찾기 어려운 한국 교육 환경에 특화된 서비스다.

교사 커뮤니티도 강점이다. 미리캔버스 웨비나를 통해 정기적으로 교육을 제공하고, 교사들 간의 자료 공유와 노하우 전수가 활발하게 이루어진다. 이런 생태계는 단순히 도구를 제공하는 것을 넘어서 교육 혁신의 플랫폼 역할을 한다.

## 2 모바일 앱과의 연계성 및 멀티 플랫폼 교육 환경

미리캔버스는 PC 웹 버전뿐만 아니라 모바일 앱도 제공하여 완전한 멀티 플랫폼 환경을 구축하고 있다. Google Play 스토어에서 제공되는 앱은 PC 버전과 거의 동일한 기능을 모바일 환경에 최적화하여 구현한다. 모바일 기기의 사진을 활용해 디자인을 완성할 수 있고, 이미지·텍스트·그래픽을 자유롭게 편집할 수 있다.

　교육 현장에서 모바일 연계성이 중요한 이유는 접근성과 즉시성 때문이다. 대부분의 학생은 스마트폰을 소지해 언제 어디서나 학습 활동에 익숙하다. 교사들도 출퇴근이나 휴식 시간에 수업 자료를 준비하거나 아이디어를 정리할 수 있다.

　클라우드 기반 서비스의 장점도 크다. PC에서 시작한 작업을 모바일에서 이어서 할 수 있고, 완성된 작업물을 즉시 공유할 수 있다. 예를 들어, 교사가 출근길에 모바일로 아이디어를 구상하고, 학교에 도착해 PC에서 세부 작업을 완성할 수 있다. 이런 워크플로우는 바쁜 교육 현장에서 매우 실용적인 가치를 제공한다.

　모바일 앱 주요 기능으로는 템플릿을 활용해 포스터, SNS용 포스트, 프레젠테이션을 쉽게 제작할 수 있다. 업로드·편집 기능도 간단해 사진을 불러와 효과를 적용하거나 이미지를 잘라 추가할 수 있다. 또한, 모바일에서도 AI 도구로 이미지나 동영상을 생성할 수 있다.

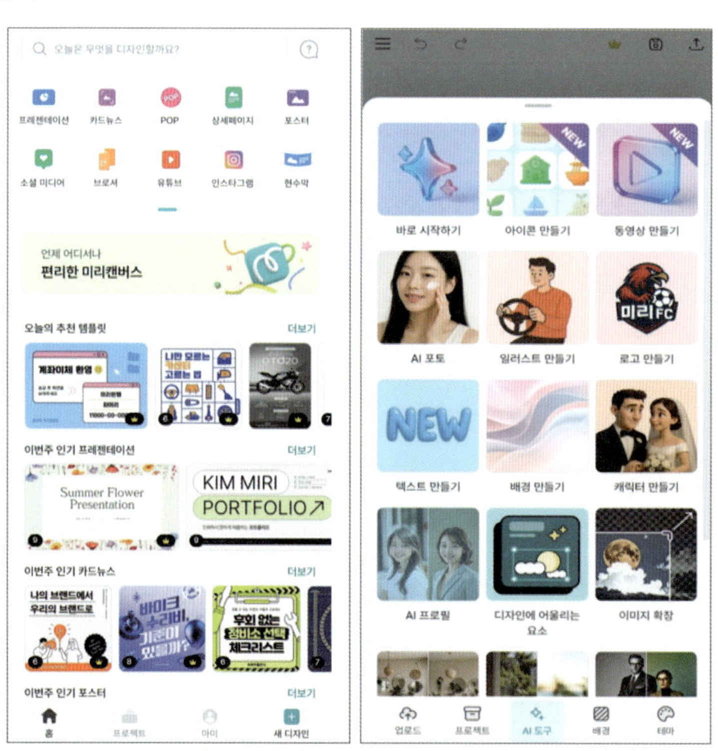

[이미지 1-1] 미리캔버스 모바일 화면

# 2장

# 미리캔버스 기본 기능부터 마스터하기

# 1. 회원 가입과 첫 화면 익히기

## 1 미리캔버스 첫 화면 익히기

웹사이트에 '미리캔버스'를 검색 후 미리캔버스 사이트에 접속하면, 다음과 같은 첫 화면이 나온다. 화면의 탭이 복잡할 것은 없지만, 이번 챕터에서는 미리캔버스의 첫 화면을 눈으로 익히고 로그인과 회원 가입을 하는 방법에 대해 살펴보려 한다.

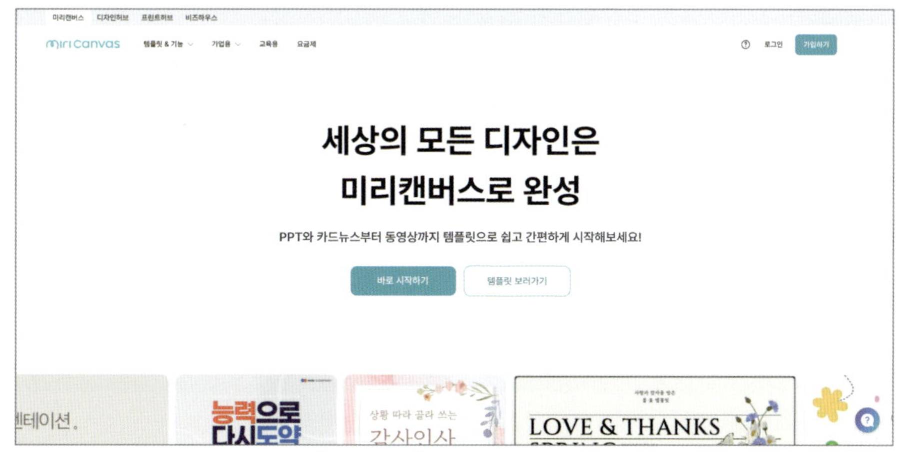


[이미지 2-1] 미리캔버스 첫 화면

미리캔버스의 상단 탭에는 4가지의 탭, 미리캔버스, 디자인 허브, 프린트 허브, 비즈하우스가 있다. 미리캔버스는 ㈜미리디의 서비스 중 하나로 미리캔버스에서 디자인한 결과물을 비즈하우스 등과 연계하여 직접 인쇄까지 진행할 수 있도록 되어 있다. 그렇기에 누구나 접근 가능한 디자인 사이트인 미리캔버스를 적절히 활용하면 그 결과물을 아주 손쉽게 획득할 수 있다.



미리캔버스로 학생들과 수업 중 제작한 다양한 디자인들(예를 들어 여행지 리플렛, 포스터, 명함과 각종 굿즈 등)은 직접 제작 의뢰를 할 수도 있지만 미리캔버스와 연계되어 있는 서비스인 비즈하우스와 연계하면 결과물 제작에 보다 쉽게 접근할 수 있다.

## 2 회원 가입

미리캔버스 회원 가입의 장점은 다양한 애플리케이션 및 웹사이트와 연계한 회원 가입과 로그인이 가능하다는 점이다. 실제로 카카오톡, 네이버, 이메일, 구글, 웨일 등 다양한 웹사이트와 연동되어 있기에 선생님들이 로그인함에 있어 전혀 어려움이 없이 쉽게 접근이 가능하다는 측면이 장점으로 돋보인다.

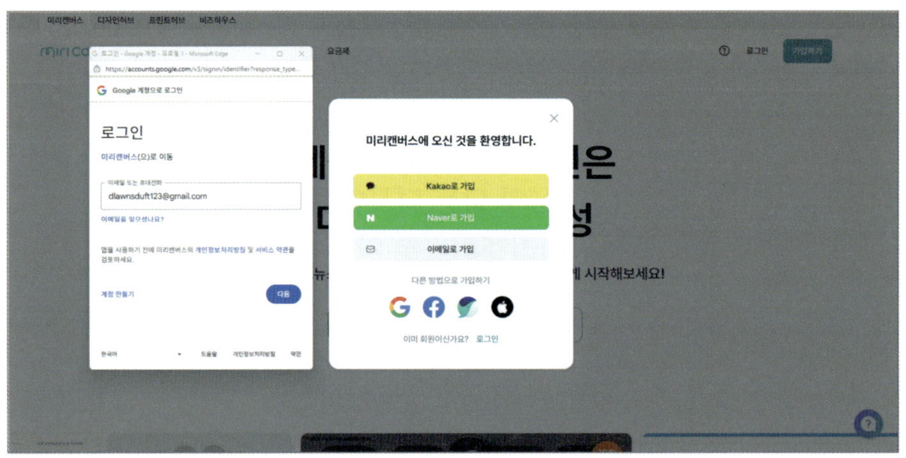

[이미지 2-2] 미리캔버스 구글로 로그인/회원 가입

위와 같이 미리캔버스에 접근할 수 있는, 즉 로그인과 회원 가입할 수 있는 절차가 매우 간단하고 익숙하다는 점이 미리캔버스의 가장 큰 장점이다. 평상시에 사용하는 카카오톡 아이디를 통해 가입을 해도 좋고, 네이버 아이디나 구글 아이디를 활용하여 가입할 수 있기에 접근 자체가 어렵지 않다.

# 2. 수업 및 업무 자료 제작을 위한 필수 기능들

## 1 템플릿

### (1) 템플릿을 넘어 디자인 템플릿으로!

템플릿은 '무언가를 만들 때 안내 역할을 하는 데 사용되는 꼴, 틀, 모형'을 의미한다. 보통 파워포인트를 활용할 때 기본적으로 제공되는 템플릿이 우리가 보통 이해하고 사용했던 템플릿이라면 미리캔버스는 '디자인 템플릿'을 지향하고 있다. 디자인 템플릿이 생소할 수 있으나 기존에 간단한 레이아웃과 단순한 틀만을 설정해 놓고 그 위에 내용과 이미지, 도형 등으로 채워 나가야 하는 템플릿과는 차별성이 있다.

즉 이미 생성되어 있는 다양한 디자인적 요소를 결합하여 디자인의 재배치나 디자인 간의 조합, 디자인을 수정, 보완하는 방식으로 나만의 디자인을 꾸밀 수 있도록 만든 것이 미리캔버스의 디자인 템플릿이라고 할 수 있다. 그렇기에 미리캔버스의 템플릿이라는 기능을 적절히 활용한다면 디자인 없이 디자인이 가능한, 누구나 디자인을 할 수 있다는 엄청난 장점을 경험할 수 있다.

### (2) 디자인 템플릿, 수업과 평가 자료 제작의 최고 조력자

그렇다면 교육 현장에서 미리캔버스의 디자인 템플릿의 긍정적인 효과는 무엇일지 살펴보려 한다. 2022 개정 교육과정을 맞이하여 교육 현장에서 강조되는 수업과 평가는 학생의 주도성을 살리는 수업과 평가, 학생 참여형 수업과 평가, 학생의 사고를 자극할 수 있는 질문이 있는 수업과 평가 등이 있다.

그렇기에 학생이 주도적으로 자신의 생각을 표현하고 자신의 생각을 구체적으로 제안할 수 있으며, 이를 설명하거나 제작하는 것들이 점차 강조될 수밖에 없다. AI를 포함하여 에듀테크를 활용한 수업과 평가에서도 단순히 테크를 접목하는 것이 중요한 것이 아니라, 진짜 에듀를 위한 테크의 사용이 기반이 되어야 한다. 그런 점에서 디자인 템플릿 미리캔버스는 수업과 평가를 운영하고, 운영을 위한 자료를 제작하는 과정에서도 최고의 조력자가 될 수 있다.

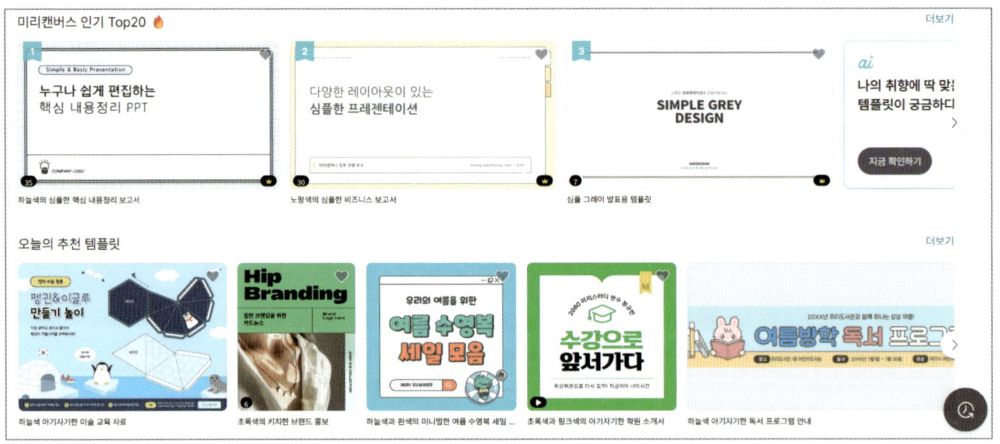

[이미지 2-3] 미리캔버스에서 제공하는 디자인 템플릿의 종류 ①

특히 교육 현장에서 수업과 평가를 할 때 선생님들이 주로 활용할 수 있는 디자인 템플릿으로는 프레젠테이션 템플릿과 A4(또는 B4) 사이즈의 템플릿, 카드뉴스 템플릿 등이 대표적이다. 수업 및 평가 자료를 제작할 때는 내가 제공하고자 하는 템플릿의 종류와 사이즈를 먼저 고려하여 템플릿을 고르는 것도 하나의 팁이다.



[이미지 2-4] 미리캔버스 디자인 템플릿 검색

디자인 템플릿이 수만 개로 다양하기에 교육 현장에서 수업과 평가 자료를 제작함에 있어 필요한 템플릿을 어떻게 선정할지 매우 난감할 수 있다. 풍부한 자료는 다양한 선택지를 주기도 하지만, 다양한 선택지는 오히려 선택의 혼란을 가중시킬 수 있기 때문이다.

그렇기에 템플릿을 활용할 때 핵심이 되는 것도 바로 내가 원하는 템플릿을 어떻게 '검색'할 수 있느냐이다. 그리고 '검색'에서의 핵심은 '키워드'를 입력하는 것이다. 선생님들이 해야 하는 수업 단원과 주제, 혹은 학생들이 주도적으로 수행했으면 하는 활동을 먼저 고민하고 이와 관련된 키워드를 먼저 고민하는 것이 우선이다. 그다음에는 그 키워드를 직접 입력하여 검색하면 관련된 템플릿이 무수히 제공된다.

[이미지 2-5] 미리캔버스 디자인 템플릿 검색 예시

위의 예시와 같이 수업 및 평가 자료에서 핵심이 '역사 포스터'를 제작하는 활동이라면 '역사 포스터'라는 키워드를 검색하면 된다. 그러면 미리캔버스에서 이미 디자인이 된 수많은 디자인 템플릿이 예시로 제공된다. 물론 수업 및 평가의 자료에선 그 안에 포함되어 있는 내용이 우선순위라는 사실은 부정할 수 없지만, '먹기 좋은 떡이 맛도 좋다'는 속담처럼 '디자인이 좋은 수업과 평가 자료는 학생들의 수업 집중력'을 더욱 올려줄 수 있다.

'키워드', '검색'을 진행했음에도 디자인 템플릿을 다량 보유하고 있는 미리캔버스이기에 또 한 번 선생님들에게 수많은 디자인 템플릿을 예시로 제공한다. 선택의 혼란이 찾아올 수 있다는 것이다.

그렇기에 우리는 미리캔버스에서 제공하는 '찜 기능'(템플릿 우측 상단 ♡ 표시를 클릭)을 적극적으로 활용하고자 한다. 찜 기능은 선생님들이 여러 디자인 템플릿 중에 우선순위에 두고 싶은 디자인 템플릿을 '저장'하는 기능이라고 생각하면 좋다.

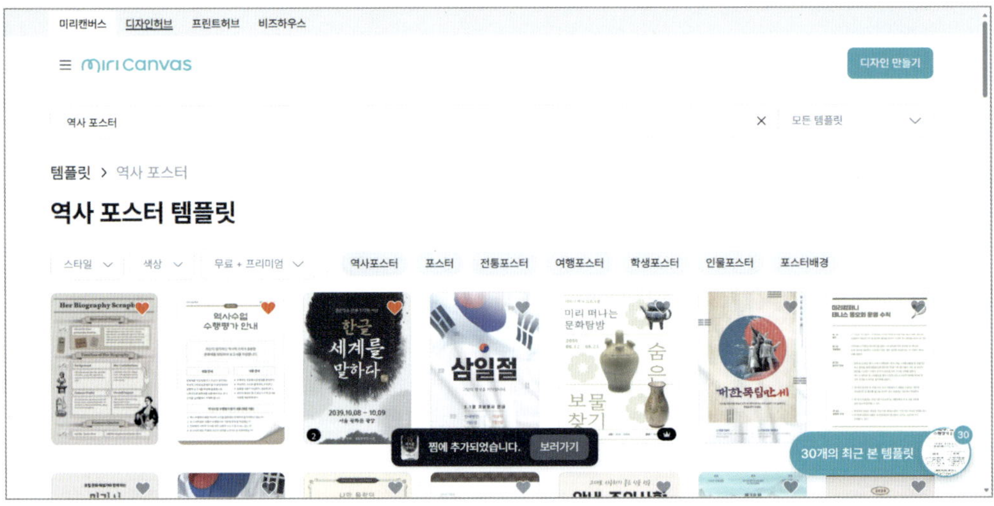

[이미지 2-6] 미리캔버스 디자인 템플릿 찜 기능

[이미지 2-7] 찜한 템플릿 확인

[이미지 2-8] 작업 공간 내 디자인 템플릿 검색 및 적용

## (3) 디자인 템플릿, 학교에서 "칼퇴"를 가능하게 하다.

사실 미리캔버스는 학교라는 직장에서 근무하는, 매일 과다한 업무량에 치이는 선생님들의 업무 효율성도 매우 높여 준다. 여기서는 과다한 업무를 효과적으로 처리하여 '칼퇴'를 가능하게 하는 미리캔버스의 디자인 템플릿에 주목하고자 한다.

대부분 선생님들이 학교 현장 업무 중 가장 까다롭거나 시간 소비가 많은 것이 학교 안내 자료를 만드는 일이나 학교(급) 게시판 등을 꾸미기 위한 디자인을 제작하는 일이다. 학교 업무 중에서도 이러한 일은 단순한 업무임에도 막상 내가 디자인을 직접 하려면 막막한 경험을 한 번쯤 해봤을 것이다. 최근 미리캔버스가 교육 현장에 관심이 매우 많은 만큼 학교 업무에도 도움이 되는 디자인 템플릿을 매우 많이 제공하고 있다. 다음 예시를 살펴보자.

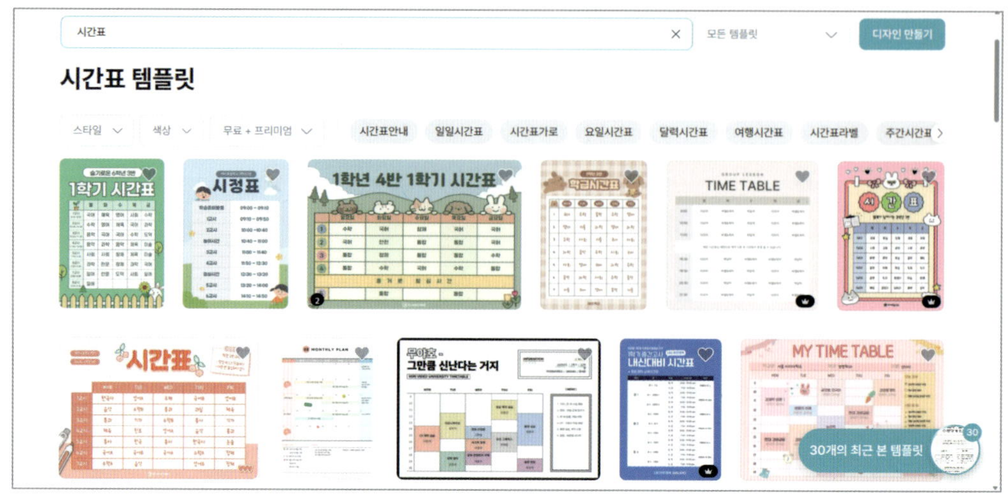

[이미지 2-9] 업무 효율성을 높여 주는 디자인 템플릿 - ① 시간표 템플릿

[이미지 2-10] 업무 효율성을 높여 주는 디자인 템플릿 - ② 학급 템플릿

두 템플릿은 학급을 디자인할 수 있는 템플릿이다. 담임 선생님의 업무 중 학급 미화라고 불리는 업무는 한 해를 보내면서 선생님들이 꼭 거치게 되는 업무 중 하나이다. 매년 한 학기를 준비하면서 선생님들은 2월과 3월을 매우 바쁘게 보낸다. 그렇기에 미리캔버스에서 제공하는 학급 디자인 템플릿을 적절히 활용하게 된다면 정신없는 새 학기 선생님들에게 큰 힘이 될 것 같다.

[이미지 2-11] 업무 효율성을 높여 주는 디자인 템플릿 - ③ 학급 이벤트 템플릿



학급을 운영하다 보면 학생들과 다양한 이벤트를 기획하기도 한다. 학교 자체에서 진행되는 학급 회장 선거, 학급 회의와 같은 이벤트만이 아니라, 학급 학생들과 추억을 쌓기 위한 이벤트를 기획하여 운영하는 경우도 많다.

이벤트를 진행할 때 미리캔버스의 템플릿은 분명 학생들을 이벤트에 참여시키는 데 긍정적인 영향을 준다. 이벤트를 안내하는 디자인이 학생들의 적극성을 불러일으키기도 하고, 이벤트를 진행하는 과정에서 학생들에게 제공되는 예쁜 활동지 자체가 되기도 하기 때문이다.

📢 **Miri 쌤의 팁, 하나!**

학교 업무 중에는 담임 선생님으로서의 업무도 있지만 학교 내에서 진행하는 연수, 혹은 학교 바깥에서 선생님과 학생들, 학부모님 등을 대상으로 진행되는 연수 등에서도 미리캔버스의 디자인 템플릿은 많은 도움을 준다. 더욱이 학교 내에서 진행되는 여러 행사, 가령 학부모 총회나 학부모 공개 수업, 학부모 상담 주간에 활용이 가능한 디자인 템플릿도 미리캔버스에서 제공하고 있다. 그만큼 미리캔버스의 디자인 템플릿은 학교 업무에서도 매우 효과적인 도움을 준다. 즉 학교에서 "칼퇴"를 가능하게 한다.

## 2  에디터(디자인 작업 공간)

에디터는 말 그대로 디자인 작업을 할 수 있는 공간이라고 생각하면 된다. 다시 말해 미리캔버스의 디자인 템플릿을 수정할 수 있는 공간이다. 물론 디자인 템플릿을 활용하지 않고 직접 여백에 나만의 디자인을 할 때도 에디터에서 진행된다고 보면 된다. 에디터로 넘어가는 방식은 다음과 같다.

[이미지 2-12] 에디터로 넘어가는 방법, 디자인 만들기 클릭

미리캔버스 첫 화면 오른쪽 상단에 '디자인 만들기'를 클릭하면 앞으로 설명할 디자인을 작업할 에디터가 나온다. 다만, 첫 화면에서 디자인 만들기를 클릭하여 작업 공간으로 이동하게 되면, 내가 디자인할 디자인 페이지의 크기가 기본 설정된(주로 A4 사이즈) 사이즈로 자동 적용된다.

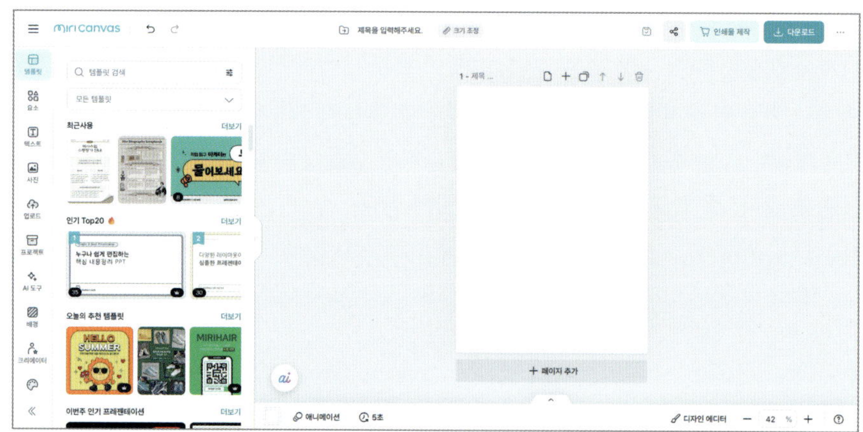

[이미지 2-13] 에디터 기본 페이지

이제부터는 에디터 기본 페이지를 보며 에디터에 있는 여러 기능들에 대해 소개하고자 한다. 에디터는 임의로 디자인 반영 영역, 상단 영역, 좌측 영역, 하단 영역의 4분할로 구성하겠다. (해당 영역 구분은 미리캔버스의 공식 표현이 아님을 밝혀 두겠다.)

## (1) 디자인 반영 영역

[이미지 2-14] 디자인 반영 영역

먼저 디자인 반영 영역이란 에디터 화면의 오른쪽 디자인의 크기를 포함한 영역을 의미한다. 해당 영역은 디자인 템플릿 혹은 직접 디자인한 다양한 요소가 직접 반영되는 영역이다. 즉 디자인 템플릿과 디자인이 진행되는 모든 요소는 디자인 반영 영역에 그대로 입력된다.

디자인 반영 영역의 상단부를 먼저 살펴보고자 한다. 상단부 '1페이지 – 제목 입력'에서는 내가 해당 페이지의 제목을 설정할 수 있다. 또한, '　　　　　　　' 까지의 기능들은 왼쪽부터 차례대로 '페이지 메모, 페이지 추가, 페이지 복제, 페이지 위로 이동, 페이지 밑으로 이동, 페이지 삭제'로 기능이 구성되어 있다.

페이지 메모는 해당 페이지에 반영했으면 하는 디자인 등을 간략하게 메모로 남겨 두거나 페이지에서 강조되어야 할 부분을 메모로 남겨 두는 등의 기능을 한다고 볼 수 있다.

다음으로 페이지 추가는 새로운 페이지를 추가할 때 활용한다. 해당 기능은 하단부에 있는 '+ 페이지 추가'라는 문구와 동일한 기능을 한다. 또한, 페이지 복제는 내가 디자인하고 있는 현재의 페이지를 다음 페이지에 그대로 복제하여 페이지를 추가할 수 있는 기능이다.

그리고 페이지 위·밑으로의 이동은 현재 디자인하고 있는 페이지 자체의 순서를 조정하는 기능을 한다. 예를 들어, 1페이지의 디자인과 2페이지 디자인의 순서를 바꾸고 싶을 때 활용할 수 있다. 마지막으로 페이지 삭제는 현재 디자인 페이지를 삭제할 수 있는 기능이다.

[이미지 2-15] 상단 영역

### (2) 상단 영역

다음으로 상단 영역이란 '≡(전체 메뉴)'부터 '···(더보기)'까지의 영역을 의미한다. '≡(전체 메뉴)'는 현 디자인 에디터의 전반적인 틀을 바꾸는 탭이라고 생각할 수 있다. 디자인의 제목, 디자인의 사이즈, 워크스페이스로 이동하기, 디자인 관리, 고급 기능, 언어 및 환경 설정으로 분류되어 있으며, 각각의 세부 기능들이 자리 잡고 있다.

또한 '≡(전체 메뉴)' 옆 미리캔버스 로고 오른쪽 '↶ ↷' 기능은 한글에서 사용하는 되돌리기와 다시 실행 기능이다. 한 가지 간단한 팁을 언급하자면, 해당 기능은 한글과 같은 단축키(ctrl + z와 ctrl + shift + z)를 사용한다.

그 옆으로는 제목을 바꿀 수 있는 기능과 디자인의 크기를 조정할 수 있는 기능이 있고, 오른쪽에 있는 ' 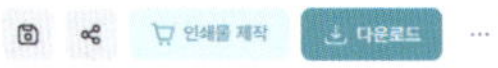 ' 기능들은 각각 (디자인) 저장하기, (디자인) 공유하기, (디자인) 인쇄물 제작, (디자인) 다운로드할 수 있는 기능들이다.

해당 기능 중 교육 현장에서 유용하게 사용될 수 있는 기능은 공유하기와 인쇄물 제작 기능이라고 할 수 있다. 특히 미리캔버스의 다양한 디자인을 여러 선생님들과 나누며 디자인을 복제하여 다시 디자인할 수 있는 유익한 기능이 바로 공유하기 기능이다.

　　공유 기능은 그런 의미에서 많은 선생님들이 활용할 수 있는 기능이라고 할 수 있다. 내가 제작한 수업과 평가 활동지를 공유하고 이를 기반으로 수업과 평가의 나눔의 장을 이어나가는 것이다. 실제로 많은 선생님들이 공유 기능을 통해 많은 수업 및 평가 자료를 나눔하고 있다.

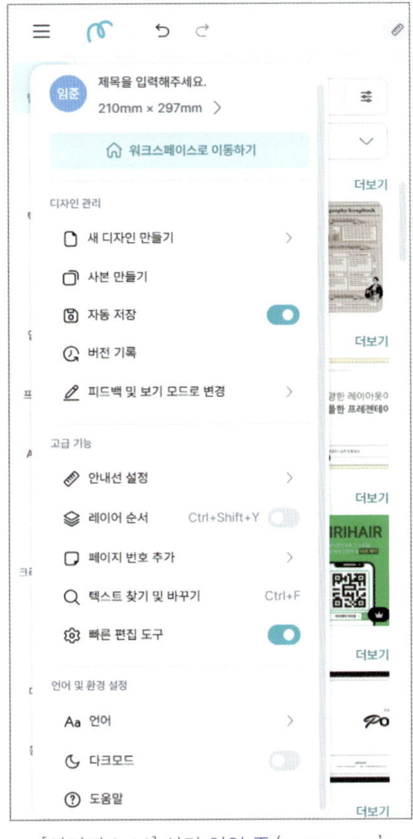

[이미지 2-16] 상단 영역 중 '≡(전체 메뉴)'

> **📢 Miri 쌤의 팁, 하나!**
>
> '≡(전체 메뉴)'에서는 디자인을 할 때 매우 유용한 기능들을 찾아볼 수 있다. 이 중 몇 가지를 소개하고자 한다. 먼저 디자인 관리로 분류되어 있는 기능 중 자동 저장 기능이다. 선생님들이 디자인을 제작하다가 혹여나 수업, 상담 등의 일과로(특히 수업을 갈 때 인터넷이 끊어지는 경우가 많다) 성심껏 만든 디자인이 저장되지 않고 오류가 날 때 이를 방지해 줄 수 있는 장치이다. 물론 기본 설정에서 켜져 있으나 혹여나 꺼져 있다면 꼭 켜두는 것이 좋다.
>
> 또한, 안내선 설정 같은 경우는 디자인의 좌우 대칭, 상하 간격 등을 조정할 때 디자인의 디테일을 살려줄 수 있다. 안내선을 기반으로 조금 더 깔끔한 디자인 제작이 가능하다.

## (3) 좌측 영역

세 번째로 좌측 영역이란 디자인을 제작하는 과정에서 반드시 활용되어야 하는 필수 영역이라고 할 수 있다. 뒤의 목차에서 디자인할 때 핵심이 되는 기능들을 상세히 소개할 예정이므로 여기서는 간단하게 각 기능들이 어떤 기능인지만을 다루고자 한다.

템플릿은 앞서 소개한 바와 같이 디자인 템플릿을 추구하는 미리캔버스의 핵심 기능이다. 템플릿을 적용할 때의 또 하나의 팁은 템플릿을 한 페이지만 적용할 수도 있고 디자인 템플릿을 모두 적용하여 덮어쓰기도 가능하다는 점이다. 또한, 템플릿과 비슷한 요소를 찾아 비슷한 디자인 템플릿을 조화시켜 새로운 디자인을 제작해 볼 수도 있다.

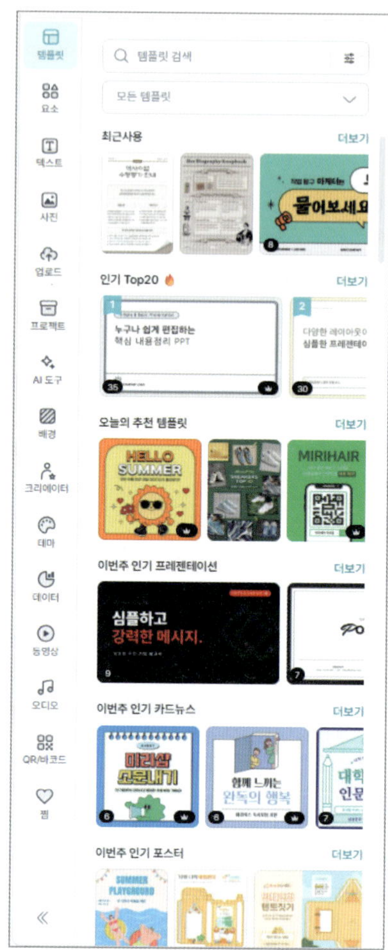

[이미지 2-17] 좌측 영역

[이미지 2-18] 템플릿 기능 중 템플릿 덮어쓰기와 비슷한 템플릿 찾기

요소는 디자인의 다양한 이미지 요소를 제공해 주는 기능이다. 일러스트, 도형, 선, 아이콘, 애니, 컬렉션, 프레임, 표, 차트, 조합이라는 요소로 구성되어 있으며 내가 필요한 요소를 검색하여 디자인을 제작하는 데 완성도를 높여 준다. 제작하고자 하는 디자인 템플릿에 수정하고 싶은 부분을 제거하고 요소로 디자인을 꾸며 주면 원하는 디자인을 제작하는 데 큰 도움이 된다.

**텍스트**는 디자인에 들어갈 글씨를 조정하는 것으로 미리캔버스에서는 수많은 폰트와 특수문자, 자막, 레이아웃 등 텍스트 디자인을 제공하고 있다. 텍스트는 디자인을 제작할 때 이미지와 함께 필수적으로 들어가는 요소이지만, 텍스트를 삽입하는 과정은 클릭 한 번으로 가능하여 단순하다. 글자 크기, 폰트, 글자의 형태(굵게, 기울임, 밑줄, 서식, 글자 색, 배경 색, 정렬, 자간, 행간 등) 모두 수정이 가능하다.

**사진 기능**은 그림 이미지가 아닌 실제 사진을 검색하여 디자인에 넣을 수 있는 기능으로 해당 기능 또한 원하는 사진을 얻기 위해서는 무엇보다 검색을 잘하는 것이 중요하다.

**업로드**란 내가 가지고 있는 파일을 미리캔버스에 업로드할 수 있는 기능이라고 생각하면 된다. 특히 미리캔버스에서 원하는 요소나 사진 등을 찾지 못해서 원하는 이미지를 다른 웹사이트에서 가져오거나 스마트폰에서 캡처한 이미지를 디자인 제작에 활용해야 할 때 업로드의 기능이 유용하다.

**프로젝트**는 내 디자인, 내 드라이브, 공유 드라이브, 즐겨찾기, 비즈하우스에 저장된 개인의 디자인 템플릿을 확인하여 현재 작업하고 있는 작업 공간에 가져올 수 있는 기능이다.

**AI 도구**는 최근 에듀테크 수업과 평가에서도 강조되고 있는 도구로 미리캔버스도 최근 AI 기능에 대한 개발과 홍보가 대단하다. 그렇기에 해당 기능은 디자인 제작을 도와주는 방법이자 나만의 새로운 디자인을 제작할 수 있는 핵심 기능이기도 하다. 이를 활용한 디자인 템플릿 제작과 디자인 시도, 그리고 수업과 평가 자료의 제작과 진행에도 매우 큰 영향을 주는 만큼 뒤의 목차에 설명을 상세히 하고자 한다.

배경은 디자인 템플릿의 배경 디자인과 색상 등을 설정하는 기능이고, 테마는 디자인의 전체적인 색상 조화를 자연스럽게 도와주는 기능이라고 생각하면 이해가 쉽다. 이 두 기능은 디자인의 디테일을 살려 준다고 할 수 있다.

데이터는 앞서 설명한 기능인 요소 중 차트나 조합 기능과도 상당히 유사하다. 다만 조금 더 차트, 인포그래픽 디자인, 스마트 오브젝트, 타임라인, 사분면 그래프 등으로 세부 디자인을 분류하여 제공하고 있기에 데이터와 관련된 디자인을 제작할 때는 매우 유용하게 사용될 수 있다.

동영상과 오디오는 이름 그대로 디자인에 동영상을 넣거나 음악 등을 넣을 수 있는 기능이다. 특히 동영상은 유튜브에 있는 영상을 삽입하여 제공할 수 있다는 장점이 있고, 오디오는 구간을 따로 잘라 사용하는 것이 아니라 미리캔버스 자체 내에서 잘라 사용할 수 있으며 다양한 효과음 또한 제공하고 있다는 장점이 있다.

QR코드는 웹사이트 URL을 기반으로 한다. 웹사이트 주소를 입력하면 따로 QR코드를 제작하고 업로드를 하여 디자인에 넣는 번거로움을 줄여 주고 주소에 따른 QR코드를 바로 삽입할 수 있다. 바코드 기능은 사실 교육 현장에서는 크게 사용 가치가 있을지는 모르겠으나, 수업과 평가 활동지 제작에 있어 디테일을 살려 몰입감을 주는 기능 요소로는 활용될 수 있을 것 같다. 마지막 찜 기능은 앞서 템플릿에서 충분한 설명을 하였으므로 생략하고자 한다.

## (4) 하단 영역

[이미지 2-19] 하단 영역

마지막으로 하단 영역이란 디자인 반영 영역 하단에 있는 영역이다. 사실 하단 영역에 있는 기능들 중 교육 현장에서 유용할 수 있는 기능은 애니메이션 기능이다. 해당 기능은 파워포인트에 있는 애니메이션과 유사한 기능을 한다. 글씨, 이미지, 그림, 사진 요소 등에 애니메이션을 적용하여 등장 및 퇴장 효과를 얻을 수 있다.

애니메이션 기능 옆에 있는 '5초'가 적혀 있는 기능은 페이지 재생 시간으로 슬라이드쇼로 각 페이지를 보여 줄 때 페이지 재생 시간이 지나면 자동으로 다음 페이지로 넘어갈 수 있도록 해 준다. 이 기능 또한 재생 시간을 수정할 수 있으며, 0.1초에서 30초까지 페이지를 보여 줄 수 있다.

[이미지 2-20] 하단 영역에서 애니메이션 기능 활용

하단 영역 우측에는 '디자인 에디터'라는 글자가 쓰여 있는데, 이는 현재 디자인을 수정할 수 있는 작업 공간을 의미한다. 디자인 에디터를 한 번 클릭하면 동영상 에디터로 새로운 작업 공간 바가 등장한다. 여기서는 디자인 페이지 재생 시간을 미리보기 형태로 확인할 수 있으며, 디자인을 하며 삽입한 노래가 있을 경우 노래의 재생 과정도 함께 나타난다.

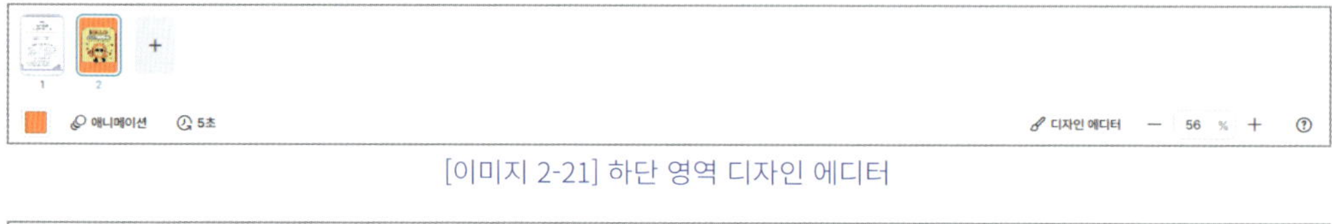
[이미지 2-21] 하단 영역 디자인 에디터

[이미지 2-22] 하단 영역 동영상 에디터(디자인 에디터 클릭 후 동영상 에디터 바 등장)

## 3 사진

미리캔버스 사진 기능은 디자인을 제작하면서 페이지의 구성을 조금 더 다채롭게 해 준다. 사진 기능을 더욱 충분히 활용할 수 있는 방법은 역시나 '검색'이다. 이는 원하는 사진을 가장 빠르고 정확하게 획득하는 방법이다.

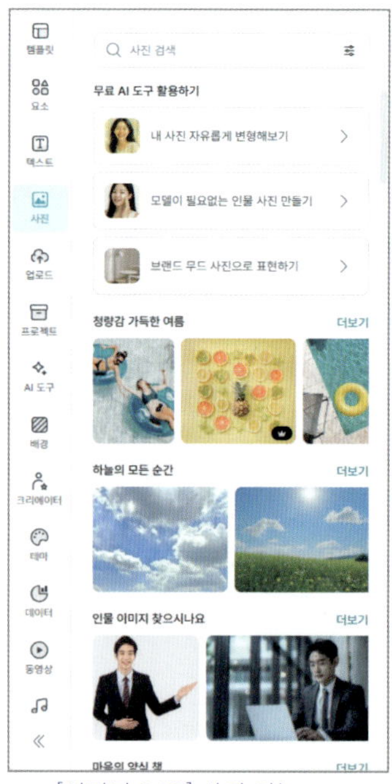
[이미지 2-23] 사진 기능

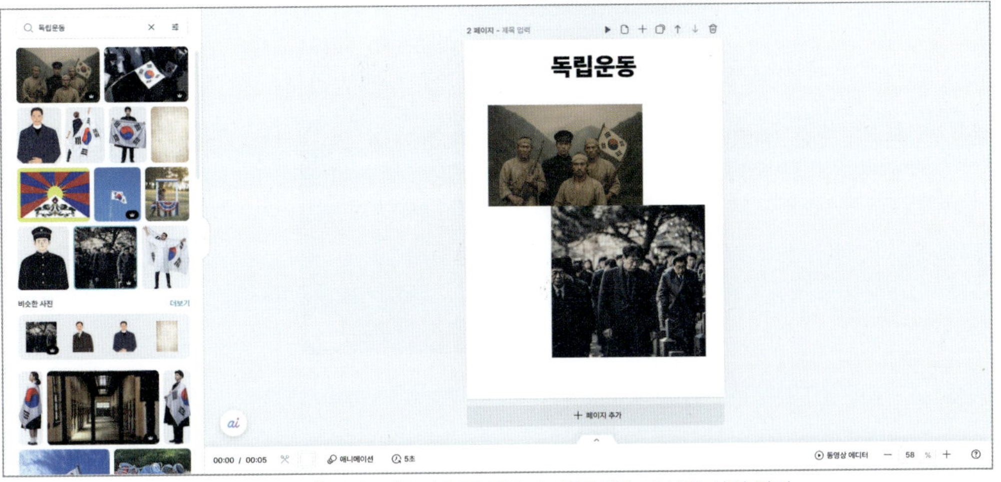

[이미지 2-24] 키워드 '독립운동' 검색 후 클릭했을 때 사진 삽입 장면

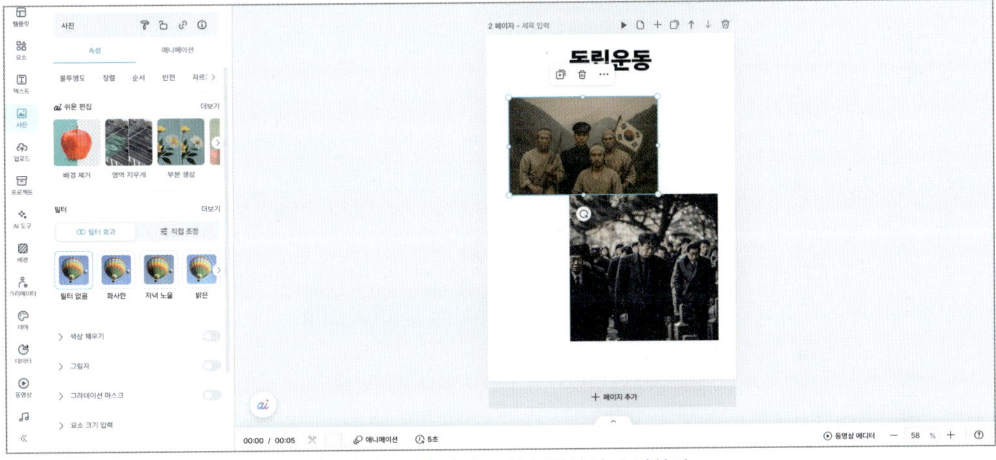

[이미지 2-25] 사진 개체 클릭하여 수정하기

사진은 단순히 삽입하는 것뿐만 아니라 각 사진 개체를 여러 방면으로 수정할 수 있다. 사진의 크기를 수정하거나, 사진의 색상을 조절하거나, 사진의 좌우 반전과 사진의 크기를 적당히 자르는 등 다양한 방법으로 사진은 수정이 가능하다. 특히 최근 AI를 적용하여 사진의 특정 부분을 제거하거나 원하는 이미지를 생성할 수 있는 기능 또한 활용 가능하다.

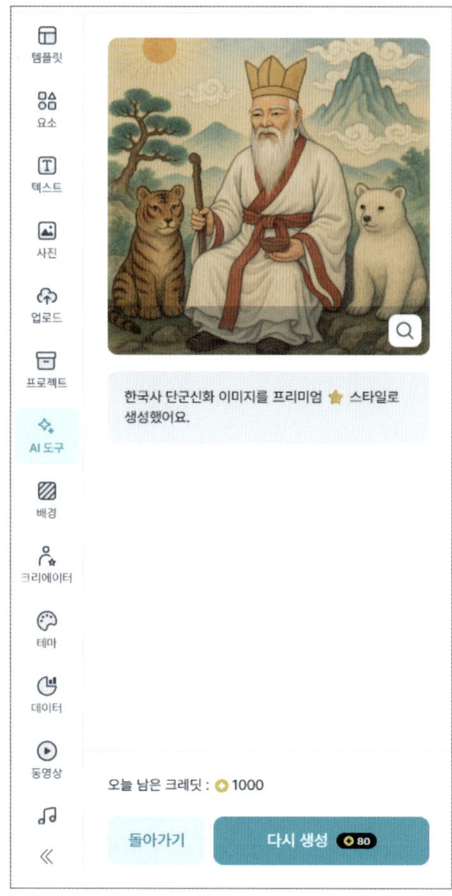


[이미지 2-26] AI를 활용한 사진(이미지) 생성

### 📢 Miri 쌤의 팁, 하나!

사진 기능에서도 템플릿과 마찬가지로 비슷한 요소를 찾아 주는 기능이 있다. 사진 개체를 클릭하고 해당 편집 창 맨 아래에 해당 기능이 있는데, 해당 기능을 활용하면 디자인에 삽입하고 싶은 비슷한 요소의 사진들을 비교하여 삽입하는 데 유용하다.

[이미지 2-27] 비슷한 사진 제공 기능

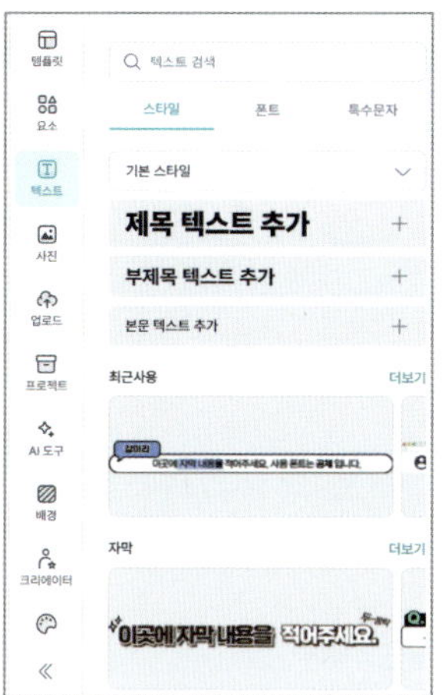

디자인 제작에 있어 텍스트의 적절한 활용은 디자인을 보다 정돈되어 보이게 한다. 특히 미리캔버스에서는 다양한 스타일과 폰트를 텍스트 기능에서 제공하고 있다는 점이 장점이다. 수업 및 평가 자료를 제작할 때도 적절한 폰트를 활용하게 되면 학생들에게 시각적으로 정돈된 자료를 제공할 수 있다.

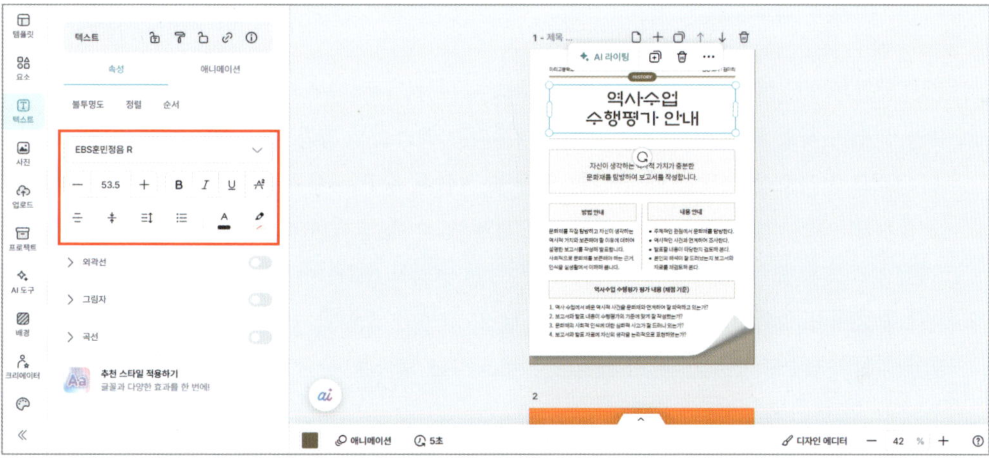

[이미지 2-28, 29] 텍스트 기능

미리캔버스의 텍스트 또한 각 개체마다 수정이 가능하다. 특히 위 이미지에서 빨간색 네모로 강조되어 있는 부분은 텍스트 편집에서 핵심이 되는 부분이다. 대부분 기능은 한글의 텍스트 수정 기능과 유사하며, 텍스트의 크기, 굵기, 기울기, 밑줄, 글자 서식, 글자 정렬과 조정, 글자 색, (글자) 배경 색 등을 수정할 수 있다.

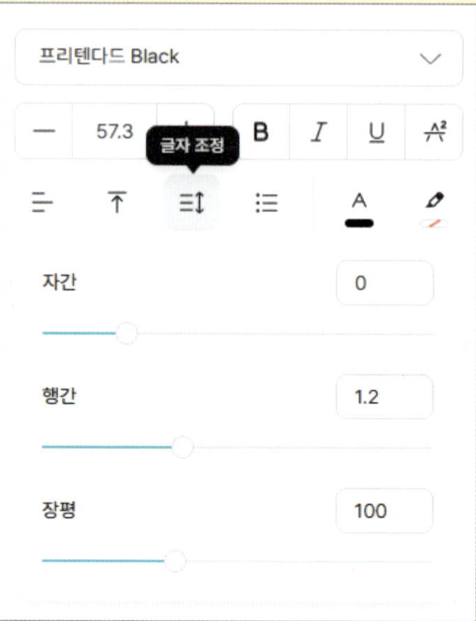



[이미지 2-30] 글꼴 즐겨 찾기    [이미지 2-31] 글자 조정 기능

수업 및 평가 자료 제작 시에 해당 자료에 어울리는 텍스트를 활용하는 것은 매우 효과적이다. 그러므로 자료를 제작할 때 다양한 글꼴을 저장해 두고 사용하는 것을 추천한다. 글꼴을 즐겨찾기 하는 방법은 글꼴을 검색하는 창에서 '☆'를 클릭하여 저장하면 된다.

또한, 텍스트를 보다 정돈되어 보이게 하기 위한 방법도 있다. 바로 텍스트의 글자 조정을 적극 활용하는 것이다. 글자 조정은 자간, 행간, 장평을 조정할 수 있는 기능인데, 해당 기능을 적절히 활용하면 글자가 더욱 명확하게 보이는 효과를 준다.

## 5 요소

요소는 미리캔버스 디자인 제작에서 가장 빈번하게 활용되는 기능이다. 요소에는 일러스트, 도형, 선, 아이콘, 애니, 컬렉션, 프레임, 표, 차트, 조합이라는 세부 기능이 있다. 요소의 기능을 적절히 활용하면 매우 질 높은 디자인을 제작할 수 있다.

요소는 특히나 다른 어떠한 기능보다 '검색'을 활용하여 적절한 요소를 선택하는 것이 중요하다. 그러므로 디자인에 적합한 요소를 찾기 위해서는 조금 더 구체적인 키워드를 검색하는 것이 도움이 된다. 예를 들면, '신분제'와 관련된 디자인을 제작하고 있는 상황에서 적절한 요소를 찾기 위해 '신분제'라는 키워드를 입력할 수도 있지만, 신분제를 구성하고 있는 '귀족', '양반', '백성', '노비' 등으로 구체적인 키워드 검색이 더욱 정확하고 풍부한 요소를 제공해 준다.

또한, 요소의 세부 기능 중에서 프레임은 디자인의 개성을 높여 줄 수 있다. 프레임은 요소에서 제공하고 있는 이미지, 선, 표와 달리 말 그대로 요소를 넣을 수 있는 틀 (프레임)을 의미하기 때문이다. 따라서 요소의 다양한 일러스트 등의 이미지를 프레임과 결합하여 사용한다면 디자인의 개성이 한 층 올라갈 것이다.

[이미지 2-32] 요소 - 프레임 기능 및 프레임과 이미지 결합

이 외에도 교육 현장에서 자주 사용되는 요소의 세부 기능에는 조합 기능이 있다. 조합 기능은 여러 가지 요소가 결합된 형태를 의미한다. 조합에는 인포그래픽 디자인, 타임라인/연혁도, 대한민국 지도, 사분면 그래프, 말풍선, 시간표, 쿠폰, 의료 사이즈, 이름표/네임택 등의 조합 디자인 요소가 있기에 교육 현장에서 수업과 학급 운영에도 활용이 가능한 디자인 요소가 매우 많이 등록되어 있다.

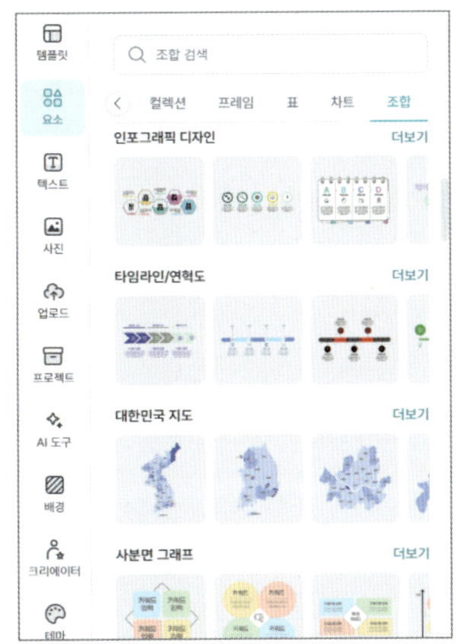

[이미지 2-33] 요소 - 조합 기능

오디오 기능은 수업 및 평가 자료 제작 시 해당 자료가 활동지와 같은 자료일 경우에는 활용도가 조금 떨어지지만, 프레젠테이션을 제작하거나 학생들이 동영상과 함께 디자인을 제작할 때는 매우 활용도가 높은 기능 중 하나이다.

그리고 무엇보다 오디오 기능의 가장 큰 장점은 활용하기에 어렵지 않다는 점이다. 특정 프로그램을 통해 음악을 다운로드하여 삽입하거나 음악과 디자인 페이지의 싱크를 맞춰야 하는 등의 불편함이 없다는 것이다. 즉 미리캔버스에서 제공하는 음악과 효과음을 디자인 페이지 내에서 매우 손쉽게 편집하여 디자인할 수 있다.

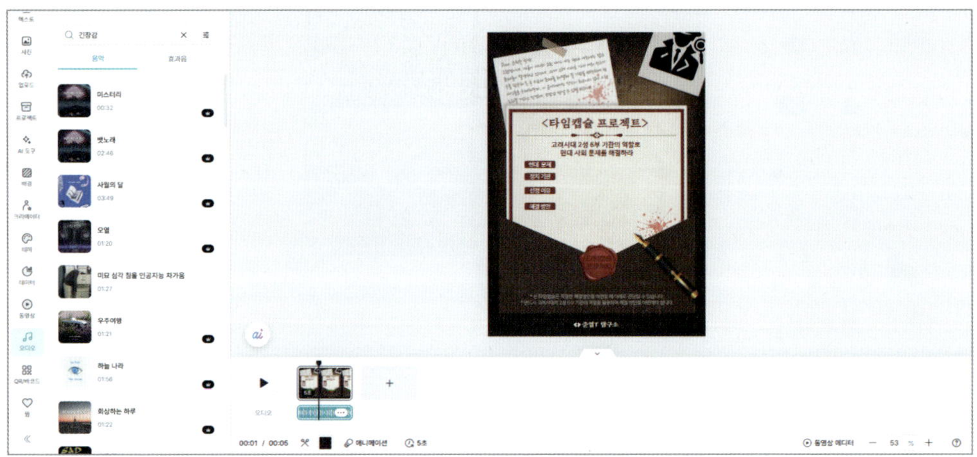

[이미지 2-34] 요소 - 오디오 검색 및 삽입

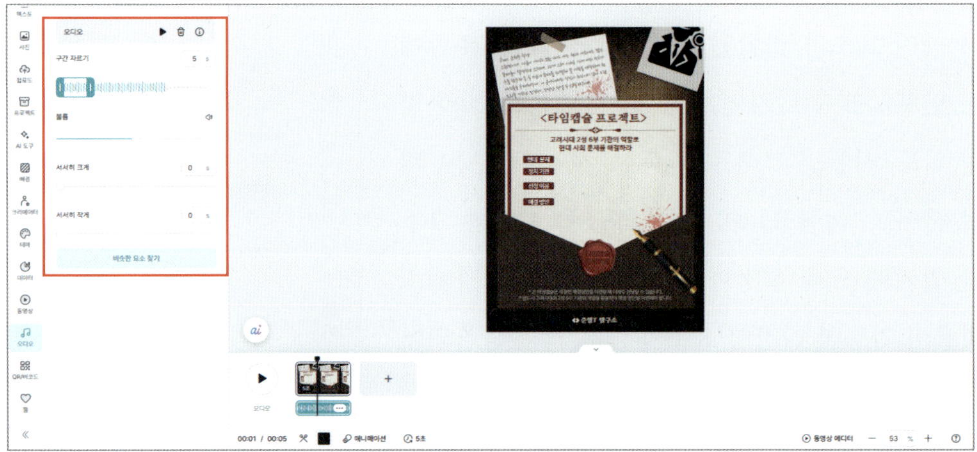

[이미지 2-35] 요소 - 오디오 편집

## 7 동영상

동영상 기능 또한 앞서 이야기 나눈 오디오 기능과 마찬가지로 따로 동영상 삽입과 편집을 미리캔버스 자체에서 제공하는 동영상에 한하여 매우 간단하게 실행할 수 있다는 장점이 있다. 동영상 편집을 처음 해 보는 사람도 쉽게 접근할 수 있다는 점은 매우 큰 장점으로 느껴진다.

[이미지 2-36] 요소 – 동영상 삽입 및 편집

사실 교육 현장에서 동영상 기능의 적절한 활용은 유튜브 영상을 영상의 링크 한 줄로 가져올 수 있다는 것에 있다. 디자인 템플릿을 활용하여 프레젠테이션을 제작하거나 학생들에게 수업 활동의 방법, 예시, 설명을 할 때 필요한 영상을 유튜브에서 바로 가져와 바로 활용할 수 있다는 것이다.

특히 해당 기능은 제작된 디자인 템플릿을 미리캔버스 자체에 있는 슬라이드 쇼 기능을 활용할 때 더 큰 효과를 발휘한다고 느낀다. 가령 수업 자료 프레젠테이션을 미리캔버스 슬라이드 쇼로 진행하다가 제공해야 하는 영상이 있을 경우 유튜브의 동영상을 삽입해 두고 이를 학생들에게 보여 주면 되기 때문이다. (슬라이드 쇼를 끄고 따로 유튜브에 접속하지 않아도 된다는 것이다.) 더군다나 영상의 확대와 축소는 단축키 'F5'를 클릭하면 가능하다는 팁과 함께 유튜브 광고가 나오지 않는다는 사소한 팁도 함께 전한다.

[이미지 2-37] 요소 – 동영상 중 유튜브 영상 삽입

## 8 AI 도구

최근에는 대부분의 산업에서 매우 큰 비중을 차지하고 있는 기술이 AI 기술인 것 같다. 하물며 교육 현장에서도 AI 기능이 매우 중요하게 여겨지고 있으며 이를 활용한 수업과 평가, 그리고 업무에서 활용의 비중도 나날이 늘어가고 있다.

미리캔버스에서 제공하고 있는 AI 기능은 크게 AI 도구, AI 프레젠테이션, AI 라이팅 기능이 있다. 이 부분에서는 AI 도구에 대해서 살펴보고자 한다. 미리캔버스의 AI 도구는 AI 생성과 AI 편집 기능으로 세분화하여 구분하고 있다.

AI 생성은 이미지, 영상, 캐릭터, 로고, 일러스트, 배경 등을 생성해 주는 기능이며, AI 편집은 이미지 편집, 배경 제거, 화질 개선, 이미지 확장 및 변환 등이 가능한 기능이다. 따라서 AI가 디자

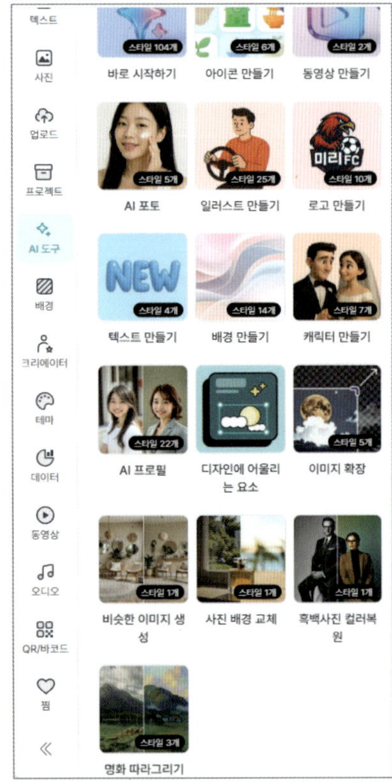

[이미지 2-38] 요소 – AI 도구

인을 생성하고 편집까지 간단하게 해 주는 기능이 미리캔버스에도 적용되어 있기에 디자인을 제작하는 속도가 매우 빨라져 시간적인 효율성이 매우 높아졌음은 분명해 보인다.

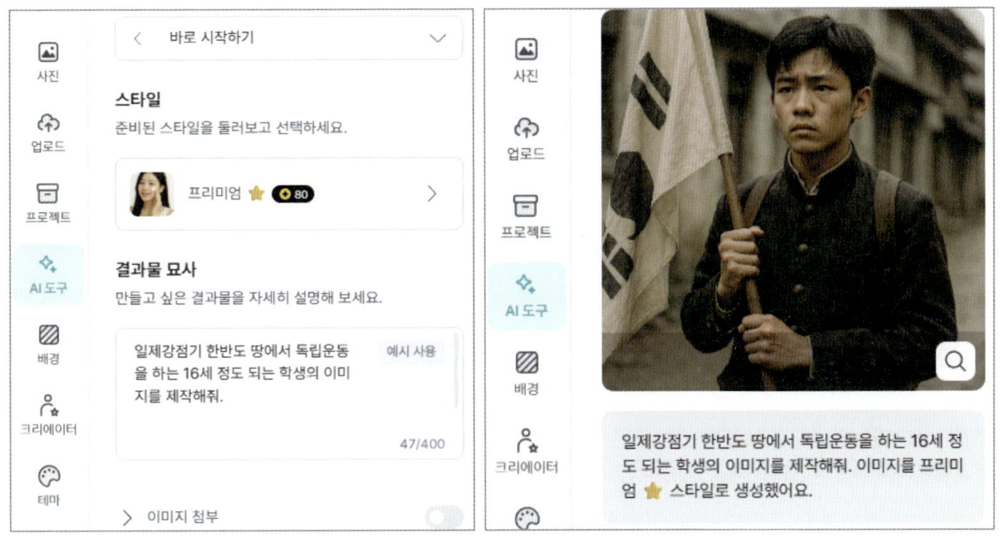



[이미지 2-39] 요소 – AI 도구 이미지 생성

## 9 QR코드, 바코드 만들기

실제 교육 현장에서는 학생들의 의견을 묻거나 자신의 생각을 작성하여 친구들과 토론하는 수업을 진행할 때 QR코드를 활용하는 경우가 많다. QR코드를 통해 특정 웹사이트(주로 교육 현장에서 활용되는 구글, 패들렛, 슬라이도(slido) 등)로 빠르게 연결될 수 있도록 하고 그곳에서 자신의 글을 작성하는 것이다.

미리캔버스에서는 특정 사이트의 주소를 복사, 붙여넣기만 하면 자동으로 QR코드를 디자인하여 이를 디자인 작업 영역에 삽입해 준다. 이렇게 만들어진 QR코드에 약간의 디자인적 요소인 심벌마크를 가운데 부분에 삽입할 수도 있다.

[이미지 2-40] 요소 – QR코드 생성과 삽입

📢 **Miri 쌤의 팁, 하나!**

바코드 같은 경우는 디자인적 요소로 활용도를 고민해 볼 수 있다. 사용해 본 경험을 바탕으로 예를 들어 보면 학급 경영 활동으로 진행된 우리 반 학급 쿠폰 제작, 방 탈출 추리 게임 등에서 학생들의 몰입감을 높이기 위한 활동지 디자인에 바코드가 활용될 수 있다.

# 3. 드래그&드롭으로 빠르게 디자인하기

드래그&드롭이란 쉽게 표현하면 "끌어다 놓기"라고 할 수 있다. 에디터에 추가하고 싶은 디자인적 요소를 마우스 좌클릭 후 에디터 빈 페이지에 끌어다 놓으면 해당 디자인 요소가 그대로 에디터 페이지에 반영된다.

특히 미리캔버스에서는 드래그&드롭 기능을 모든 기능에서 적용하고 있다는 점이 매우 큰 장점이다.

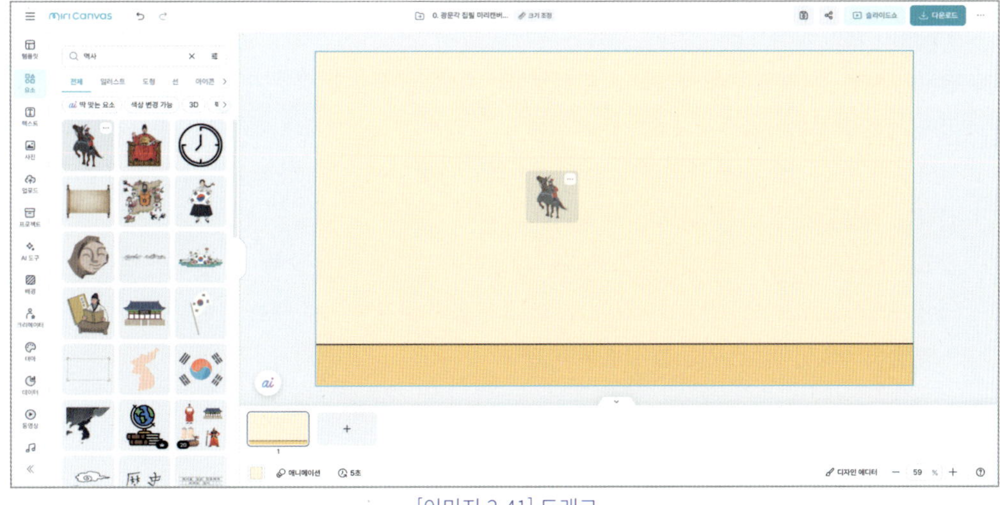

[이미지 2-41] 드래그

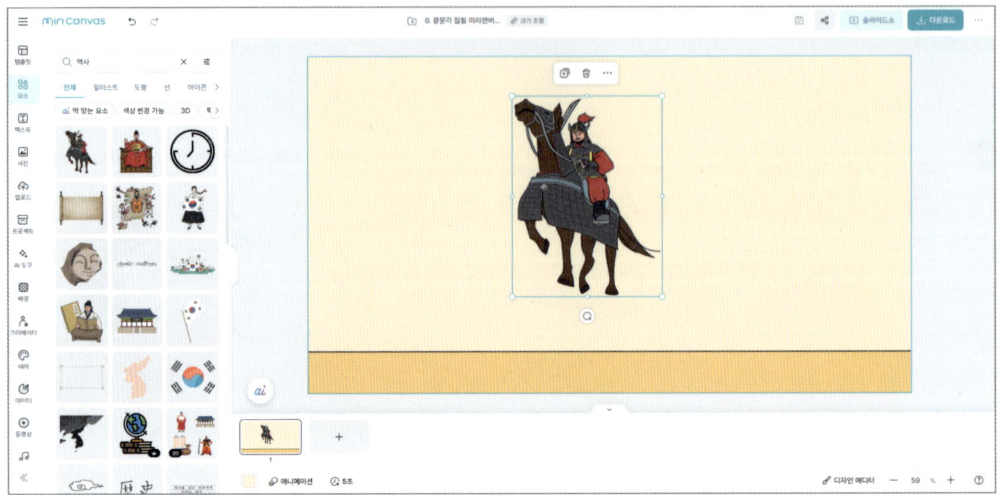

[이미지 2-42] 드롭

예를 들어, 위의 이미지처럼 디자인 요소를 삽입하고 싶을 때 좌측의 '요소' 메뉴에서 원하는 이미지를 선택하고, 이를 디자인 에디터 위로 끌어다 놓으면 자동으로 배치된다. 반복적인 클릭 없이 단순한 마우스 조작만으로도 감각적인 수업 자료를 제작할 수 있으며, 학생들과 함께하는 디자인 수업에도 매우 적합하다.

📣 **Miri 쌤의 팁, 하나!**

실시간 수업 중 학생들과 공동으로 디자인하는 활동을 진행할 경우 수업에서 학생들에게 각자 맡은 요소(사진, 도형, 텍스트 등)를 지정해 주고 각자가 드래그하여 배치하는 활동을 통해 학생들의 소통 능력과 협업 역량을 기르는 수업도 가능하다. 특히 중학교 디자인 툴을 처음 접하는 학생들에게 매우 친화적인 기능이다.

참고로 템플릿 또한 드래그&드롭 기능을 활용하여 디자인 배치를 할 수 있지만, 템플릿이 여러 페이지일 경우 한 개의 페이지만 드래드&드롭이 되기에 이럴 때는 템플릿을 클릭하여 이 템플릿으로 덮어쓰기 기능을 활용해야 한다.

# 4. AI 도구 활용하여 빠르게 디자인하기

미리캔버스는 기본적으로 수만 개의 디자인 템플릿을 제공하여 디자인 초보도 디자인 없이 디자인을 할 수 있는 시대를 열었다. 그러한 디자인 템플릿에 이제는 전 세계 단연 큰 화두인 AI를 접목하여 더욱더 풍부한 디자인적 요소와 디자인 템플릿을 활용할 수 있도록 변화, 발전하고 있다.

모든 AI가 그러하듯 미리캔버스 AI 기능에서도 핵심은 원하는 디자인 요소를 생성할 때, 제작하고 싶은 디자인 요소를 어떻게 설명하느냐에 따라 얻고자 하는 디자인의 정확도와 구체성이 매우 달라진다는 점을 꼭 기억할 필요가 있다. 다행인 점은 미리캔버스의 AI 기능은 아주 짧은 단어나 문장, 주제만 입력하여도 생각보다 높은 수준의 디자인 요소를 생성해 준다는 것이다.

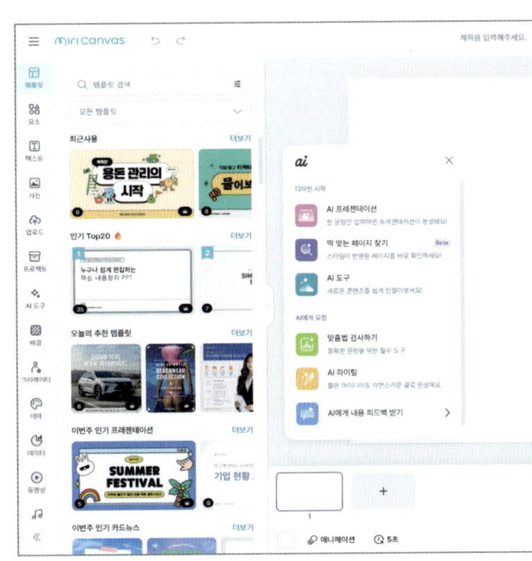

[이미지 2-43] 'ai - 미리캔버스 AI' 클릭 후
나오는 다양한 AI 기능

교육 현장에서 매우 활용도가 높은 미리캔버스의 AI 기능에는 앞서 언급한 AI 도구 이외에도 AI 프레젠테이션, 딱 맞는 페이지 찾기, 맞춤법 검사하기, AI 라이팅, AI

에 내용 피드백 받기의 기능이 있다.

먼저 프레젠테이션 크기로 템플릿을 AI가 제작해 주는 AI 프레젠테이션 기능의 사용법을 살펴보겠다. AI 프레젠테이션 기능은 만들고자 하는 프레젠테이션과 관련된 간단한 문장으로 주제만 입력하고 몇 장으로 프레젠테이션을 제작하고자 하는지 선택하기만 하면 된다. 이후 AI가 해당 주제에 부합하는 프레젠테이션의 개요를 작성해 준다. 그리고 개요 중 추가 혹은 제외할 부분을 편집하여 수정한 후 해당 프레젠테이션에 적합할 것 같은 디자인 템플릿 양식을 선택하여 프레젠테이션을 생성하면 된다.

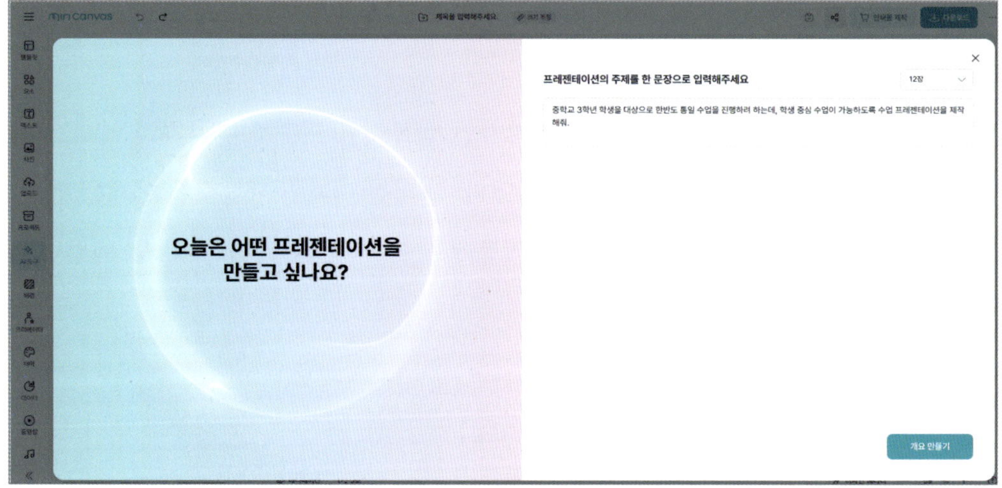

[이미지 2-44] AI 프레젠테이션 제작 과정 ①

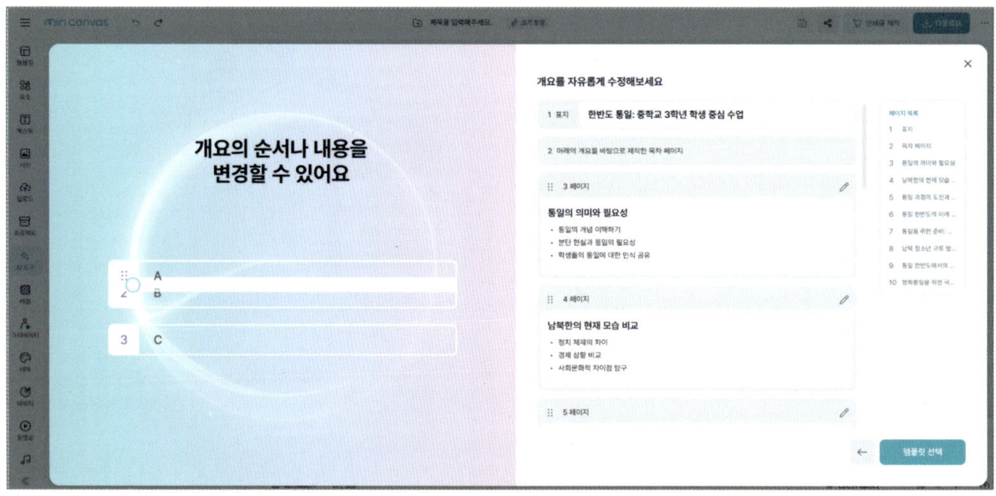

[이미지 2-45] AI 프레젠테이션 제작 과정 ②

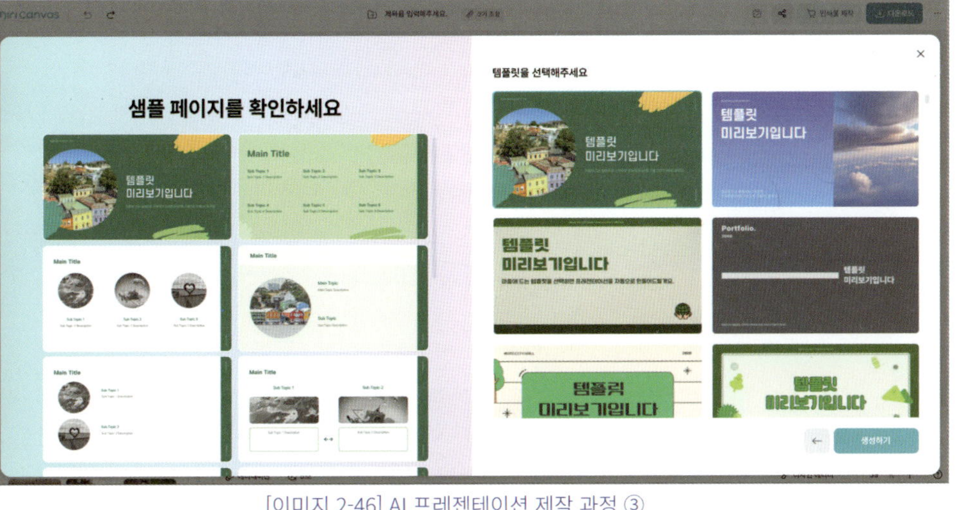

[이미지 2-46] AI 프레젠테이션 제작 과정 ③

[이미지 2-47] AI 프레젠테이션 제작 과정 ④



### ■▶ Miri 쌤의 팁, 하나!

교육 현장에서는 선생님들이 한글 파일로 활동지를 제작하거나 공문 등 업무 문서를 처리하는 경우가 많다. 그리고 해당 한글 파일은 PDF로 변환이 자유롭게 가능하다. 그러므로 해당 파일을 업로드하여 분석한 내용을 기반으로 AI 프레젠테이션 제작 기능 또한 유용하게 활용될 수 있다.

더욱이 업무를 처리하거나 연수 등에서 강조해야 할 핵심 내용을 기반으로 프레젠테이션 제작도 가능하다. 바로 자료 붙여넣기를 활용하여 강조해야 할 부분의 텍스트를 입력하고 이를 기반으로 프레젠테이션을 제작할 수 있기 때문이다.

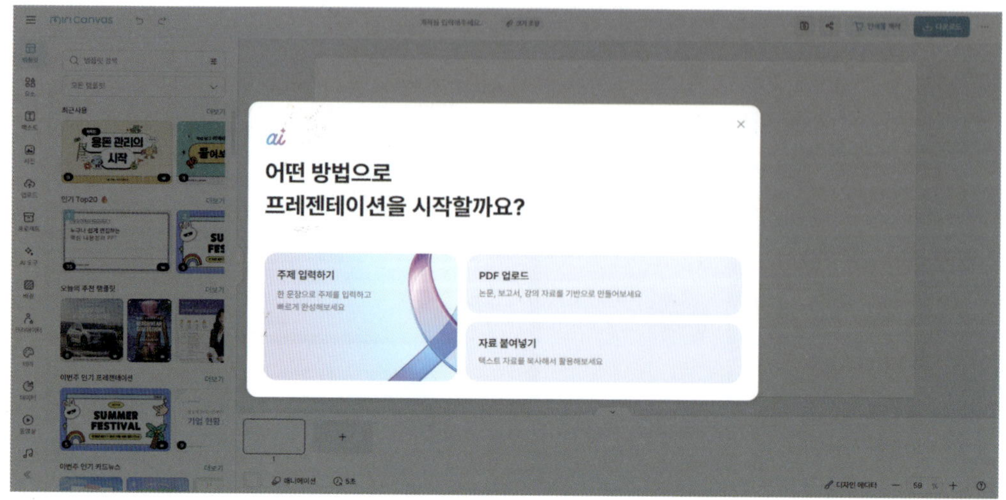

[이미지 2-48] AI 프레젠테이션 제작 방법 3가지

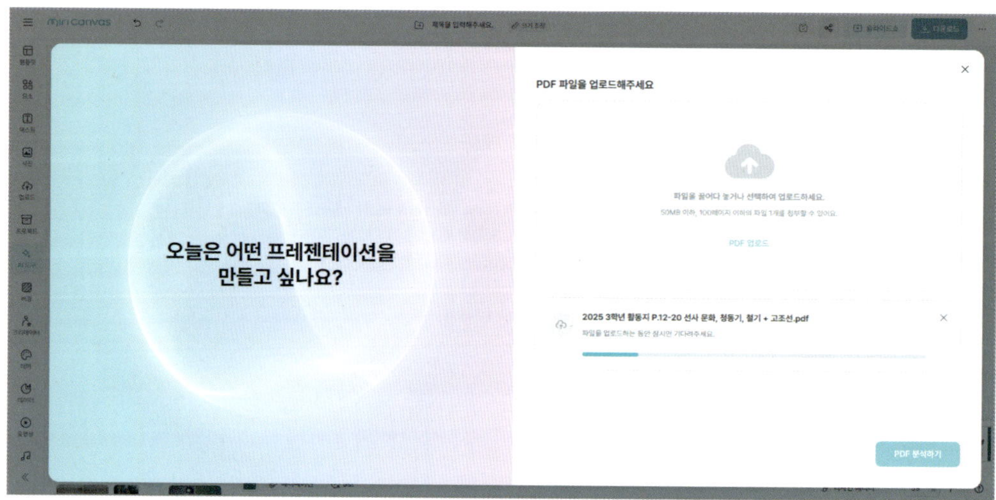

[이미지 2-49] PDF를 분석하여 AI 프레젠테이션 제작

　다만, AI 프레젠테이션을 제작한 후 주의해야 할 사항은 여전히 존재한다. 특히 프레젠테이션에 삽입되는 여러 이미지 요소나 내용에는 오류가 발생할 수 있다는 점이다. 그렇기에 제작된 AI 프레젠테이션은 디자인 편집과 수정의 과정을 반드시 거쳐야 한다.

마지막으로 설명할 미리캔버스의 AI 기능은 맞춤법 검사하기, AI 라이팅, AI에게 내용 피드백 받기 기능이다. 해당 기능은 템플릿의 내용을 보완하여 오류가 적고 정확한 내용의 디자인 템플릿을 생성할 수 있도록 돕는 기능이라고 할 수 있다.

가령 AI 라이팅 기능을 통해 디자인 템플릿에 적합한 글을 쓰고, 해당 내용을 기반으로 템플릿을 제작, 편집, 디자인하는 것이다. 그리고 1차로 완성된 디자인을 AI에 피드백을 받고 최종적으로 맞춤법 검사를 진행하여 디자인 템플릿을 완성할 수 있다.

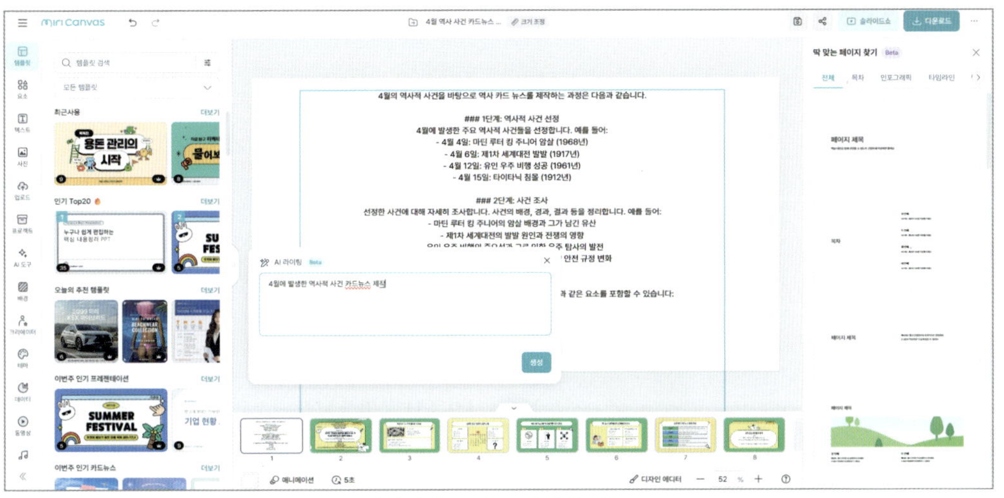

[이미지 2-50] AI 라이팅 기능



AI 라이팅을 포함한 글쓰기 기능은 학생들이 직접 발표 자료를 제작하는 수업과 평가 활동에서 매우 적절하다. 디자인 템플릿을 선정한 후 AI 라이팅 기능을 활용해 학생들의 발표 주제에 적합한 내용을 대략적으로 구성하는 것이다. 그리고 제작 과정에서는 끊임없이 자신의 자료를 AI를 통해 피드백을 받고 디자인을 완성하는 것이다. 이제는 학생들 또한 매우 쉽게 자신이 발표할 자료를 디자인하여 제작할 수 있게 된 것이다.

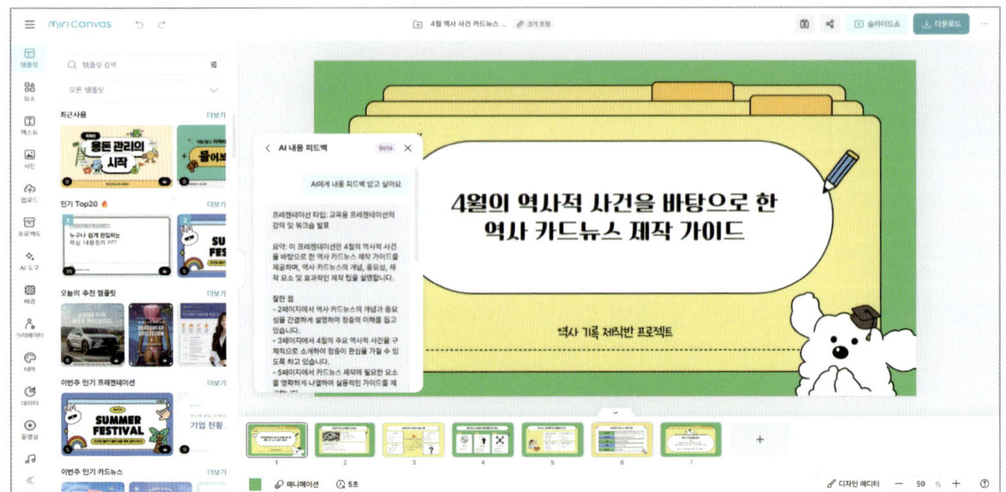

[이미지 2-51] AI에 내용 피드백 받기

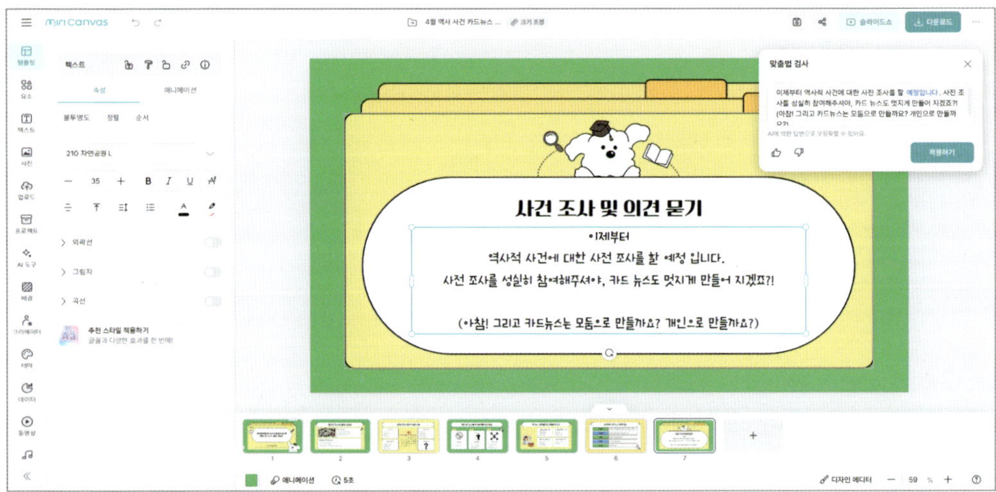

[이미지 2-52] 맞춤법 검사하기

# 3장

# 다양한 템플릿 활용법과 나만의 디자인 만들기

# 1. 수업 강의안 만들기

미리캔버스 메인 화면에서 상단 검색창에 '프레젠테이션'을 입력하거나 '바로 시작하기' 메뉴에서 '프레젠테이션'을 선택한다. 이후 교육용 템플릿 중 원하는 스타일을 골라 편집 화면으로 불러오면 된다.

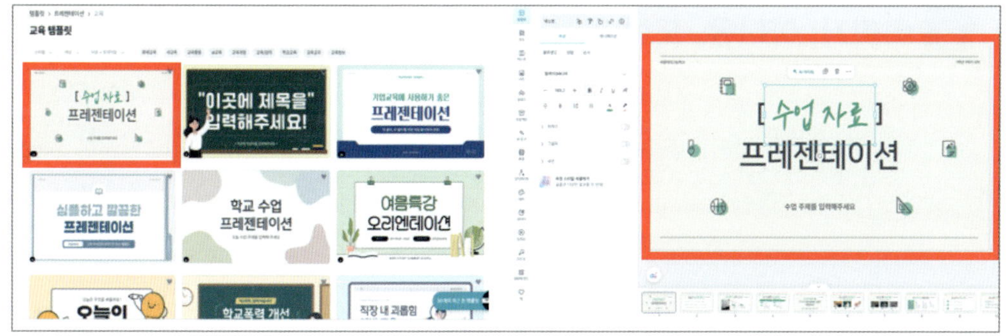

[이미지 3-1] 프레젠테이션 교육용 템플릿 선택 화면

이제 선택한 템플릿을 나만의 강의안으로 만드는 작업을 시작해 보자. 예시로 초등학생 대상의 환경 교육 강의안을 제작한다고 가정해 보자.

## 1 글자 수정 및 편집하기

템플릿의 텍스트를 클릭하면 바로 수정할 수 있다. 텍스트 상자를 선택한 뒤 원하는 글자로 바꾸고, 좌측 메뉴에서 글꼴, 크기, 색상, 정렬, 볼드·이탤릭·밑줄 등을 조절해 가독성을 높일 수 있다. 예를 들어, '수업 주제를 입력해 주세요'를 '환경 계기 교육'으로 수정하고, 글씨체를 '210 산토리니B'로 변경할 수 있다.

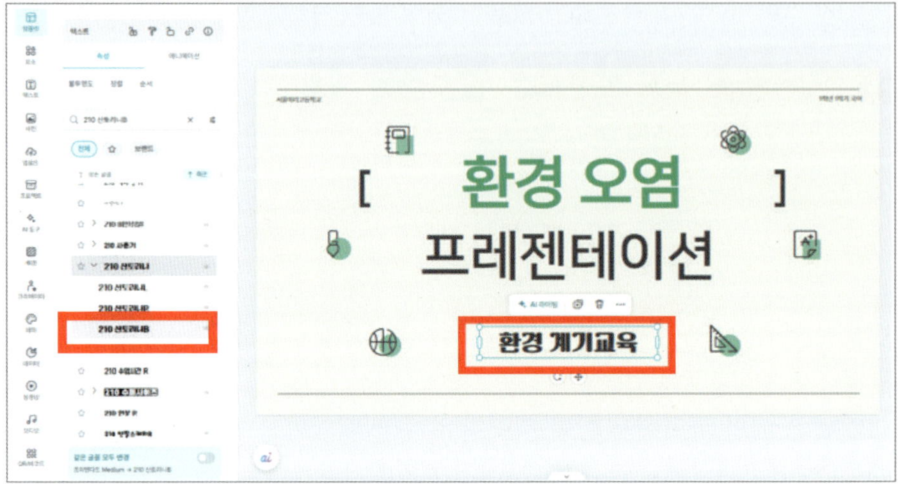

[이미지 3-2] 글자 수정 및 편집하기

## 2 이미지, 아이콘, 도형 추가 및 활용하기

강의안의 시각적인 효과를 높이고 정보를 효과적으로 전달하기 위해 다양한 시각 자료를 추가할 수 있다.

### (1) 이미지

'업로드' 메뉴를 통해 내 이미지를 직접 추가하거나, '사진' 메뉴에서 '환경오염'을 검색해 삽입한다. 삽입한 이미지는 크기 조절, 회전, 필터 적용 등으로 자유롭게 편집할 수 있다.

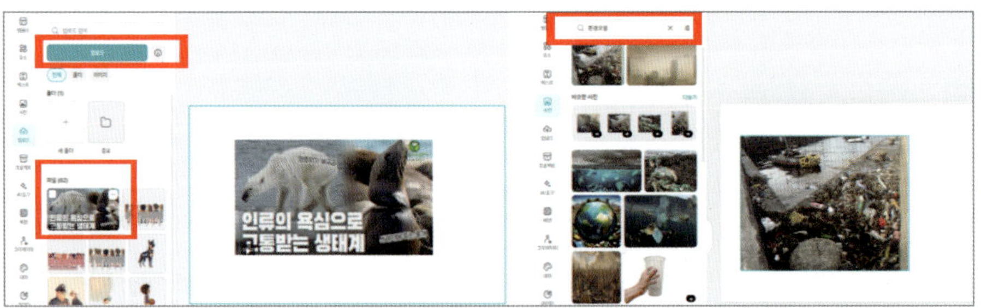

[이미지 3-3] 업로드 기능과 '환경오염'으로 검색한 경우

## (2) 요소

'요소' 메뉴를 클릭하면 일러스트, 도형, 아이콘 등을 검색해 삽입할 수 있다. 예를 들어, 공장 굴뚝 연기 아이콘, 쓰레기통과 재활용 마크, 지구와 나무 일러스트를 활용하면 학습 내용을 직관적으로 표현할 수 있다. 또한, 화살표나 말풍선 같은 도형을 추가해 정보의 흐름을 명확히 보여 주고, 학생들의 시선을 중요한 내용으로 자연스럽게 유도할 수 있다.

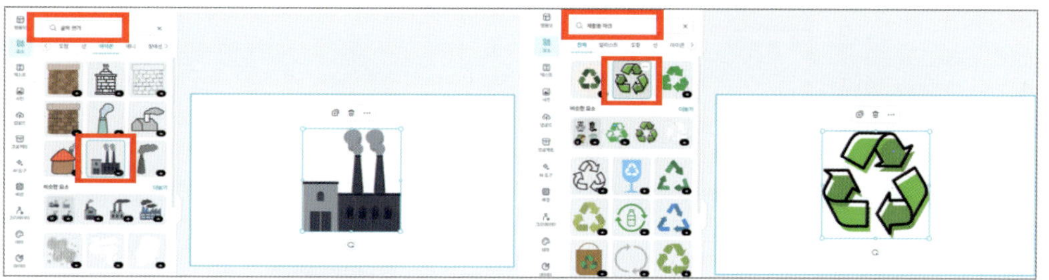

[이미지 3-4] 요소의 굴뚝 연기 아이콘과 재활용 마크

## (3) 차트 및 그래프

좌측 '데이터' 메뉴에서 환경오염 통계를 막대그래프나 원형 차트로 시각화해 삽입할 수 있다. '데이터' 아이콘을 클릭한 뒤 '차트'를 선택하면 다양한 유형이 나타난다. 예를 들어, '세로 막대'를 선택하면 여러 디자인 템플릿이 제공되며, 원하는 색이나 모양을 골라 사용할 수 있다.

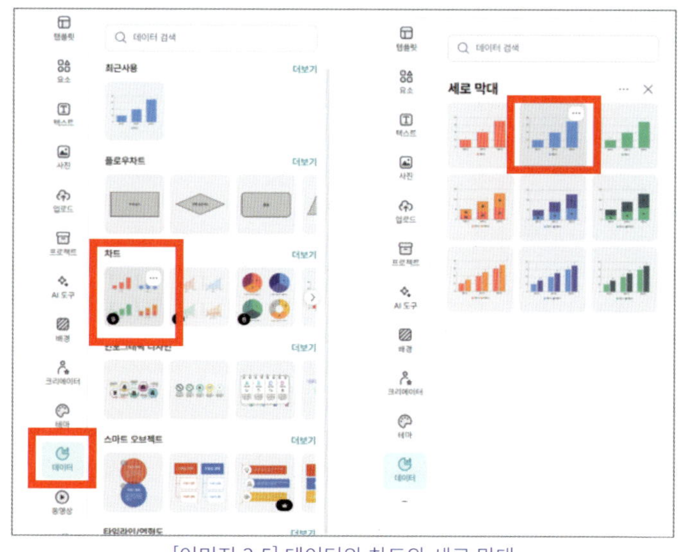

[이미지 3-5] 데이터의 차트와 세로 막대

그래프를 삽입한 뒤에는 데이터를 직접 입력하거나 복사해 붙여 넣으면 된다. 파란색 막대그래프를 선택하면 기본 그래프와 함께 '데이터 편집' 화면이 열린다. 여기에서 각 항목과 수치를 입력하면 오른쪽 그래프에 실시간으로 반영된다. 예를 들어 '세계 플라스틱 연간 생산량' 아래 2000년, 2019년, 2060년 수치를 입력하면 막대 위에 자동으로 숫자가 표시되어 이해를 돕는다. 이를 통해 플라스틱 사용량이 얼마나 빠르게 증가하는지 한눈에 파악할 수 있다.

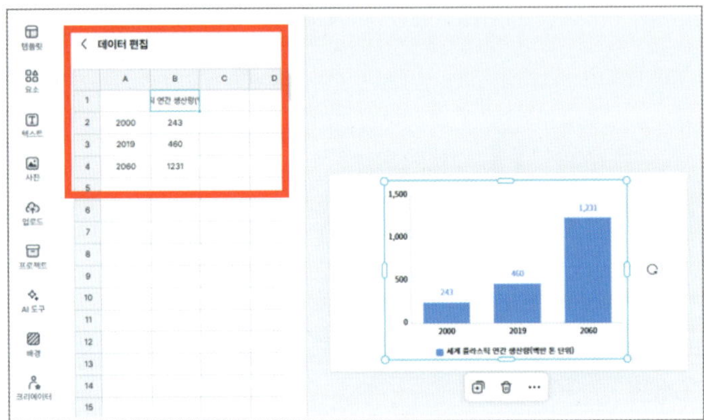

[이미지 3-6] 막대그래프의 데이터 편집

## 3  AI 프레젠테이션

미리캔버스 에디터 좌측의 'AI' 버튼을 클릭하면 여러 기능이 나타난다. 이 중 'AI 프레젠테이션'을 선택하거나, 편집 화면 왼쪽 하단 '미리캔버스 AI' 아이콘을 눌러 실행할 수 있다.

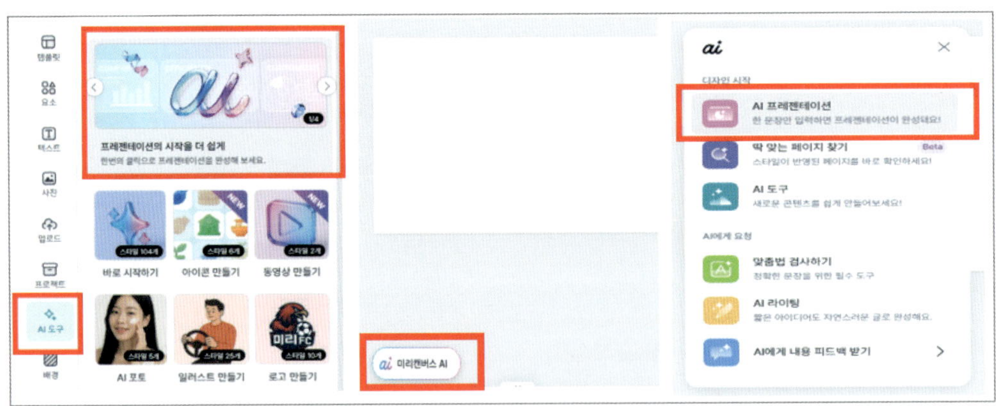

[이미지 3-7] AI 프레젠테이션 메뉴 위치

주제 입력하기, PDF 업로드, 자료 붙여넣기 중 하나를 선택해 프레젠테이션을 제작할 수 있다. 주제 입력하기는 원하는 발표 주제를 한 문장으로 입력하면 AI가 자동으로 목차와 슬라이드를 구성한다. PDF 업로드는 기존 문서를 불러와 그 내용을 바탕으로 프레젠테이션을 만든다. 자료 붙여넣기는 텍스트를 복사해 붙이면 AI가 슬라이드를 자동 구성한다.

예를 들어, "중학교 2학년 과학 - 물질의 상태 변화"라고 입력하고 장수를 8장으로 지정하면, AI가 물질의 세 가지 상태, 상태 변화의 종류, 상태 변화와 열에너지 등을 포함한 개요를 생성한다. 교사는 이를 직접 편집하거나 순서를 바꾸고, 필요하면 자신만의 내용을 추가할 수 있다.

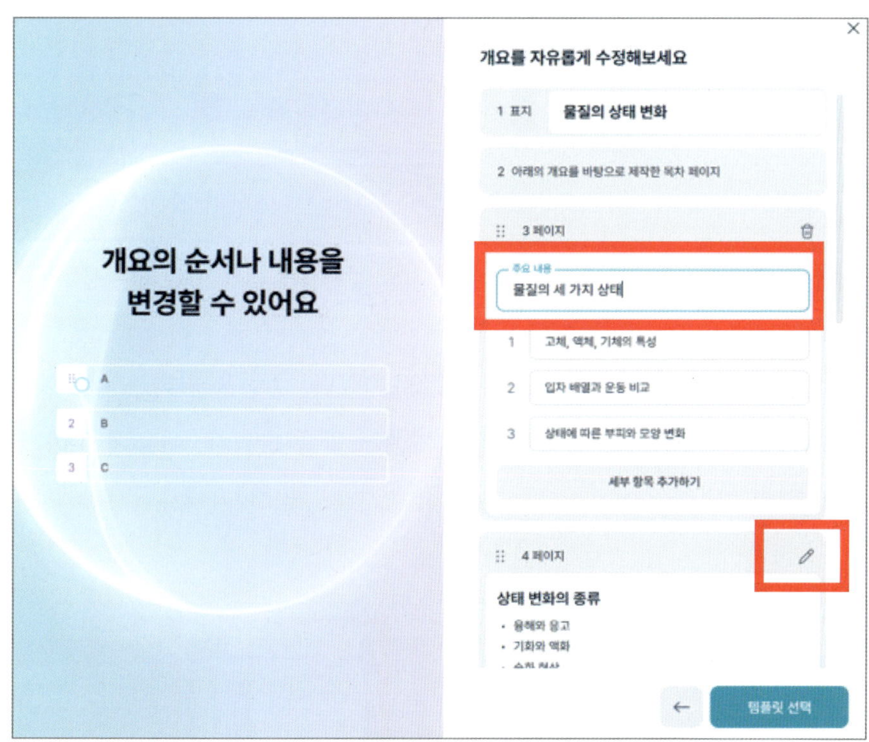

[이미지 3-8] 개요 편집 화면

[이미지 3-8]처럼 마음에 들지 않는 부분은 펜 모양 아이콘을 눌러 자유롭게 편집할 수 있다. 개요가 완성되면 원하는 템플릿을 선택하고 '생성하기' 버튼을 누르면 [이미지 3-9]와 같은 결과물이 나온다. 마지막으로 결과물을 최종 편집하면 된다.

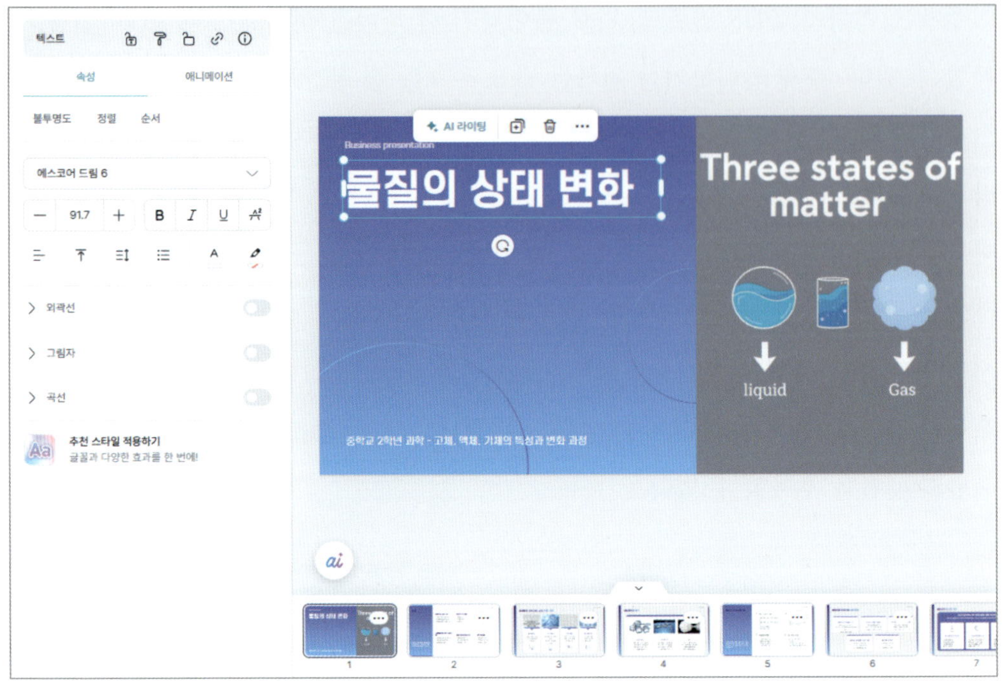

[이미지 3-9] 최종본 편집 화면

## 4  AI 라이팅

AI 라이팅 기능을 활용하면 편하게 수정할 수 있다. 수정을 원하는 텍스트를 클릭하면 'AI 라이팅'이 팝업으로 나타난다. 여기에서 맞춤법 검사, 내용 정돈하기, 이어 쓰기, 요약하기, 다시 쓰기 기능을 선택할 수 있으며, 원하는 기능을 클릭하면 AI가 자동으로 처리한다.

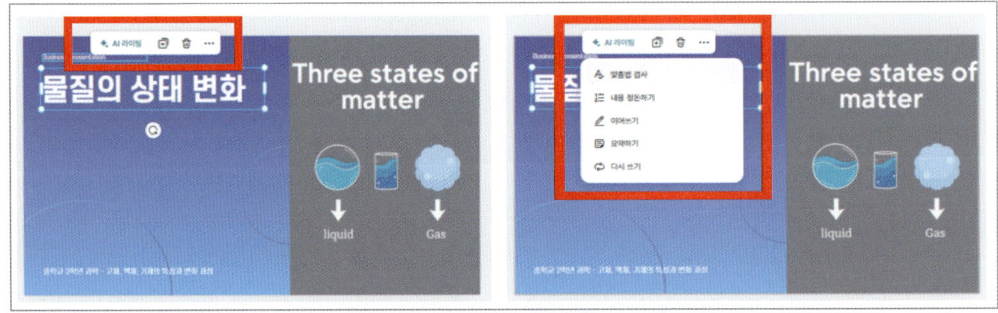

[이미지 3-10] AI 라이팅의 여러 가지 기능

## **5** 다운로드하기 및 다양한 형태로 활용하기

강의안 제작이 끝나면 다양한 형식으로 저장하고 활용할 수 있다. 미리캔버스는 여러 파일 형식을 지원하므로 용도에 맞게 선택하면 된다. 가장 일반적인 방법은 PDF 다운로드로, 인쇄용이나 학생 배포용에 적합하다. 상단 메뉴에서 '다운로드'를 클릭하고 'PDF'를 선택하면 고화질 파일을 얻을 수 있다. PowerPoint 형식은 'PPTX'를 선택하면 된다.

온라인 공유를 원한다면 '공유' 기능을 활용할 수 있다. 링크를 생성해 교사들과 자료를 나누거나, QR코드를 만들어 학생들이 스마트폰으로 접근할 수 있게 할 수 있다. 특히 온라인·하이브리드 수업에서 유용하다.

# 2. 수업 영상 만들기

## 1 동영상 프로젝트 시작하기

미리캔버스에서 동영상을 만들려면 메인 화면에서 '템플릿 보러 가기'를 클릭한 뒤, '타입별로 보기'에서 '동영상'을 선택한다.

[이미지 3-11] 템플릿 보러가기와 동영상 선택하기

이 중 마음에 드는 것을 선택하거나 '스타일' 필터를 클릭해서 '귀여운, 감성적인, 전문적인, 전통적인, 재밌는' 중에서 원하는 스타일을 선택할 수도 있다. 다음은 '전문적인'을 클릭하고 필터 적용을 누른 예시이다.

[이미지 3-12] '전문적인' 스타일 필터 적용

전문적인 스타일 템플릿을 선택하면 편집 화면이 열린다. 이곳에서 자유롭게 편집할 수 있으며, 일반적인 교육 영상은 1920×1080 픽셀이 가장 적합하다. 대부분의 프로젝터와 모니터에서 선명하게 재생되고, 유튜브 등 플랫폼 업로드 시에도 최적 화질을 보장한다.

크기를 선택하고 나면 동영상 에디터가 실행된다. 기본 인터페이스는 일반적인 미리캔버스 에디터와 비슷하지만, 하단에 타임라인이 추가로 표시된다. 이 타임라인은 동영상 편집의 핵심 도구로, 각 장면의 길이를 조절하고 순서를 바꾸며, 오디오를 추가하는 모든 작업이 이곳에서 이루어진다.

## 2 인트로와 타이틀 화면 만들기

중학교 수학 '일차함수' 단원을 설명하는 5분짜리 영상을 만든다고 가정해 보자. 교육 영상의 첫인상을 결정하는 인트로 화면은 학생들의 관심을 끌고 영상의 주제를 명확하게 전달하는 역할을 한다. 미리캔버스에는 다양한 인트로 템플릿이 준비되어 있어 이를 활용할 수 있다. 좌측 메뉴에서 '템플릿'을 클릭하고 '모든 동영상 템플릿' 카테고리에서 '교육/강의/공부'를 선택한다. '더보기'를 눌러 마음에 드는 템플릿을 고른 뒤 편집 기능을 활용하면 제작이 한층 수월하다.

기존의 틀에서 제목을 "일차함수의 이해"로 변경하고 제목의 폰트는 굵고 읽기 쉬운 것으로 선택하고, 색상은 선명한 파란색 계열을 사용한다. 배경에는 수학과 관련된 이미지나 패턴을 넣어 주제를 시각적으로 표현할 수 있다.

[이미지 3-13] 좌측: 원본 이미지, 우측: 수정 이미지

화면 하단 타임라인에서 장면을 선택하면 패널에 '시계 아이콘 5.8초'가 표시된다. 이를 클릭해 '지속 시간'을 조정할 수 있다. 또한, 페이지 전환 효과를 넣어 다음 장면으로 자연스럽게 넘어가도록 설정할 수 있다. '애니메이션' 아이콘을 눌러 요소에 '페이드, 올라오기, 밀어내기' 같은 다양한 효과도 적용할 수 있다.

[이미지 3-14] 동영상 페이지 재생 시간과 애니메이션 효과 설정

## 3 AI 기능으로 학습 내용 구성하기

인트로 다음에는 학습 목표를 제시하는 장면을 만든다. 새로운 페이지를 추가하고, AI 라이팅 기능을 활용하여 명확하고 간결한 학습 목표를 작성해 보자. 좌측 메뉴에서 'AI' 버튼을 클릭하고 'AI 라이팅'을 선택한다. "중학교 2학년 일차함수 단원의 학습 목표를 3개로 요약해 줘"라고 입력하면, AI가 학습자 수준에 맞는 목표들을 제시해 준다. 이후 교육과정과 수업 계획에 맞게 수정하고, 필요하면 다시 'AI 라이팅'으로 추가 편집할 수 있다.

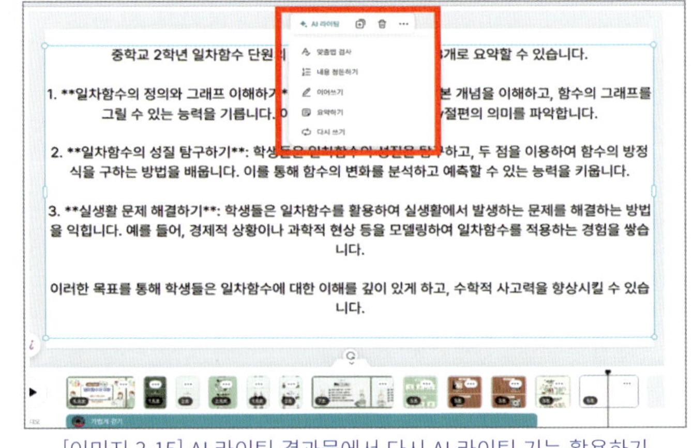


[이미지 3-15] AI 라이팅 결과물에서 다시 AI 라이팅 기능 활용하기

주요 개념을 설명하는 장면에서는 AI 이미지 생성 기능을 활용할 수 있다. 'AI 도구'를 클릭하고 '바로 시작하기'에서 "일차함수 그래프를 보여 주는 교육용 일러스트, 깔끔한 스타일"이라고 입력하면 수업 내용에 맞는 시각 자료를 생성할 수 있다. 생성된 이미지는 바로 슬라이드에 추가할 수 있으며, 크기와 위치를 자유롭게 조정할 수 있다. 또한, AI가 생성해 준 학습 목표와 이미지를 같이 결합할 수 있는데, 학습 목표 텍스트를 클릭한 후 좌측에 글자 정렬을 눌러서 보기 좋게 정렬한다.

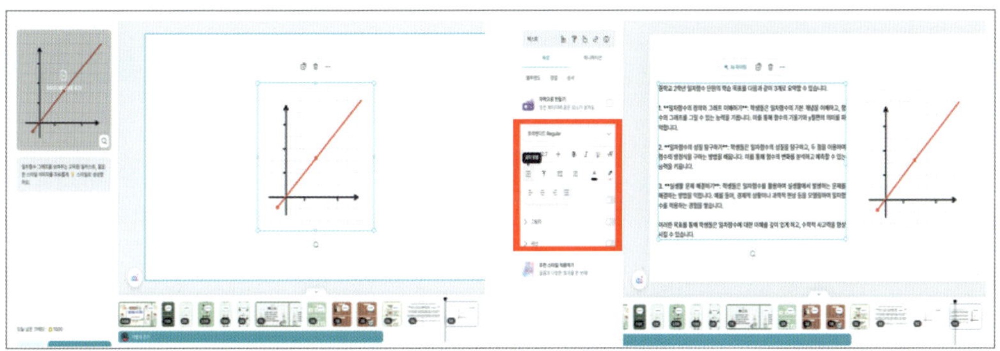

[이미지 3-16] AI 이미지로 생성한 일차함수 그래프와 학습 목표 편집 화면

## 4 동적인 효과와 애니메이션 추가하기

정적인 슬라이드들로만 구성된 영상은 지루할 수 있다. 미리캔버스의 애니메이션 기능을 활용하면 내용을 더욱 생동감 있게 표현할 수 있다. 각 페이지에서 애니메이션을 적용하려면 원하는 텍스트에서 마우스 우클릭을 하고 '애니메이션' 메뉴를 클릭한다. 그러면 좌측에 11가지의 다양한 효과가 나오며, 이 중 내용에 맞는 것을 선택할 수 있다.

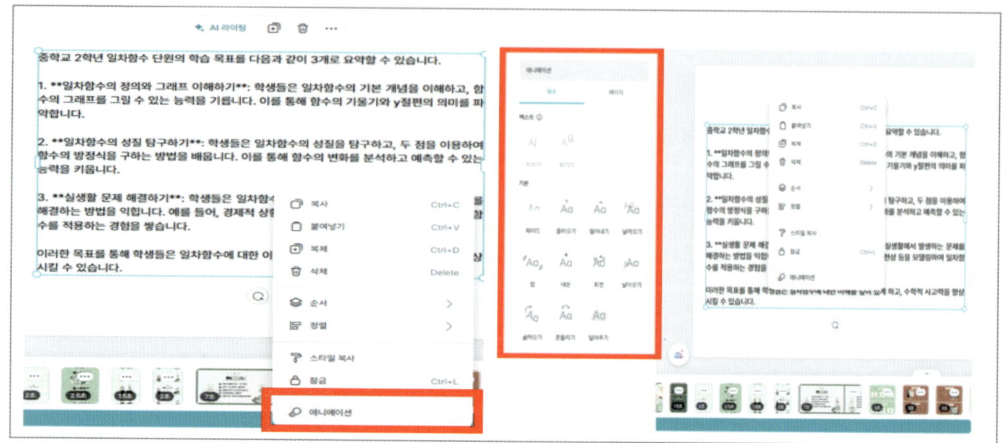

[이미지 3-17] 애니메이션 설정

예를 들어, '학습 목표'는 '페이드' 효과를 줄 수 있고, 적용, 단위, 속도, 방향 등을 상세하게 설정할 수 있다.

[이미지 3-18] 애니메이션 상세 설정

수학 공식이나 그래프가 단계적으로 나타나도록 하고 싶다면 여러 개의 페이지로 나누어 구성한다. 첫 번째 페이지에서는 좌표 평면만, 두 번째 페이지에서는 x축과 y축 추가, 세 번째 페이지에서는 그래프를 추가하는 식으로 단계적으로 보여 주면 학생들의 이해를 도울 수 있다.

## 5 자막과 텍스트 편집하기

교육 영상에서 자막은 필수다. 자막은 학습자의 집중도를 높이고, 청각 장애 학생의 학습을 지원하며, 복습 시에도 유용하다. 미리캔버스에서는 자막을 쉽고 빠르게 만들 수 있다. 좌측 메뉴에서 '텍스트'를 선택하고 자막용 텍스트 상자를 추가한다. 자막은 보통 화면 하단에 배치하며, 배경과 구분되도록 반투명한 배경 색을 적용하거나 외곽선을 추가한다.

자막의 글꼴은 가독성이 가장 중요하므로 '공체 Bold'처럼 눈에 잘 띄고 깔끔한 폰트를 선택한다. 크기는 적절히 조정하고, 색상은 배경과 대비가 뚜렷한 어두운 브라운과 흰색 조합이 효과적이다. 자막 텍스트는 클릭 후 원하는 대로 수정할 수 있다.

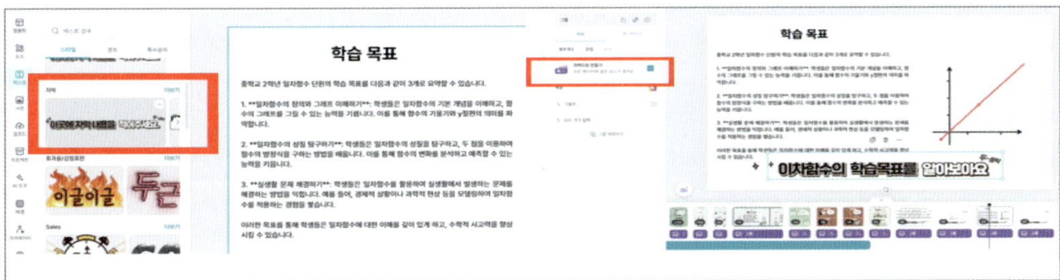

[이미지 3-19] 자막 설정과 자막으로 만들기 기능

## 6 오디오와 배경 음악 추가하기

영상의 완성도를 높이기 위해서는 적절한 오디오 요소가 필요하다. 미리캔버스에는 다양한 배경 음악과 효과음이 제공되어 저작권 걱정 없이 바로 사용할 수 있다. 좌측 메뉴에서 '오디오'를 클릭하면 '배경음'과 '효과음' 두 가지 카테고리가 나온다. 교육 영상에는 차분하고 집중을 방해하지 않는 배경 음악이 적합하다. '차분한', '집중', '학습' 등의 키워드로 검색하여 적절한 음악을 찾아보자. 예를 들어, '차분한 피아노'를 선택하면 타임라인에 자동으로 추가된다. 음악의 볼륨은 내레이션을 방해하지 않도록 적절히 조절해야 한다. 오디오 설정에서 볼륨 슬라이더를 조정하거나, 특정 구간에서만 음악이 재생되도록 편집할 수 있다.

[이미지 3-20] '차분한 피아노' 오디오 효과 추가하기

효과음은 중요한 포인트를 강조하거나 장면 전환을 자연스럽게 하는 데 사용한다. 예를 들어, 정답이 나타날 때 짧은 성공음을, 새로운 장이 시작될 때 차임벨 소리를 추가할 수 있다. 하지만 너무 많은 효과음은 오히려 산만할 수 있으므로 꼭 필요한 곳에만 사용한다.

## 7 기존 영상 자료 활용하기

때로는 기존에 제작된 우수한 교육 자료를 활용하고 싶을 때가 있다. 미리캔버스에서는 유튜브 링크를 직접 삽입하여 영상 내에 포함시킬 수 있다. 프로젝트의 '내 디자인 화면'을 누른 후 화면 상단 중앙에 있는 '새 동영상 만들기'를 클릭하면 동영상 사이즈를 조절하는 창이 나온다. 여기서 원하는 사이즈를 넣고 '새 디자인 만들기'를 클릭한다.

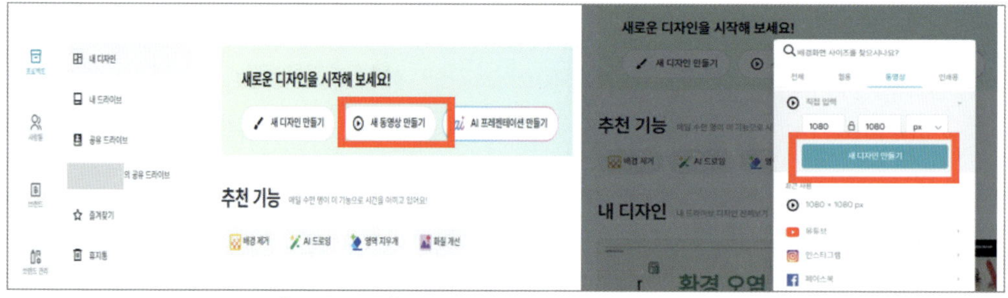

[이미지 3-21] 새 동영상 만들기와 새 디자인 만들기

좌측 메뉴에서 '동영상'을 선택하고 '유튜브 링크 추가' 옵션을 클릭한다. 포함하고 싶은 유튜브 영상의 URL을 입력하면 해당 영상이 슬라이드에 추가된다. 이때 저작권 문제가 없는 교육용 영상이나 자유롭게 사용할 수 있는 영상을 활용하는 것이 좋다.

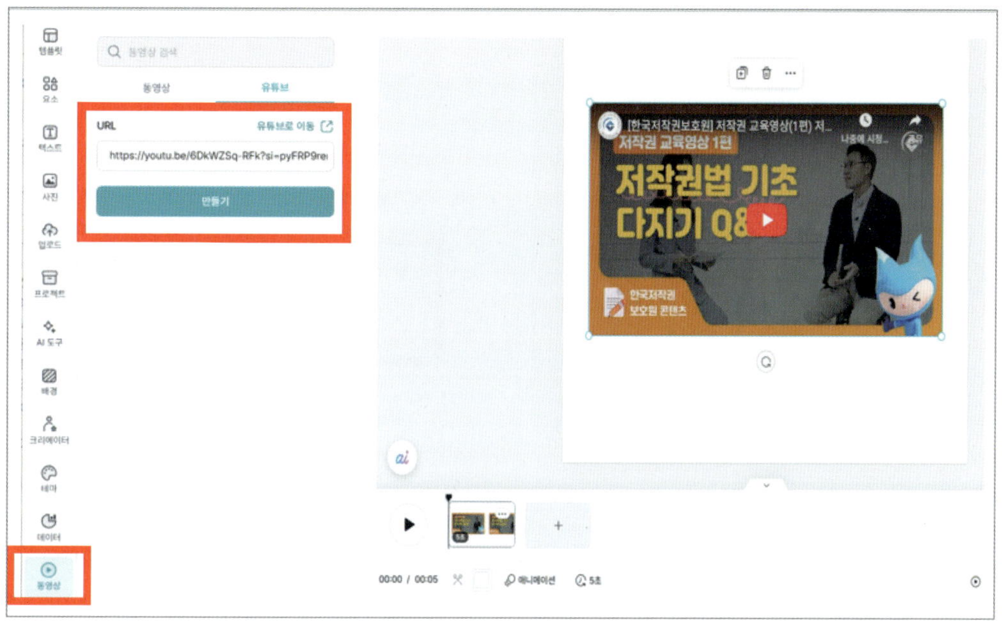

[이미지 3-22] 유튜브 링크 추가하기

또한, 자신이 직접 촬영한 영상 파일이 있다면 '업로드' 기능을 통해 MP4 파일을 추가할 수 있다. 실험 과정을 촬영한 영상이나 현장 학습 자료 등을 수업 영상에 포함시켜 더욱 풍부한 내용을 만들 수 있다.

## 8 다운로드하기 및 유튜브 업로드 전 저작권 확인 기능

영상 편집이 완료되면 용도에 맞는 형식으로 내보내야 한다. 우측 상단의 '다운로드' 버튼을 클릭하면 여러 옵션을 볼 수 있다. 가장 일반적인 선택은 MP4 형식이다. MP4는 대부분의 플랫폼에서 지원하며 파일 크기와 화질의 균형이 좋다.

미리캔버스에서 만든 영상을 개인 유튜브에 올릴 때는 저작권에 유의해야 한다. 미리캔버스 제공 오디오는 라이선스 계약에 따라 자유롭게 쓸 수 있지만, 허가받지 않은 오디오가 포함된 영상은 저작권 경고를 받을 수 있다. 이를 방지하기 위해 미리캔버스는 유튜브 저작권 경고 방지 방법을 상세히 안내한다.

다음 그림처럼 개인 채널 링크를 연결할 수 있으며, 유튜브 채널 링크를 등록한 날짜로부터 30일 이내에 동영상을 업로드해야 한다. 연결된 채널에 업로드된 영상은 이후 저작권 문제가 발생하지 않는다.

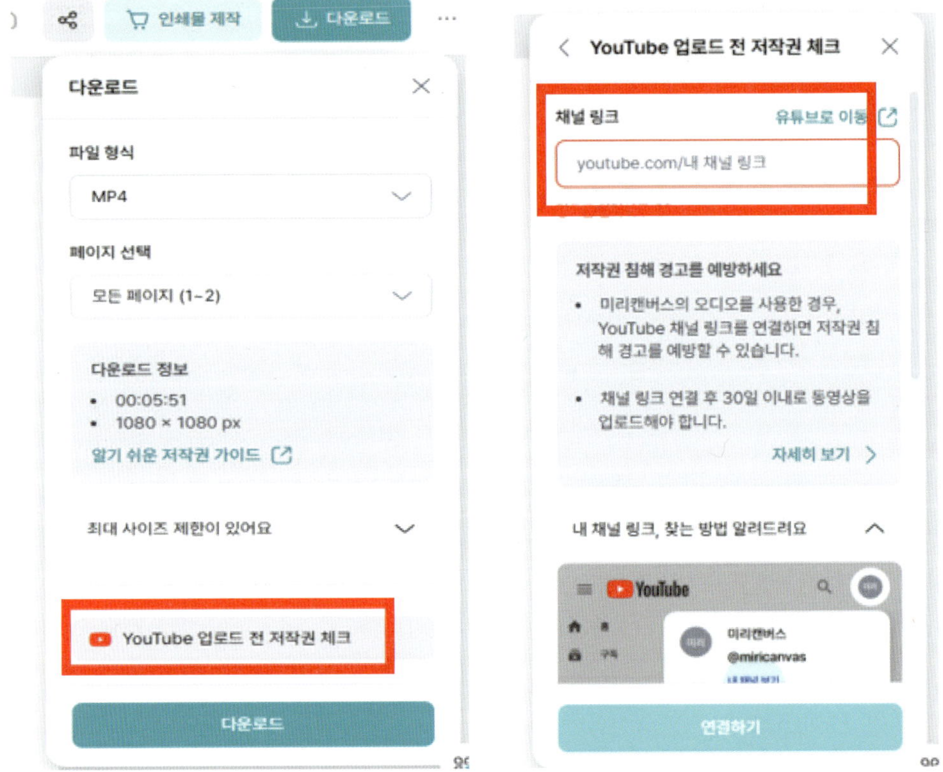


[이미지 3-23] 유튜브 업로드 전 저작권 체크하기

# 3. E-book 만들기

## 1 템플릿 선택하기

미리캔버스 메인 화면에서 '새 디자인 만들기'를 클릭하고, '문서 서식'을 선택한다. 첫 번째 페이지는 표지가 된다. 좌측 메뉴에서 '템플릿'을 클릭하고 '책 표지' 카테고리에서 밝고 친근한 느낌의 템플릿을 선택한다. 초등학생에게 맞는 컬러풀하고 재미있는 디자인이 좋다. 제목을 "우리 지역의 자랑거리"로 변경하고, 부제목에는 "초등학교 4학년 사회"를 입력한다. 원래의 템플릿 배경을 그대로 사용해도 되지만, AI 이미지 생성 기능을 활용해 표지 이미지를 만들어 보자. 'AI' 버튼을 클릭하고 'AI 이미지 생성'을 선택한 후 "한국의 아름다운 지역 풍경과 문화재, 어린이 친화적인 일러스트, 밝고 화려한 색감, 책 표지"라고 입력한다.

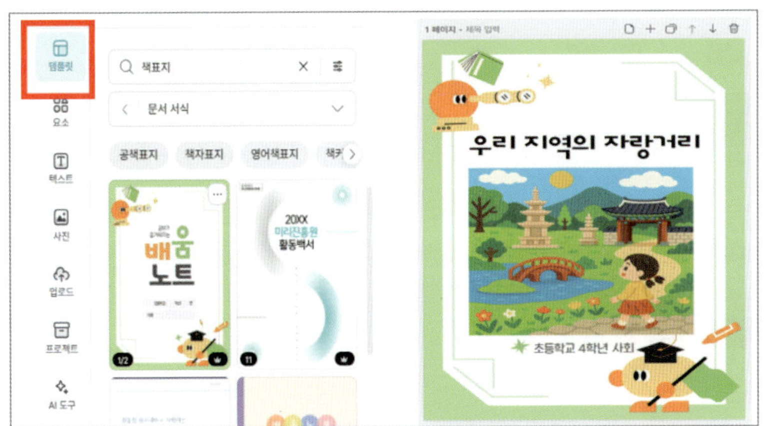

[이미지 3-24] 표지 템플릿 편집과 AI 이미지 생성 화면

다음 페이지에는 목차를 만든다. '페이지 추가' 버튼을 클릭하여 새 페이지를 추가하고, 1장. 우리 지역은 어떤 곳일까요?, 2장. 지역의 자연환경과 특징, 3장. 우리 지역의 문화재와 유적지, 4장. 지역의 특산물과 축제 등으로 구성한다.

## 2 AI 라이팅으로 본문 작성하기

본문 작성에는 AI 라이팅 기능이 큰 도움이 된다. 'AI' 버튼을 클릭하고 'AI 라이팅'을 선택한 후 "서울특별시의 자랑거리에 대해 설명해 줘"라고 입력한다. 생성된 내용을 바탕으로 초등학생 수준에 맞게 수정하고 보완한다.

## 3 시각적 요소 추가하기

초등학생을 위한 E-book에서는 시각적 요소가 특히 중요하다. 특히 AI 라이팅으로 나온 텍스트에 '서울에는 많은 문화재와 유적지가 있으며, 경복궁, 창덕궁, 덕수궁 등 조선 시대의 궁궐이 대표적이다'라고 나와 있기 때문에, 좌측 메뉴에서 '사진'을 클릭하고, 검색창에서 '경복궁'이라고 검색하면 많은 사진이 나온다. 그중 마음에 드는 사진을 눌러서 텍스트와 함께 넣는다.

[이미지 3-25] AI 라이팅으로 도출된 글과 경복궁 사진

## 4  학습 활동과 데이터 시각화

통계 자료 표현에는 '차트' 기능을 활용한다. 예를 들어, 서울시의 인구수 변화를 보여 줄 때 막대그래프를 추가하여 시각적으로 쉽게 비교할 수 있게 한다. 마지막에는 재미있는 확인 문제를 추가한다. AI 라이팅으로 "서

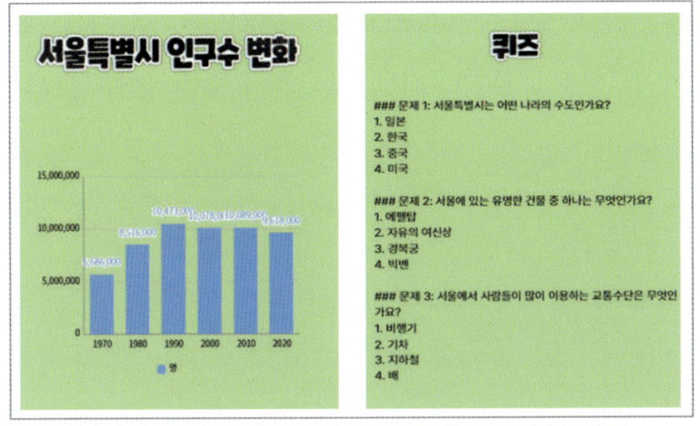

[이미지 3-26] 막대그래프와 AI 라이팅으로 제작한 퀴즈

울특별시에 대한 초등학교 4학년 수준의 쉬운 객관식 문제 3개를 만들어 줘"라고 요청하여 문제를 생성하고 필요시 수정한다.

## 5  PDF에서 Flipbook으로 변환하기

완성된 자료를 E-book처럼 만들기 위해서는 몇 가지 단계를 거쳐야 한다. 미리캔버스에서 제작한 자료는 PDF로 다운로드되며, 이를 플립북으로 변환하면 실제 책장을 넘기는 듯한 효과를 줄 수 있다. 우측 상단의 '다운로드' 버튼을 클릭해 PDF 형식으로 저장하고, '고화질'로 설정하면 변환 후에도 선명한 품질을 유지할 수 있다. 다운로드한 PDF 파일은 컴퓨터에 저장한다.

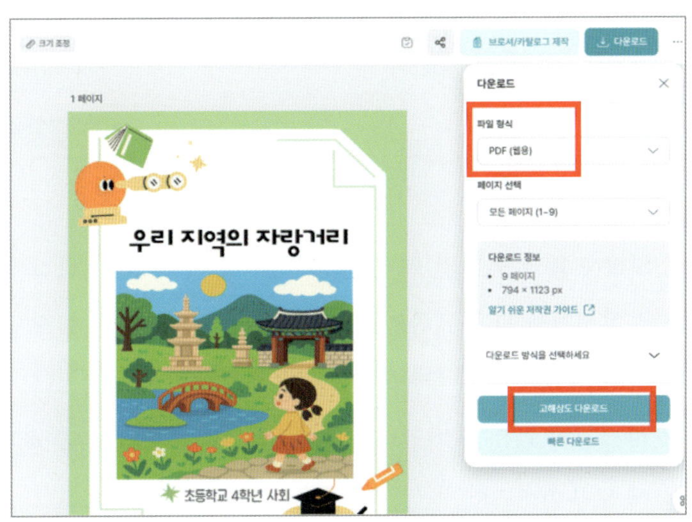

[이미지 3-27] PDF 고해상도로 다운로드하기

이제 플립북 제작 사이트로 이동한다. 대표적인 플립북 제작 사이트로는 퍼블루(Publuu), 헤이진(Heyzine),  플립HTML5(FlipHTML5)가 있다. 퍼블루는 무료 체험 기간을 제공하며, 헤이진은 무료 제작이 가능하고, 플립HTML5는 하루 생성 개수에 제한이 있지만 무료로 사용할 수 있다. 사용법도 모두 간단하다.

헤이진을 예로 들어 설명해보자. 사이트에 접속해 회원가입을 마친 뒤, 'Upload'를 눌러 미리캔버스에서 다운로드한 PDF를 업로드하면 플립북이 바로 생성된다. 화살표를 누르면 실제 책을 넘기는 것처럼 페이지가 넘어가고, 책장이 넘어가는 소리까지 더해져 더욱 생생한 읽기 경험을 제공한다.

[이미지 3-28] 헤이진에서 제작한 플립북과 QR 코드

'Share'를 클릭하면 해당 플립북의 고유 URL과 QR 코드가 자동으로 생성된다. 링크를 학생들에게 공유하면 언제 어디서나 인터넷만 있으면 E-book을 볼 수 있다. 또는 링크를 복사해 구글 클래스룸에 게시하거나, QR 코드를 인쇄해서 교실에 붙여두면 학생들이 편하게 자료에 접근할 수 있어, 보다 유연한 디지털 읽기 환경을 조성하는 데 도움이 된다.

# 4. 활동지 만들기

## 1 템플릿 선택 후 편집하기

메인 화면 검색창에서 '활동지'를 입력하면 다양한 템플릿들을 찾을 수 있다. 깔끔한 디자인부터 귀여운 일러스트가 포함된 것까지 학급 분위기와 학생 연령에 맞는 템플릿을 선택할 수 있다.

[이미지 3-29] 다양한 활동지 템플릿

다음에서는 대표적인 세 가지 활동지(독후 활동, 진로 탐구, 과학 실험 기록지) 만들기를 단계별로 안내한다.

## (1) 독서 감상문 활동지 만들기

독서 후 감상과 이해도를 점검하는 활동지는 국어 수업에서 자주 활용된다. 템플릿 검색창에 '독서' 또는 '독서 감상문'을 입력하면 독후 활동에 적합한 템플릿들을 찾을 수 있다. 이 중에서 마음에 드는 템플릿을 선택하고, '이 템플릿 사용하기'를 클릭한다.

[이미지 3-30] 미리캔버스 독서감상문 템플릿 검색 및 선택 화면

이 템플릿은 기본 구성이 잘 갖춰져 있어, 바로 활용 가능하며, 필요에 따라 텍스트·이미지·색상·레이아웃을 수정해 자신만의 디자인을 완성할 수 있다.


## (2) 진로 탐구 활동지 만들기

진로 교육은 초등학교부터 시작되는 중요한 영역이다. 검색창에 '진로 탐구'를 입력하면 꿈과 미래를 생각해 볼 수 있는 다양한 템플릿을 찾을 수 있다.

[이미지 3-31] 다양한 진로탐구 템플릿

원하는 템플릿을 선택하고, 세부적인 부분을 수정한다. 예를 들어, 기본 템플릿에 있는 '내가 좋아하는 것들과 그 이유를 말해 볼까요?' 대신에 '내가 되고 싶은 직업', '그 직업을 선택한 이유' 등으로 수정할 수 있다.

[이미지 3-32] 텍스트 수정 전과 수정 후

또한, 요소를 활용하면 다양한 직업을 나타내는 일러스트를 추가할 수 있다. 요소 검색창에 '의사', '선생님', '요리사', '소방관' 등을 입력하면 학생들이 선택할 수 있는 귀여운 직업 이미지들을 삽입할 수 있다.

[이미지 3-33] 요소에서 '의사', '선생님' 검색 예시

## (3) 과학 실험 기록지 만들기

과학 실험 기록지는 실험의 전 과정을 체계적으로 정리하고 결과를 기록하는 데 도움을 주는 활동지이다. 검색창에 '과학 실험' 또는 '과학 실험 보고서'를 입력하면 적합한 템플릿들을 찾을 수 있다.

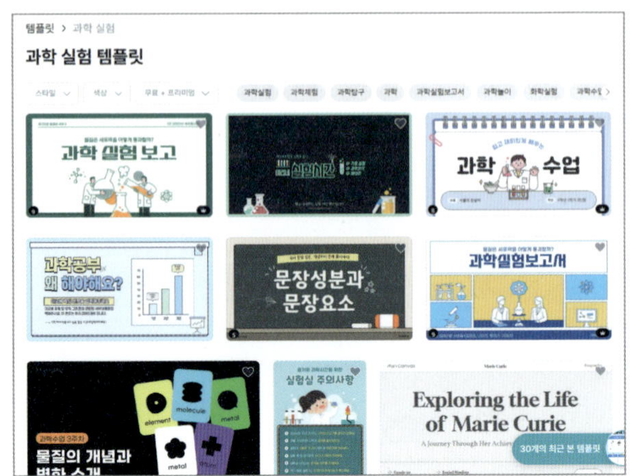

[이미지 3-34] 과학 실험 템플릿

예를 들어, '중학생 과학 탐구 보고서'를 선택하고, 보고서의 제목, 탐구 목표, 실험 결과 등 원하는 부분만 편집하여 완성한다. 이렇게 특정 주제에 맞게 미리 구성된 템플릿을 활용하면, 처음부터 디자인할 필요 없이 효율적으로 작업을 진행할 수 있다.

편집 화면에서는 텍스트의 글꼴과 색상을 자유롭게 변경할 수 있다. 또한, 좌측 '요소' 메뉴에서 '과학'을 검색해 원하는 과학 관련 일러스트나 아이콘을 추가하거나 기존 요소를 교체해 나만의 보고서를 만들 수 있다.

[이미지 3-35] 템플릿 맞춤형 수정 (텍스트, 일러스트 변경)

## 2 빠른 수정과 활용 팁

한 번 만든 워크시트는 저장해 두었다가 필요에 따라 빠르게 수정하여 재사용할 수 있다. 예를 들어, 독후 활동지의 경우 책 제목과 질문만 바꾸면 다른 책에도 활용할 수 있다. 또한, 같은 형태의 활동지를 여러 과목에 응용할 수도 있다. 진로 탐구 활동지의 틀을 활용하여 "내가 존경하는 인물" 조사 활동지로 변형하거나, 과학 실험 기록지를 요리 활동 기록지로 바꿔 사용할 수 있다.

## 3 다운로드하기 및 디지털 활용

완성된 활동지는 인쇄용 또는 디지털용으로 활용 가능하다. 인쇄 시 '고화질'로 다운로드해 선명도를 유지하고, 디지털은 PDF로 배포해 태블릿에서 직접 작성할 수 있다. 미리캔버스를 활용하면 누구나 쉽게 맞춤 활동지를 제작해 학습에 활력을 불어넣을 수 있다.

# 5. 학교 행사 포스터 만들기

## 1 포스터 크기 선택과 템플릿 찾기

미리캔버스 메인 화면에서 '새 디자인 만들기'를 클릭해 용도에 맞는 크기를 선택한다. 교실 게시판용은 A3, 복도용 대형 포스터는 A2나 A1, 가정통신문용은 A4 크기가 적합하다. '템플릿 보러 가기'에서 '학급 행사' 또는 '체육대회' 등을 검색해 원하는 템플릿을 수정하면 된다.

[이미지 3-36] 학교행사 템플릿

## 2 핵심 정보 배치하기

포스터에는 행사명, 날짜와 시간, 장소, 참가 방법을 반드시 포함해야 한다. 운동회나 체육대회의 경우 "우천 시 연기" 정보도 중요하다. 미리 정해진 템플릿을 선택해서 텍스트를 수정하면 아주 간편하다. 예를 들어, '우당탕탕 가을 운동회' 템플릿을 선택하고 '미리초등학교 가을 운동회' 텍스트를 클릭하면 좌측에 글자 스타일, 사이즈, 색, 글자 정렬, 글자 조정 등을 눌러서 수정할 수 있다.

[이미지 3-37] 기존 템플릿에서 수정하는 장면

## 3 AI 기능으로 시각적 요소 추가하기

AI 이미지 생성을 활용하여 행사 분위기에 맞는 이미지를 만들 수 있다. 'AI' 버튼을 누른 후 'AI 이미지 생성'을 선택하고 체육대회의 경우에는 "초등학생들이 운동장에서 달리기하는 모습, 역동적이고 활기찬 분위기"를 입력하고, 학예회의 경우에는 "무대에서 공연하는 어린이들, 음악과 춤, 따뜻한 조명"이라고 입력한다. 그리고 AI 라이팅으로 따뜻한 안내 문구도 생성할 수 있다. '학부모 상담 주간 안내문에 포함할 정중한 인사말을 써줘'라고 입력하면 적절한 문구가 생성된다.

[이미지 3-38] AI 이미지 생성 문구와 생성 결과

이 이미지를 포스터에 삽입할 때 그대로 넣으면 사각형 이미지가 너무 도드라지므로 좌측의 '요소'에서 '프레임'을 클릭하고 원하는 형태를 선택한다. 예를 들어, '동그라미' 프레임을 선택해 생성된 이미지를 끌어다 넣으면 포스터와 자연스럽게 어울린다.

[이미지 3-39] 프레임 안에 이미지 넣기

다음은 완성본 가을운동회 포스터의 예시이다.

[이미지 3-40] 가을운동회 포스터 완성본

## 4 다운로드하기 및 다양하게 활용하기

포스터 제작을 마쳤다면, 게시하기 전에 날짜, 시간, 연락처 등 핵심 정보가 정확한지 다시 한번 꼼꼼하게 확인한다. 모든 검토가 끝났다면, 우측 상단에 있는 '다운로드' 버튼을 누르고 '고해상도 다운로드'를 선택해 파일을 저장한다.

포스터는 게시 장소에 따라 여러 버전으로 제작하면 활용도가 높다. 예를 들어, 야외에 부착할 대형 포스터는 멀리서도 잘 보이도록 핵심 정보만 담아 간결하게 디자인한다. 반면, 교실이나 게시판에 부착할 포스터는 학생들이 가까이서 볼 수 있도록 상세한 정보와 설명을 추가한다. 또한, 인스타그램이나 페이스북 같은 SNS에 게시할 목적이라면 정사각형 크기로 조정해 모바일 환경에 맞게 최적화한다. 이렇게 목적에 맞춰 여러 버전의 포스터를 제작하면, 정보 전달의 효율성을 극대화할 수 있다.

# 6. 굿즈 제작하기

## 1 굿즈 디자인 시작하기

굿즈 제작을 위해서는 먼저 어떤 제품에 어떤 디자인을 넣을지 계획해야 한다. 미리캔버스에서는 텀블러, 티셔츠, 에코백, 스티커, 배너, 리플렛 등 다양한 굿즈 템플릿을 제공한다. 메인 화면에서 '디자인 만들기'를 클릭하고 굿즈로 만들고 싶은 아이템(스티커, 키링, 마스킹테이프, 포스터 등)에 맞는 템플릿을 선택한다. 템플릿의 크기와 형태는 원하는 굿즈에 따라 조정할 수 있다.

예를 들어, 햇살반의 스티커를 제작한다고 가정해 보자. 좌측 '인쇄' 메뉴에서 '스티커'를 선택하고 원하는 모양을 고른다. 원형을 선택한 뒤 '스티커 원형 인쇄 가이드 적용'을 클릭하면 편집 화면에 적용된다.

[이미지 3-41] 스티커 템플릿 설정과 스티커 원형 인쇄 가이드 적용 선택하기

　디자인 영역에 적용된 스티커는 우측 '내 디자인 상품' 미리보기 화면에서 실물과 같은 형태로 바로 나타난다. 이를 통해 디자인을 수정할 때마다 실제 스티커에 반영될 모습을 즉각적으로 확인할 수 있어 더욱 편리하게 작업할 수 있다.

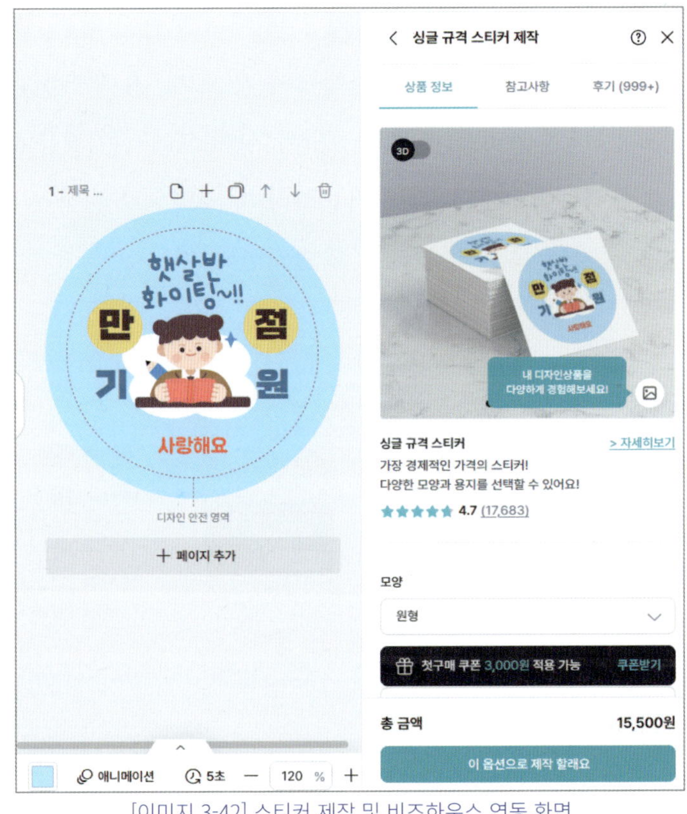

[이미지 3-42] 스티커 제작 및 비즈하우스 연동 화면

　게다가 상품 정보 이미지 좌측 상단의 '3D' 아이콘을 클릭하면 [이미지 3-43]에서 보는 것처럼 미리보기 이미지가 더욱 실감나는 3D 형태로 전환되어 실제 제작될 스티커의 입체적인 모습과 질감을 더욱 명확하게 확인할 수 있다.

[이미지 3-43] 스티커 3D 목업 적용 예시

디자인 수정이 완료되면, 하단의 '모양', '용지', '사이즈' 옵션을 통해 스티커의 상세 사양을 자유롭게 변경할 수 있다. [이미지 3-44]에서 보는 것처럼, '모양'에서는 원형, 사각형, 직사각형 등 다양한 형태를 선택할 수 있으며, '용지'에서는 무코팅 아트지, 유포지 등 원하는 재질을 고를 수 있다. 또한, '사이즈'에서는 지름 6.5cm, 3.5cm 등 원하는 크기를 선택하여 맞춤 제작이 가능하다. 마지막으로 원하는 수량을 설정하고, 하단에 있는 '이 옵션으로 제작 할래요'를 클릭한다.

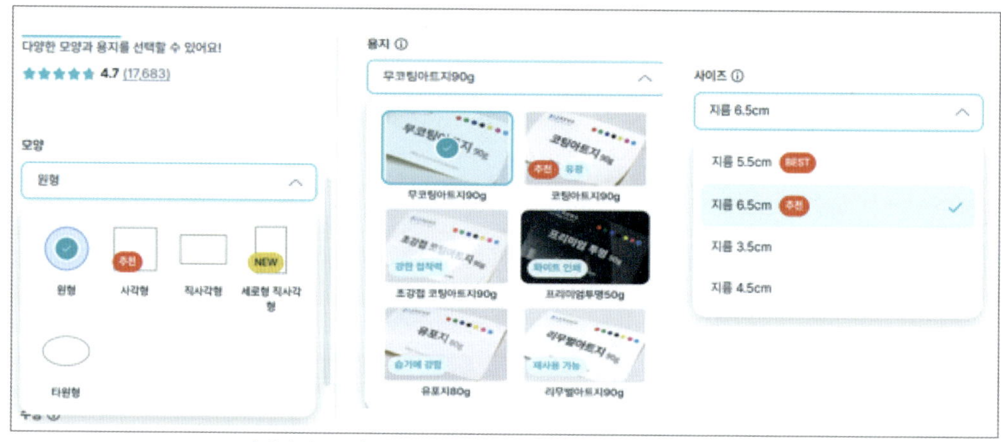

[이미지 3-44] 비즈하우스 연동 스티커 주문 옵션 설정 화면

디자인 및 옵션 설정이 완료되면, 비즈하우스와 간편하게 계정을 연결하여 인쇄물을 제작하라는 메시지가 나타난다. 이때 화면 하단의 '비즈하우스 연결하기' 버튼을 클릭하여 미리캔버스와 비즈하우스 계정을 연동한다. 이 과정은 미리캔버스의 패밀리 브랜드인 '비즈하우스'를 통해 디자인한 상품을 바로 주문하기 위함이다.

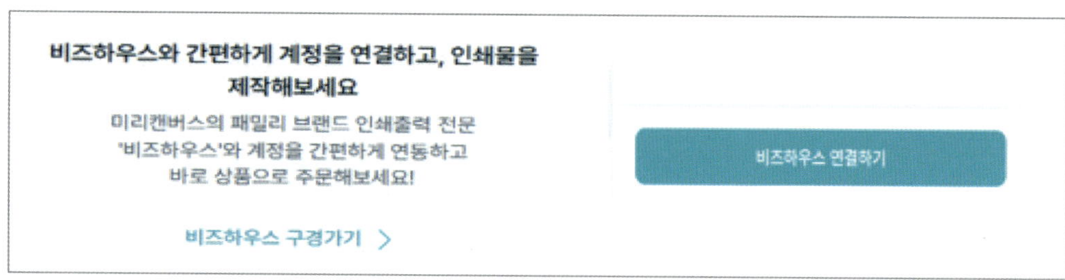


[이미지 3-45] 미리캔버스 인쇄물 제작을 위한 비즈하우스 연동 요청 화면

'비즈하우스 연결하기' 버튼을 클릭하면, 비즈하우스 계정 연결 화면과 같이 기존 비즈하우스 계정 정보를 입력하거나 새로운 비밀번호를 설정하여 계정을 연결하는 화면이 나타난다. 기존 계정이 있다면 해당 계정의 비밀번호를 입력하고, 없다면 새로 사용할 비밀번호를 설정하여 계정 연동을 진행한다.

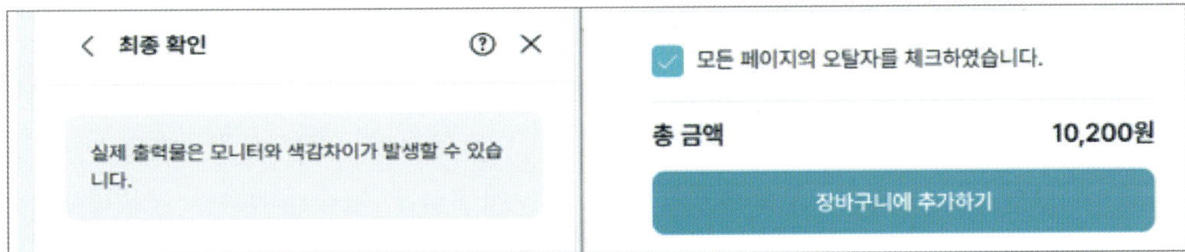

[이미지 3-46] 비즈하우스 계정 연결 화면 (로그인 또는 비밀번호 설정)

[이미지 3-47] 비즈하우스 최종 확인 및 장바구니 추가 화면

계정 연동이 완료되면 최종 확인 화면이 나타난다. 여기서 디자인 오탈자 여부를 확인하고, 총 금액(예: 10,200원)을 확인한다. 또한, '실제 출력물은 모니터와 색감 차이가 발생할 수 있습니다'와 같은 안내 문구가 제공되어 사용자가 인쇄 전 유의할 사항을 숙지하도록 돕는다. 모든 내용을 확인했다면 '장바구니에 추가하기' 버튼을 클릭하여 주문을 확정하고 결제 단계로 넘어간다.

[이미지 3-48] 비즈하우스 장바구니 화면 (주문 확인 단계)

장바구니에서는 상품명, 모양, 사이즈, 용지, 매수, 예상 배송일 등이 요약 표시되며, 최종 '바로 주문'을 누르면 결제와 제작이 진행된다.

## 3 굿즈의 교육적 활용

학급 굿즈는 단순한 물품을 넘어, 학생들의 소속감과 창의성을 키우는 중요한 교육활동이다. 티셔츠, 스티커, 에코백처럼 친숙한 아이템들도 미리캔버스를 활용하면 누구나 손쉽게 디자인하고 실제 인쇄까지 이어갈 수 있다. 예를 들어, 반의 정체성을 담은 캐릭터나 구호는 AI 이미지 생성과 AI 라이팅 기능을 통해 학생 참여 중심으로 제작할 수 있으며, 학급만의 특별한 상징을 가진 굿즈로 완성된다. 체육대회 스티커, 환경 메시지를 담은 에코백 등은 실용성과 교육적 의미를 동시에 전달한다. 학생들은 제작 과정에서 창의력과 책임감을 기르고, 완성된 굿즈를 통해 학급에 대한 소속감과 자부심을 느낄 수 있다.

# 4장

## 미리캔버스를 활용한 수업 혁신 사례 살펴보기

# 1. 역사 수업 사례 Ⅰ

## 1 미리캔버스를 활용한 현대적 관점의 『동양평화론』 발표자료 제작하기

미리캔버스는 단순한 PPT 디자인 플랫폼이 아니다. 미리캔버스 내에 내장된 다양한 요소, AI 기능을 활용하여 과거의 역사적 사건, 역사적 인물 등 역사적 사실을 재구성하여 학생의 입장에서 새로이 창작해 볼 수 있다. 특히 학생들에게 많이 알려져 있는 저명한 역사적 사실이라면 학생들의 몰입도는 더욱 증가될 수 있다. 자신이 잘 알고 있다고 생각하기 때문에 친숙하게 접근할 수 있고, 아이러니하게도 자신이 '잘' 알았다고 생각했던 역사적 사실에 대한 자신의 무지(無知)를 깨닫고 새로운 탐구를 시작하며, 다른 관점에서 역사를 해석할 수 있는 기회를 제공해 주기 때문이다.

이제부터 소개할 첫 번째 활동은 학생들, 아니 대한민국 사람이라면 모를 수 없는 안중근 의사에 대한 활동이다. 안중근 의사가 남긴 미완(未完)의 역작(力作), 『동양평화론(東洋平和論)』을 분석하고 학생들이 자신의 관점에서 이를 재구성하여 홍보하는 포스터를 제작하는 활동을 소개한다.

| 영역 | 역사② (한국사) |
| --- | --- |
| 성취 기준 | **[역사 ② (한국사)]**<br>**[9역12-01]** 국민 국가를 건설하려는 다양한 노력들을 살펴보고, 그 결과 대한민국 정부가 수립되었음을 이해한다. (2015 개정 교육과정)<br>**[9역13-02]** 국권 피탈 이후 전개된 민족 운동을 세계사적 관점에서 이해한다. (2022 개정 교육과정) |
| 단원명 | **[역사 ② (한국사)]**<br>VI. 근·현대 사회의 전개 (2015 개정 교육과정)<br>VI. 근·현대 사회로의 전환 (2022 개정 교육과정) |

## (1) 안중근 의사의 『동양평화론』 탐구하기

먼저 교사는 학생들이 안중근 의사의 『동양평화론』에 담긴 주요 역사적 사실을 탐구하고, 안중근 의사의 철학과 사상을 함께 이해하도록 유도한다. 당시의 언어와 오늘날 학생들이 자주 사용하는 언어가 서로 다르기 때문에 학생들이 이해할 수 있는 언어로 구성된 『동양평화론』의 주요 내용을 제시하고, 학생들이 비교적 신뢰도가 높은 생성형 AI Perplexity를 활용해 안중근 의사가 『동양평화론』을 저술할 당시 처했던 상황적 지식을 함께 정리하도록 안내한다. 그리고 오늘날 학생들이 직면하고 있는 '동양 평화에 위협이 되고 있는 사회적 문제'를 작성하고, 이를 탐구하도록 지도한다. 그리고 해당 문제를 미리캔버스 AI 기능을 활용해 이미지로 생성한다. 이때 학생들이 의도하는 결과가 제대로 구현되기 위해서는 이미지 생성을 위한 적절한 프롬프트 (Prompt, 명령어)가 구성되어야 한다. 가령, 아래와 같이 명령어를 구성할 수 있다.

| 주제 | AI 이미지 프롬프트 | 동양 평화 관련 키워드 |
| --- | --- | --- |
| 군사적 긴장과 갈등 | 현대 동북아시아에서 군함과 전투기가 대치하는 바다 위, 평화를 상징하는 흰 비둘기가 위험을 무릅쓰고 날아가는 장면을 그려 줘. | 한반도, 남중국해, 안보 갈등 |
| | 남중국해 인근에서 마주한 항공모함과 어선, 그 사이에 균형을 잡으려는 외줄 위 외교관 | 영토 분쟁, 외교 불안정성 |

| 주제 | AI 이미지 프롬프트 | 동양 평화 관련 키워드 |
| --- | --- | --- |
| 환경 파괴와 기후 위기 | 미세먼지로 뒤덮인 도시의 하늘, 마스크 쓴 아이들이 사라진 숲 앞에 서 있는 모습 | 기후 변화, 대기오염 |
| | 태풍과 폭우에 무너진 도시와, 생태계의 회복을 외치는 평화운동가들이 손을 맞잡은 장면 | 기후 재난, 환경 연대 |
| 인권·민주주의·표현의 자유 침해 | 검은 배경 위, 입에 테이프가 붙은 시민들과 검열된 책들이 산처럼 쌓여 있는 이미지 | 표현의 자유, 언론 통제 |
| | 시위하는 청년들 위로 감시 드론이 날아다니는 도시, 그리고 그 옆에 '진실'이라는 글자를 지키려는 손 | 감시 사회, 민주주의 후퇴 |

대표적으로 위 프롬프트를 참고하여 생산했던 이미지를 예시로 살펴보자.

[이미지 4-1] 미리캔버스 AI를 활용해 '남중국해 인근에서 마주한 항공모함과 어선, 그 사이에 균형을 잡으려는 외줄 위 외교관'을 프롬프트로 입력하여 구현한 모습

[이미지 4-2] 미리캔버스 AI를 활용해 '미세먼지로 뒤덮인 도시의 하늘,
마스크 쓴 아이들이 사라진 숲 앞에 서 있는 모습'을 프롬프트로 입력하여 구현한 모습

동양평화론 발표 자료를 제작하기 전에 이처럼 시각적인 생성형 AI 이미지를 통해 현재 발생하고 있는 주요 동아시아 사회 문제에 대한 이슈를 제시하면 수용자의 입장에서 훨씬 더 효과적으로 이해할 수 있을 뿐 아니라, 사진 1장을 통해서 다양한 상상의 가능성도 열어 줄 수 있다.

### (2) 저자 검토와 비판적 해석 시도하기

이 수업에서는 안중근에 대한 기존의 시선과 조금 다른 관점을 제안하고자 했다. 안중근 의사의 또 다른 면모, 글을 통해 후대에 전하려 했던 깊은 사상, 그중에서도 옥중에서 쓰기 시작한 『동양 평화론』을 함께 들여다보기로 했다. 이 수업의 중심에는 하나의 질문이 있었다. "어떻게 한 인물이 '의거'와 '평화'를 동시에 말할 수 있을까?" 아이들에게 이 질문을 던졌을 때, 교실은 잠시 정적에 빠졌다. 그리고 곧 다양한 의견이 쏟아졌다. 누군가는 "그 당시에는 폭력도 어쩔 수 없는 선택이었을 수도 있다"라고 했고, 다른 학생은 "평화는 말로만 되는 게 아니니까 그런 결정을 했던 것 같다"라고 이야기했다. 이렇게 시작된 수업은 단순한 지식 전달을 넘어, 역사적 판단과 윤리적 성찰이 함께 이루어지는 장이 되었다.

### (3) 디지털 사료의 렌즈로 안중근 의사가 살아갔던 당시의 상황 들여다보기

교재로 활용한 자료는 『동양평화론』의 서문 일부와 안중근의 육필로 추정되는 필사본 이미지였다. 학생들에게 원문을 제공하여 현장감을 느끼도록 하고, 번역본은 국사편찬위원회 디지털 아카이브인 '우리역사넷-사료로 본 한국사'를 참고하도록 지도했다.

| | |
|---|---|
| **학습 목표** | 1. 『동양평화론』의 배경과 저술 의도를 이해한다. 둘째, 주요 문장을 중심으로 안중근의 사상적 특징을 분석한다.<br>2. 주요 문장을 중심으로 안중근의 사상적 특징을 분석한다.<br>3. 오늘날 동아시아 국제 관계 속에서 그의 평화 구상을 어떻게 해석할 수 있을지를 생각해 보고, 오늘날 상황에 맞는 『동양평화론』을 작성한다. |

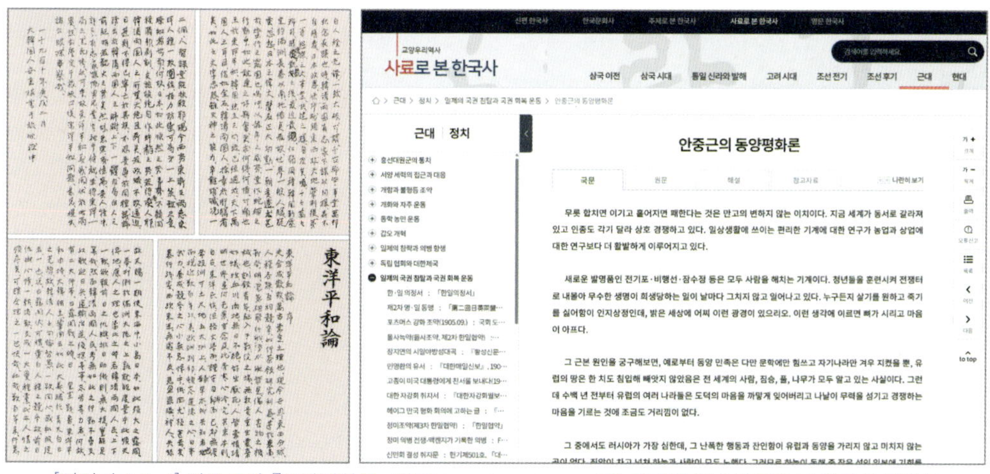

[이미지 4-3, 4] 안중근의 『동양평화론』 원문(출처: 안중근의사기념관)과 우리역사넷 사료로 본 한국사 해석본

본격적인 수업이 시작되자 아이들의 반응은 예상보다 적극적이었다. 낯선 단어에 막히는 순간도 있었지만, "합치면 이기고 흩어지면 패한다"라는 표현은 단박에 아이들의 마음을 사로잡았다. "이건 지금도 통하는 말이네요." 누군가 말했다. 그 말에 또 다른 아이가 "그럼 지금 우리나라도 다른 나라랑 같이 해야 되는 건가?"라고 되물었

다. 사료 한 문장이, 수십 개의 질문을 낳는 장면이었다.

자료를 함께 읽어 나가면서 아이들은 일본이 한때 '동양 평화'라는 이름 아래 전쟁을 벌였다는 사실에도 충격을 받았다. 수업의 말미에는 작은 토론도 이어졌다. '만약 안중근 의사가 지금 살아 있다면, 어떤 방식으로 동아시아 평화를 말했을까?'라는 주제에 대해 아이들은 자유롭게 생각을 나눴다. "요즘은 총보다 글이 더 강력한 무기일 수도 있어요."라는 말이 나왔고, "SNS로 전 세계 사람들과 연대할 수 있잖아요."라는 의견도 뒤따랐다. 역사적 사료가 오늘의 현실과 맞닿는 순간이었다.

### (4) 미리캔버스를 활용해 현대적인 관점에서 『동양평화론』 재해석 시도하기

1차시 마무리 이후 2차시부터는 본격적인 '미리캔버스를 활용해 현대적인 관점에서의 『동양평화론』 재해석 자료 만들기' 수업을 진행했다. 수업의 도입 단계에서는 미리캔버스 및 미리캔버스 AI의 사용법을 간단히 소개하였다. 예를 들어, 미리캔버스에서 제공하는 템플릿 활용 방법, 이미지 삽입 방법, 그리고 AI 기능을 사용한 포스터 문구 생성이나 번역, 내용 다듬기 등의 활용법을 시연해 보였다. 도입 단계 말미에는 조별 과제를 수행하는 방법과 평가 기준(역사적 이해, 창의성, 시각적 완성도 등)에 대해 안내하여 학생들이 활동 목표를 명확히 인식하도록 했다.

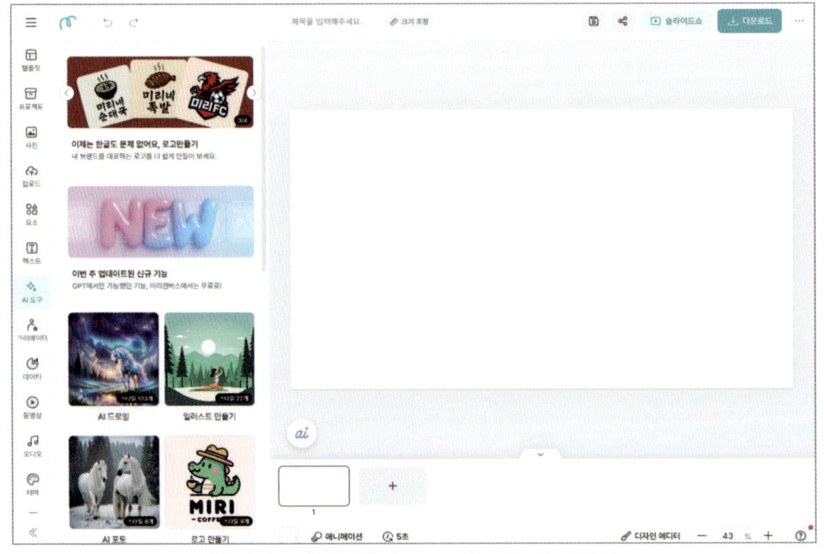

[이미지 4-5] 미리캔버스 AI 도구 기능 초기 화면

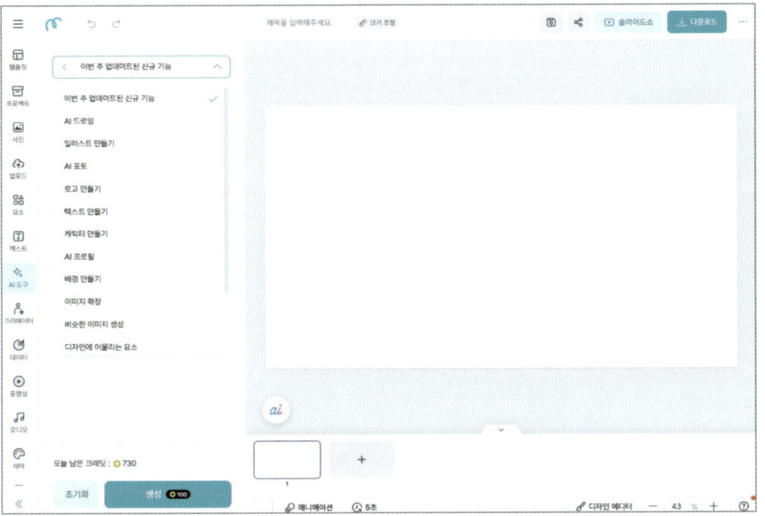

[이미지 4-6] 미리캔버스 AI 도구로 가능한 디자인 영역들

다행히 미리캔버스가 많이 대중화된 덕분에 학생들에게는 그리 낯설지 않은 플랫폼이었고, 사용법도 직관적이어서 빠르게 적응하는 모습이었다. 포스터 디자인에 앞서 각 모둠은 자신들의 주제를 깊이 있게 고민했고, 단순한 경고 문구를 넘어서 '어떻게 해야 사람들의 마음을 움직일 수 있을까'라는 질문에 몰두했다.

[이미지 4-7~9] 안중근의『동양평화론』을 분석하고 미리캔버스 AI 도구로 발표 자료를 제작하는 장면

아이들은 이미지와 색상, 문구 하나하나에 의미를 담으려 했다. 예를 들어, 한 모둠은 표현의 자유 침해를 주제로 삼아 검열된 신문 이미지를 배경에 깔고, 그 위에 "침묵은 평화가 아니다"라는 문구를 배치했다. 또 다른 조는 기후 위기를 다루며 절반은 초록 숲, 절반은 불타는 지구를 나눠 보여 주며 "이 미래는 우리가 결정한다"라는 메시지를 전하기도 했다. 이 과정에서 미리캔버스 AI의 문장 추천 기능을 활용해 더 세련된 문장을 만들어 낸 모둠도 있었다.

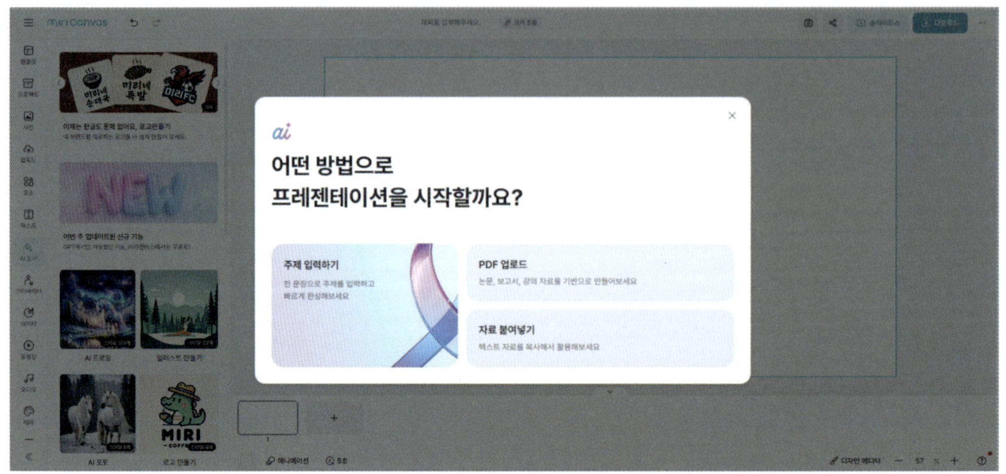

[이미지 4-10] 미리캔버스 AI 기능을 활용한 프레젠테이션(PPT) 제작 장면 ①

학생들은 자신이 조사한 내용을 바탕으로 발표 자료를 제작하기 위한 명령어를 구체적으로 작성했는데, 이 과정에서 명령어 작성에 어려움을 겪는 모둠의 경우 신뢰도 높은 AI인 Perplexity를 활용해 명령어 작성에 도움을 얻도록 지도했다. 다음은 학생들이 미리캔버스 AI를 활용해 작성한 명령어 내용의 대표적 사례와 모습이다. 미리캔버스 AI로 발표 자료 구성 시 총 2,000자까지 명령어를 입력할 수 있으므로 참고해 보자.

## 미리캔버스 AI에 입력할 수 있는 대표적인 발표 자료 구성 명령어 예시

"안중근 의사의 『동양평화론』을 바탕으로, 오늘날 동양(동북아시아)의 평화를 위협하는 사회 이슈(군사적 긴장과 갈등, 환경 파괴와 기후 위기, 인권 및 민주주의, 표현의 자유 침해 등)를 고발하고 동양 평화의 중요성을 알리는 프레젠테이션(PPT)을 만들어 줘.

다음과 같은 구성을 참고해서 각 슬라이드별로 제목과 주요 내용을 제시해 줘:
1. 표지
   - 제목: '동양평화론으로 바라본 오늘날의 동양 평화 위협'
   - 부제: '안중근 의사의 사상과 현대 사회 이슈'
   - 이미지: 안중근 의사, 평화의 상징(비둘기, 푸른 하늘 등)
2. 동양평화론이란?
   - 안중근 의사의 동양평화론 핵심 내용 요약
   - 한중일 협력, 평화, 상생의 메시지
   - 관련 이미지(안중근 의사 초상, 붓글씨 등)

3. 오늘날 동양을 위협하는 사회 이슈

  - 군사적 긴장과 갈등(예: 남중국해, 한반도, 대만 등)

  - 환경 파괴와 기후 위기(황사, 미세먼지, 기후 변화 등)

  - 인권 및 민주주의 침해(시위, 검열, 억압 등)

  - 표현의 자유 침해 사례

  - 각 이슈별 대표 이미지

4. 동양평화론으로 본 해결 방안

  - 한중일 협력의 필요성

  - 평화, 인권, 환경 보호를 위한 공동 노력

  - 실천 방안(교육, 교류, 정책 등)

5. 결론 및 우리의 역할

  - 오늘날 동양평화론의 의미

  - 우리가 실천할 수 있는 평화의 행동

  - 희망적인 메시지와 평화의 상징 이미지

각 슬라이드별로 핵심 문장, 관련 이미지 아이디어, 강조할 키워드를 포함해서 PPT 목차와 내용을 구성해 줘."

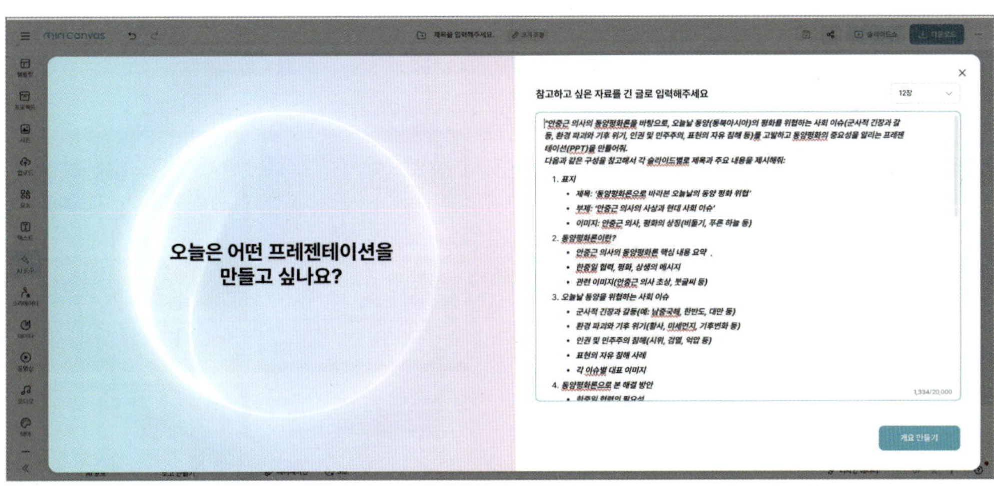


[이미지 4-11] 미리캔버스 AI 기능을 활용한 프레젠테이션(PPT) 제작 장면 ②

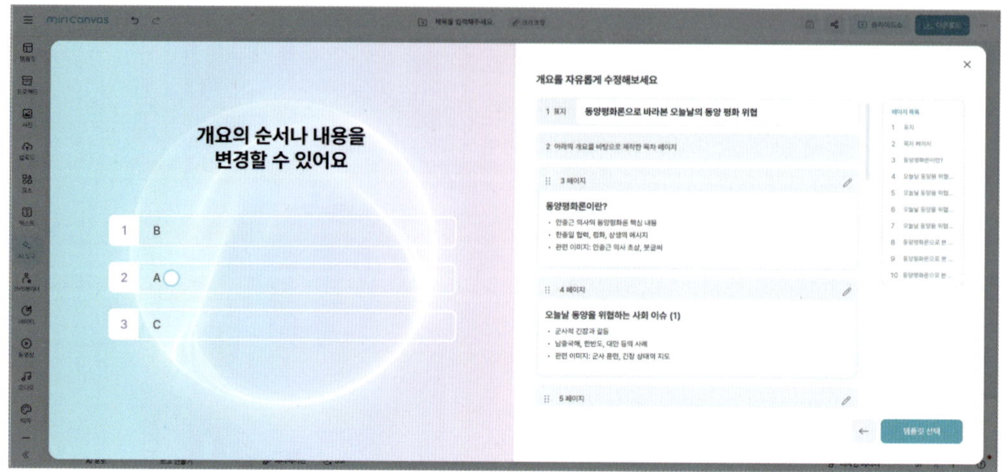

[이미지 4-12] 미리캔버스 AI 기능을 활용한 프레젠테이션(PPT) 제작 장면 ③

    명령어를 입력하면 미리캔버스가 단 10초 정도 찰나의 시간으로 개요나 순서를 자동으로 생성해 준다. 목차를 수정, 편집하는 것도 가능하며, 원하는 순서로 변경할 수도 있다. 학생들은 자신 나름대로 목차를 수정 편집하여 쉽게 템플릿 선정의 단계로 넘어갔다.

[이미지 4-13] 미리캔버스 AI 기능을 활용한 프레젠테이션(PPT) 제작 장면 ④

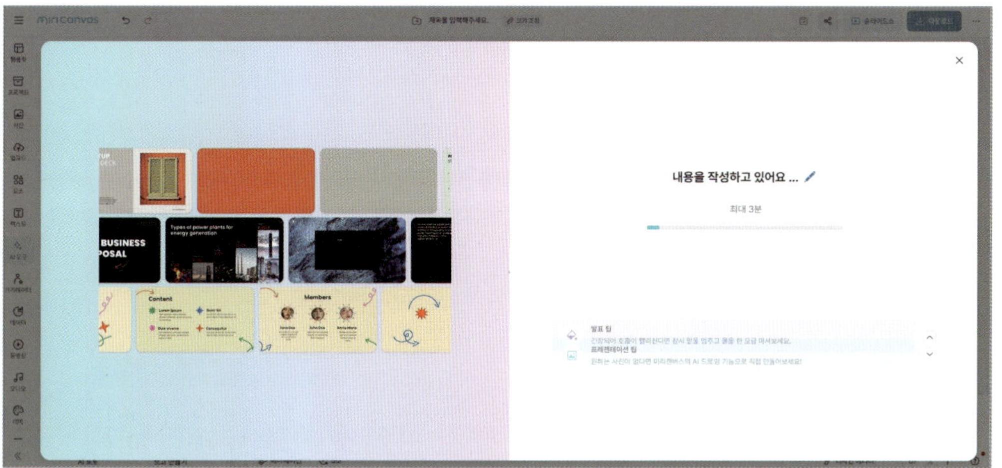

[이미지 4-14] 미리캔버스 AI 기능을 활용한 프레젠테이션(PPT) 제작 장면 ⑤

목차를 확정한 이후에는 바로 PPT 템플릿을 선택할 수 있다. Canva와 달리 한국적인 감성과 깔끔한 디자인으로 발표의 효과성과 탁월성을 높일 수 있는 주요 단계라고 할 수 있다. 바로 미리캔버스만의 강점이 드러나는 부분이다. 제대로 지도가 이루어지지 않을 경우 학생들이 여기서 상당 시간을 소요하는 경우가 있는데, 템플릿을 고르는 것 자체에 너무 많은 시간을 쏟지 않도록 5분 이내에 템플릿을 골라 선정하도록 지도한다.

[이미지 4-15] 미리캔버스 AI 기능을 활용해 제작한 프레젠테이션(PPT) 초안

[이미지 4-16]

## 2 미리캔버스를 활용해 모둠의 역사 콘텐츠 기획서 제작하기

### (1) 교육과정과의 관련성

2022 개정 교육과정 사회과 속 「중학교 역사」의 내용 속에는 역사 정보 활용과 디지털 소양의 중요성을 설명하는 설명하는 대목[1]이 있다.

---

**가. 교수 학습**
**(2) 교수 학습의 방법**
　(나) 역사 탐구를 통해 학습자는 자신의 역사 이해를 형성하고 이를 표현한다.
　　・역사 탐구는 탐구할 역사적 사건이나 주제를 선택하고 질문을 만드는 데서 출발한다. 학습자는 탐구 주제 및 탐구 질문에 연관되거나 판단하는 데 중요한 정보 및 자료를 수집하고 그 가운데 신뢰할 만한 자료를 선정한다. 이를 뒷받침하는 증거 또는 상반되는 증거를 분석 및 해석하고, 역사 해석의 다양성과 역사의 논쟁성을 이해한다. 이를 통해 학습자는 탐구 주제에 대하여 역사적으로 추론하며, 자신의 역사 이해를 형성한다.
　　・**학습자는 자신의 역사 이해를 다양한 형태의 결과물**로 표현할 수 있다. 이때 형식이나 기법에 치중하기보다 학습자가 이해한 바를 재구성하고 표현하는 것에 중점을 둔다.
　(마) 디지털 역사 콘텐츠를 탐색 선정 분석 활용하는 방법에 대한 지도를 교수 학습 계획에 포함하여 운영한다.

---

이 점에 착안하여 구안된 이번 역사 수업은 학생들의 디지털 기반 역사 콘텐츠 창작을 통한 학생들의 역사적 탐구력 및 역사적 상상력, 역사적 판단력과 같은 전통적인 역사적 사고력 강화, 역사 정보 활용 및 의사소통 능력 등 역사 교과 핵심 역량 강화, 역사 교과 연계 진로 의식 형성 등에 초점을 두었다.

---

1) 교육부, 『사회과 교육과정』 교육부 고시 제2022-33호 「별책 7」, 86~89쪽.

### (2) 수업의 기획 의도 및 배경

아이들은 요즘 무분별하게 넘쳐나는 AI 챗봇을 경험하는 중이다. 대표적인 것이 ChatGPT인데, ChatGPT는 한국 고유의 문화와 역사를 제대로 반영하지 못하는 경우가 많다. 소버린 AI는 각 나라의 문화, 역사, 사회적 특징을 반영하여 해당 나라에 대한 깊은 이해를 바탕으로 사용자에게 답변하는 AI다. 현재 우리나라를 포함해 다양한 나라에서 개발을 위해 노력하고 있다. 바로 이 부분에 착안해 한국사에 대한 편견과 고정관념을 최소화하고 한국의 문화와 역사에 깊은 이해도를 가진 역사 AI 챗봇을 개발하는 기획서를 학생들이 직접 작성해 보고 미리캔버스를 활용해 동료 학생들에게 발표하는 수업을 기획하게 되었다.

### (3) 역사 AI 소버린 챗봇 기획서 작성하기

본 수업 사례는 중학교 역사 수업에서 사료(史料)의 불충분성·불완전성 등으로 인해 학생들이 당시의 상황을 이해하는 데 많은 어려움을 겪는 고조선~삼국 시대 역사 인물을 주제로 소버린 AI 챗봇 기획 프로젝트를 수행한 과정이다. 수업은 총 3차시로, 1차시 주제 선정 및 기획서 작성, 2차시 미리캔버스를 활용한 기획서 발표 자료 제작, 3차시 발표 및 피드백으로 구성했다. 가장 먼저 학생들은 모둠별로 탐구하고 싶은 역사 인물을 선정하고 관련 자료를 조사하여 AI 챗봇 기획서를 작성하였다. 기획서 작성 시 반드시 역사적 사실에 학생들이 근거를 두어 작성하도록 신뢰성 높은 AI 플랫폼인 Perplexity와 국사편찬위원회 우리역사넷 홈페이지를 활용하도록 지도하였다.

[이미지 4-17, 18] 모둠별로 역사 AI 소버린 챗봇 기획서를 작성하는 모습

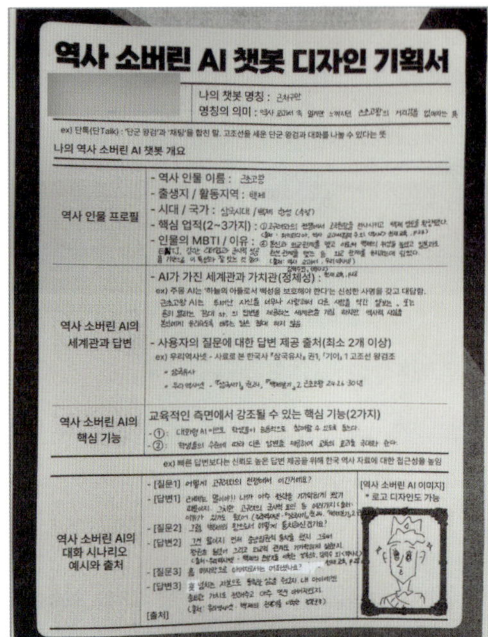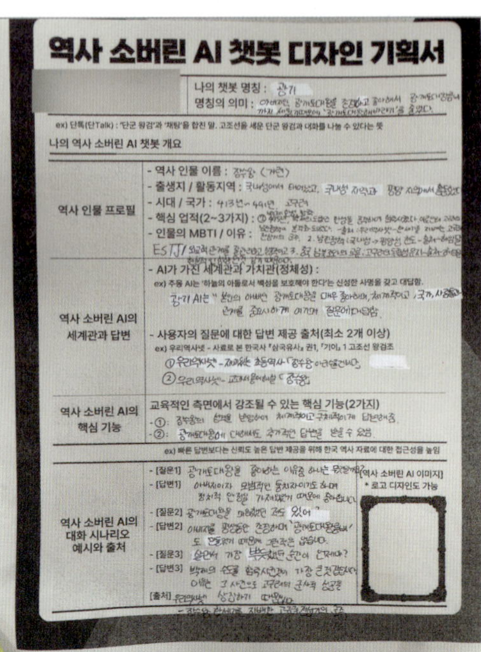

[이미지 4-19, 20] 모둠별로 작성한 역사 AI 소버린 챗봇 기획서 예시

## (4) 역사 AI 소버린 챗봇 기획서 발표 자료 제작하기

이후 미리캔버스를 활용해 기획 내용을 시각적으로 정리한 발표 자료를 제작하고, 최종적으로 모둠 발표 및 피드백 활동을 진행하였다. 이 과정에서 학생들은 역사적 인물의 사실 관계를 조사·검증하고, 인물의 입장에서 대화 내용을 상상·창작하며, 그 의미를 평가하는 역사적 사고력(탐구력·상상력·판단력 등) 함양에 주안점을 두었다. 모둠별 발표 자료를 제작할 때에는 학생들이 단순히 미적으로 돋보이는 디자인을 선택해 활동하기보다는 자신이 제작하고자 하는 내용과 어울리는 디자인을 선택하고, 필요하다면 미리캔버스 AI를 활용해 적절한 이미지를 생성하여 넣도록 지도한다.

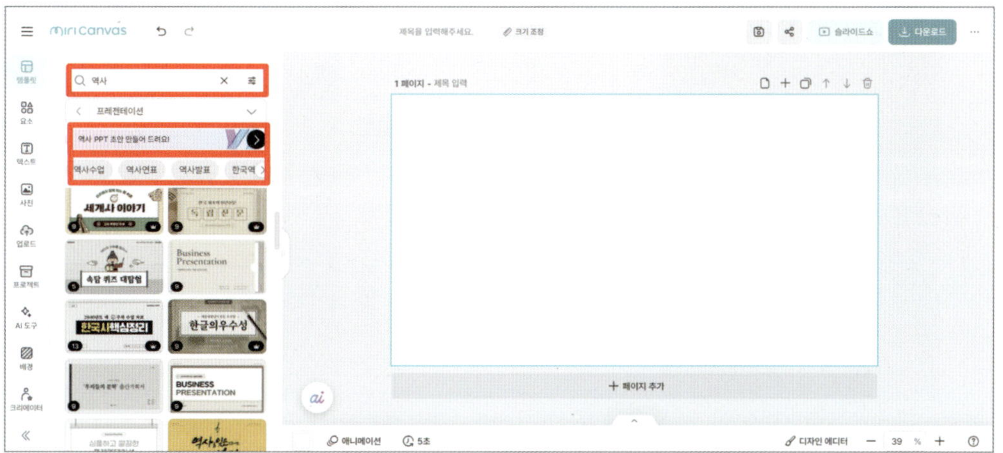

[이미지 4-21] 모둠별로 작성한 역사 AI 소버린 챗봇 기획서 예시

처음 접근하는 초등학생들이라도 쉽게 찾을 수 있을 만큼 UI(User interface, 사용자 편의성을 고려한 디자인)가 구조화되어 있는 미리캔버스 특성상 학생들이 발표 자료를 제작할 때 '역사'라는 키워드만 넣어도 '역사 PPT 초안 만들어 드려요!'라는 문구와 함께 실제 학생들이 더 나은 발표 자료를 찾을 수 있도록 안내하는 핵심 키워드가 뜨는 장면을 볼 수 있다. 다양한 템플릿을 기반으로 학생들이 자신이 제작하고자 하는 역사 소버린 AI 챗봇 스타일에 맞추어 디자인을 진행할 수 있다.

[이미지 4-22~24] 모둠별로 역사 AI 소버린 챗봇 기획서를 바탕으로
미리캔버스를 활용해 발표 자료를 제작하는 모습

학생들이 발표 자료 제작을 완료하면 의도에 따라 미리캔버스 우측 상단의 '공유' 기능을 활용해 링크 하나만으로 바로 공유가 가능할 뿐 아니라, 자신이 제작한 발표 자료를 또 다른 템플릿으로 만들어 복제하여 수정하도록 만들 수도 있다.

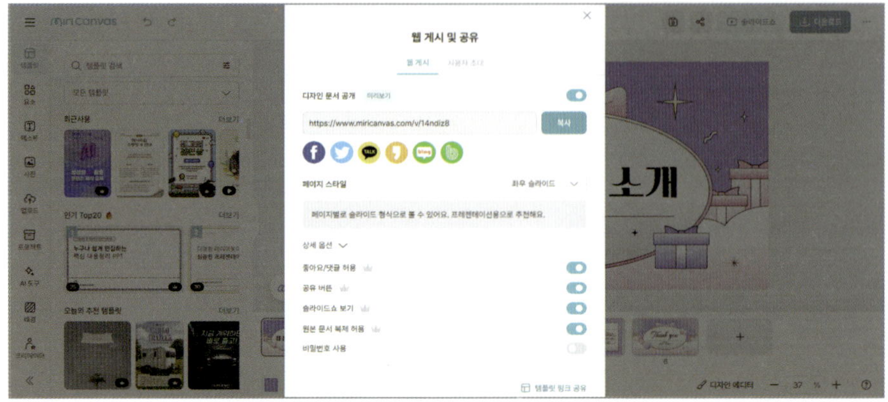

[이미지 4-25] 모둠별 역사 AI 소버린 챗봇 기획서 발표 자료를 공유하는 장면

본 수업에서는 동료 평가를 위해 학생들이 제작한 자료를 '공유' 기능의 '디자인 문서 공개'를 클릭하도록 하여 누구든 미리캔버스를 확인할 수 있도록 한다. 활동 의도에 따라 비밀번호를 사용할 수도 있으며, 기본적으로 '슬라이드 쇼 보기', '공유 버튼'은 활성화하도록 안내한다.

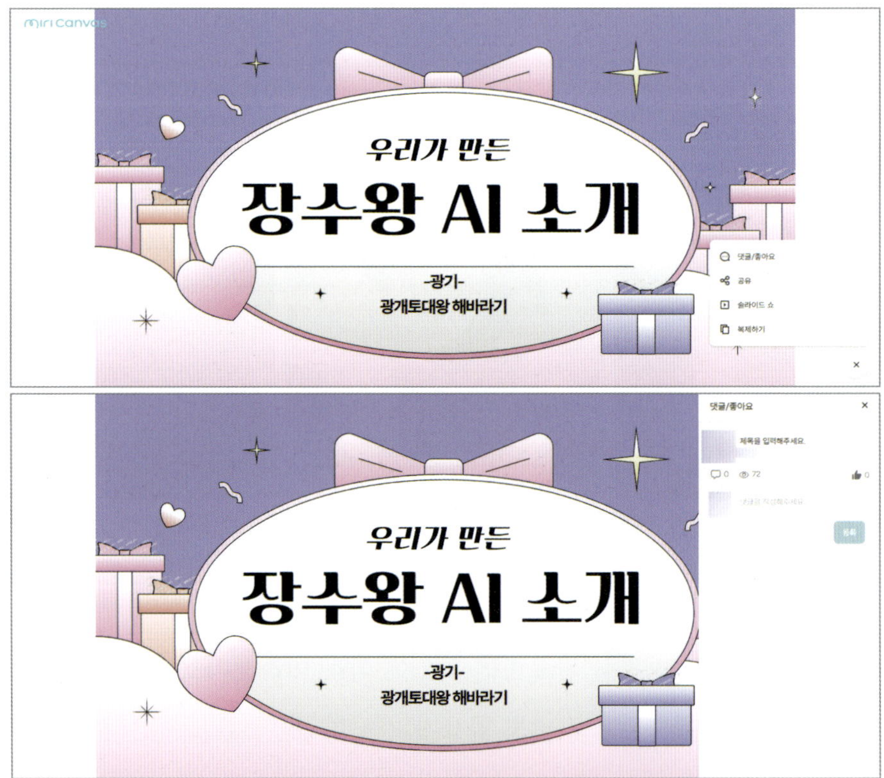

[이미지 4-26, 27] 모둠별 역사 AI 소버린 챗봇 기획서 발표 자료에 피드백을 남기는 과정

또한, 댓글 달기 기능을 활용해 다른 모둠의 발표 자료에 대한 동료 피드백을 남기도록 지도한다. 해당 댓글은 미리캔버스 로그인만 되어 있으면 누구나 남길 수 있으며, 실시간으로 데이터가 누적되므로 교사가 관리하기에도 편리하다. 또한, 댓글 기능 외에 추천 기능도 있어 동료 평가를 통한 우수작 선정에도 활용할 수 있다.

[이미지 4-28, 29] 모둠별 역사 AI 소버린 챗봇 기획서 발표 및 동료 피드백 모습

미리캔버스 발표 자료에 누적된 동료 평가 결과는 별도의 로그인 없이도 확인 가능하기 때문에 추후 생활기록부 세부 능력 및 특기 사항 작성 시 참고 자료로 활용할 때 접근성을 높일 수 있다. 또한, 학생들의 발표 자료를 PPT뿐 아니라 PDF, 인쇄용 JPG 파일 등 다양한 형태로 저장이 가능하므로 추후 ChatGPT 등 다양한 생성형 AI와 연계하여 해당 파일을 업로드한 후, 학생들의 발표 자료 분석을 요청할 때도 효과적이다.

# 2. 역사 수업 사례 Ⅱ

　미리캔버스는 기본적으로 디자인을 할 수 있는 웹사이트다. 디자인을 할 수 있다는 것은 곧 개인이 가지고 있는 생각을 구체적인 결과물로 구현할 수 있다는 것을 의미한다. 그리고 구현된 디자인은 타인에게 소개될 수 있고, 이를 바탕으로 다양한 피드백을 주고받을 수 있도록 한다.

　그렇기에 학교 현장에서 미리캔버스는 충분히 활용이 가능한 지점이 많다. 2015 개정 교육과정을 넘어 2022 개정 교육과정에서도 학생들에게 강조되고 있는 부분은 학생이 주체적인 자신의 생각을 가지고 타인과 소통할 수 있는 역량을 키우는 것이라고 할 수 있다. 실제로 교육 현장에서 이를 기반으로 한 수업과 평가를 다양한 측면에서 고민하고 나누고 있다. 그리고 최근에는 '타인'의 개념이 단순히 인류를 넘어서서 자연과 환경, 지구 등 매우 넓은 범위까지 확장되어 가고 있다.

　2022 개정 교육과정을 맞이하여 역사과 수업과 평가에서도 위와 같은 역량을 강화하기 위한 다양한 수업과 평가의 방법이 교육 현장에서 여러 선생님의 연수를 통해 전달되고 있다. 그리고 해당 파트에서도 이 지점에 초점을 맞추어 역사과 수업 혁신 사례를 나누고자 한다. 그리고 그 나눔에 미리캔버스를 적절히 곁들이고자 한다. '디자인'을 통해 '개인의 생각을 표현'할 수 있도록 하는 미리캔버스를 통해 '학생들의 자기 주도성과 협력 및 소통'의 역량을 어떻게 함양해 나갔는지 말이다.

소개할 역사과 수업과 평가 혁신 사례는 다음과 같다.

① 22세기 유물전, 미래 유물 제작하기

② 역사 수업과 평가 활동지와 프레젠테이션을 이렇게 제작했고, 이렇게 활용했습니다!

지금부터는 해당 사례를 하나씩 살펴보고자 한다.

## 1 22세기 유물전, 미래 유물 제작하기

구체적인 수업 사례 소개에 앞서 아직 현 중학교 2학년, 3학년 학생은 역사과에서 만큼은 2015 개정 교육과정을 적용받고 있다는 사실을 밝혀 둔다. 다만 2026년을 시작으로 중학교 2학년 학생들이 2022 개정 교육과정을 적용받고, 현재 중학교 2, 3학년 학생들이 고등학교 진학 시에 2022 개정 교육과정 하에 한국사 수업을 진행하기에 올해 학생들과의 수업은 2022 개정 교육과정을 기반으로 진행했음을 밝혀 둔다.

### (1) 수업과 평가 설계 과정

2022 개정 교육과정에서 강조하는 수업 중 하나는 '질문이 있는 수업'이며 '개념이 기반이 되는 수업'이다. 그리고 해당 수업을 진행하기 위한 여러 방법 중 하나는 '탐구 수업'이 될 수 있다. 역사과 수업에서도 이러한 수업은 충분히 적용 가능하다. 대부분의 역사 선생님이 중요시하고 고민하는 이상적인 역사 수업은 단순히 역사 지식을 암기하고 이를 기반으로 풍부한 역사적 사실을 획득하는 수업이 아니기 때문이다. 학생들이 스스로 자신이 처한 현재의 상황에 의문을 품고, 이에 질문하며 자신의 생각을 주도적으로 표현할 수 있는 수업을 진행하고자 했다. 그리고 이를 평가에 적용하였다.

2022 개정 교육과정하에서 중학교 역사② 1단원은 국가의 형성과 발전이다. 그리고 해당 단원에서는 한반도에 등장했던 여러 국가가 어떠한 성장과 발전을 겪었는지, 주변의 환경에 어떠한 영향을 받았으며, 국가 간 교류의 영향으로 받아들이고 내보낸 문화는 무엇이었는지 등을 강조하고 있다.

이 점에 착안해서 국가가 탄생하며 다양한 환경에 영향을 받고, 주변 국가와 교류하며 문화라는 것이 탄생하게 되는데, 당시 사람들의 삶의 모습을 보여 줄 수 있는 유물과 오늘날의 유물에는 어떠한 공통점과 차이점이 있을지를 고민하였다. 그리고 이를 바탕으로 유물이란 당시 사람들의 삶의 모습을 보여 줄 수 있는 대표적인 증거물이라는 점을 강조하고 싶었다.

이에 미래 사람들이 오늘날 우리가 남긴 유물을 보고 우리를 어떻게 인식할지, 그리고 오늘날 우리가 남기게 될 땅속의 유물들은 과거의 유물들과 어떻게 다르며, 어떠한 형태의 유물들이 많이 발굴될 수 있을지를 깊이 있게 고민해 보도록 했다. 그 과정에서 2025년의 수업을 준비하며 봤던 22세기 유물전(김명중 작가, 수원시립미술관)을 아이디어로 학생들이 직접 미래에 발굴될 수 있는 오늘날의 유물을 전시, 기획할 수 있는 수업과 평가를 기획하였다.

## (2) 수업 지도안과 수업 진행 과정

<table>
<tr><td rowspan="2">단원명</td><td>대단원</td><td>Ⅰ. 국가의 형성과 발전</td><td rowspan="2">차시</td><td rowspan="2">3차시</td></tr>
<tr><td>소단원</td><td>⑶ 삼국과 가야의 문화</td></tr>
<tr><td>성취기준</td><td colspan="4">삼국과 가야가 남긴 문화의 특징을 교류의 관점에서 자료를 종합하여 맥락적으로 분석할 수 있다.</td></tr>
<tr><td>학습목표</td><td colspan="4">과거의 유물과 현대의 유물을 환경과 관련지어 종합적으로 분석할 수 있고, 자신만의 22세기 유물전을 제작할 수 있다.</td></tr>
<tr><td>단계<br>(시간)</td><td>교수 및 안내 활동</td><td>상호작용<br>(발문, 토의, 토론)</td><td>학습 및<br>배움 활동</td><td>지도상의 유의점<br>및 교재·교구</td></tr>
<tr><td>도입 (5분)<br>배움 열기</td><td>과거의 유물 사진 자료를 제시하고 시대적 특징과 가치를 설명한다. 이후 활동지 작성 방법과 예시를 안내한다.</td><td>"이 유물은 왜 남겨졌다고 생각하는가?" "이 유물이 없다면 그 시대를 어떻게 이해했을 것인가?"</td><td>과거 유물을 관찰하고 개인적으로 생각을 정리한다.</td><td>유물 사진 자료 충분히 준비, 활동지 형식 안내</td></tr>
<tr><td>전개<br>(35분)<br>배움 활동</td><td>플라스틱 빨대, 스마트폰 등 오늘날 물건을 미래 유물 관점에서 조망하도록 지도하고, 활동지의 미래 유물 영역에 생각을 정리하게 한다. 교사는 순회하며 피드백을 제공한다.</td><td>"2199년 사람들이 우리 시대를 발굴한다면 무엇을 발견할까?" "그들은 그 유물을 보고 우리를 어떻게 평가할까?"</td><td>과거-미래 유물 비교표 작성, 미래 발굴일지 기록</td><td>다양한 의견 존중, 민감한 주제 자연스럽게 다루기</td></tr>
<tr><td>정리 및<br>평가(5분)<br>배움 정리</td><td>짝과 작성 내용을 공유하도록 하고, 친구의 생각과 다른 점을 표시하게 한다. 다음 시간 활동을 안내한다.</td><td>"짝의 선택이 자신의 생각과 달랐던 점은 무엇인가?"</td><td>친구의 의견을 듣고 활동지에 기록</td><td>상호 의견 존중 및 경청 강조</td></tr>
</table>

| | | | | |
|---|---|---|---|---|
| **도입 (5분)**<br>**배움 열기** | 전 차시 활동지를 친구와 교환해 읽어 보게 하고, 오늘 학습 목표를 제시한다. | "오늘날 유물이나 문화 중 남기고 싶거나 남기고 싶지 않은 물건이 있는가?" | 지난 활동지 검토 후 오늘 학습 확인 | 활동지 및 사진 자료 |
| **전개**<br>**(35분)**<br>**배움 활동** | 활동지 작성 형식과 예시 사례를 설명한다. 이때 선생님의 예시 사례의 출처를 밝혀 소개하며 환경과 관련하여 미래에 남을 수 있는 혹은 남기지 말아야 할 유물 또는 문화유산에 대해 고민해 보도록 유도한다. | "왜 이 유물을 남기고 싶은가?"<br>"왜 이 유물을 남기고 싶지 않은가?" | 활동지에 자신의 남기고 싶은 유물 또는 문화의 사례 한 가지와 남기고 싶지 않은 유물 또는 문화의 사례 한 가지를 조사하여 작성 | 작성 예시 칠판/화면 제시, 사진 자료(22세기 유물전 관람 자료) |
| **정리 및**<br>**평가 (5분)**<br>**배움 정리** | 남기고 싶은 유물과 남기고 싶지 않은 유물을 정리하도록 지도하며 환경 등과 연계해 사고를 확장한다. 미래인의 입장에서 평가하는 글쓰기를 안내하고 예시를 제공한다. | "2199년 사람들은 우리를 어떻게 평가할까?"<br>"부끄럽지 않으려면 무엇을 바꿔야 할까?" | 활동지에 유물 정리, 미래인 입장에서 평가하는 글 작성 | 자연스러운 토론 유도, 다양한 의견 존중 |

| | | | | |
|---|---|---|---|---|
| **도입 (5분)**<br>**배움 열기** | 수업 목표를 제시하고 미리캔버스 접속 및 로그인 방법을 안내한다. 교사가 화면 공유로 템플릿 검색, 텍스트 입력, 요소 삽입 시연을 진행한다. | | 지난 활동지를 확인하고 자신이 남기고 싶은 유물 또는 문화와 남기고 싶지 않은 유물 또는 문화를 어떻게 디자인할지 고민 | 미리캔버스 에디터 화면 |
| **전개**<br>**(35분)**<br>**배움 활동** | 활동 과정에서 순회 지도를 통해 미리캔버스 작업에 대한 피드백을 진행한다. | "이전 차시에서 가장 강조하고 싶은 내용은 무엇인가?" | 미리캔버스를 통해 22세기 유물전 디자인 작업 진행. | 학생들이 미리캔버스 작업에 있어 디자인적 요소를 삽입하는 과정에 대해 자유롭게 질문할 수 있도록 함. |
| **정리 및**<br>**평가 (5분)**<br>**배움 정리** | 학생들이 각자 템플릿을 선택하고 텍스트, 사진, 요소를 활용해 전시를 완성하도록 지도한다. 교사는 순회하며 피드백 및 개별 지도를 제공한다. | "작품에서 가장 자랑스러운 부분은 어디인가?"<br>"친구 작품을 보고 어떤 느낌이 들었는가?" | 22세기 유물전을 감상하며 자유로운 동료 피드백 진행 | 친구들의 작품 공유 과정에서 자유로운 토의 분위기 형성 |

1장 2장 3장 **4장** 5장 6장 7장 8장 9장

② 수업 진행 과정

수업 진행 과정은 수업 지도안에 나와 있는 내용과 거의 유사하다. 다만 수업 진행 과정에서 과거의 유물이 국가의 자연 환경, 지리적 환경, 교류의 영향 등 역사적 상황에 따른 유물이 많았다는 점을 충분히 강조했다. 특히 1단원 수업을 진행하면서 국가의 성장과 발전의 과정이 정치적, 경제적, 제도적인 이유도 있겠으나 자연환경이나 지리적 환경 등 국가에 직접적인 영향을 줄 수밖에 없는 요소들을 크게 강조했기에 22세기 유물전 활동에서도 그 맥락을 그대로 이어 갔다.

동시에 현대 사회의 유물로 발굴될 수 있는 사례를 다양하게 소개했다. 과거의 유물과 미래에 발굴될 수 있는 유물을 오늘날 유물을 매개로 하여 연결시킨 것이다. 여기서도 1단원 수업에서 강조한 것처럼 자연환경에 영향을 줄 수 있는 유물의 사례를 충분히 언급하며 환경과 국가의 관련성 및 영향에 대해 탐구해 볼 수 있도록 하였다.

이러한 과정을 거치면서 학생들은 미래에 발굴될 수 있는 오늘날의 유물에 대해 탐구하였고, 이를 기반으로 미래 사람 입장에서 오늘날 사람들과 오늘날의 유물에 대해 어떠한 평가를 내릴 것 같은지를 상상하며 평가하는 글쓰기도 진행하였다. 그리고 이러한 과정을 기반으로 미래에 남기고 싶은 오늘날의 유물 또는 문화와 미래에 남기고 싶지 않은 유물 또는 문화를 선정하여 작성하고 마지막 차시에는 이를 실제 유물의 형태로 유물 전시를 위한 제작 활동을 진행했다.

마지막 차시에 진행한 제작 활동에서 매우 큰 도움이 되었던 것이 바로 미리캔버스 디자인 템플릿이었다. 학생들 중에는 자신의 작품을 오프라인 환경 속에서만 제작해 본 경험이 있던 학생도 있었고, 어떠한 작품을 만드는 과정에서 손재주가 없다는 이유로 디자인 제작에 대해 약간의 거부감을 느끼는 학생도 있었다. 그런 학생에게 디자인 템플릿을 바탕으로 초보자도 디자인을 제작할 수 있도록 하는 미리캔버스가 매우 효과적이었다.

또한, 자신이 제작한 22세기 유물 전시품을 미리캔버스 공유 기능을 활용해 친구들과 공유할 수 있었고, 이러한 공유 기능은 상호 간의 피드백으로도 이어졌다. 그리고 몇몇 친구들의 작품은 공유 기능 중 복제 기능을 활용하여 작품 전시를 위해 취합

되었고, 취합되었던 전시 작품은 교내 과학 환경 동아리와 연계하여 중앙 현관에 전시 작품으로 실제 전시될 수 있었다. 그리고 이러한 전시 작품들은 전교 학생들에게 공유되어 환경과 미래 사회에 대한 고민을 한 번 더 자극할 수 있었다.

이처럼 미리캔버스의 디자인 기능은 학생들이 접근하기 편리하기에 학생들이 가지고 있는 생각을 매우 쉽게 시각적으로 표현할 수 있다는 장점이 있다. 단순히 창의적인 디자인 제작을 넘어 개인이 가지고 있는 생각을 시각적으로 표현하며 이를 기반으로 타인과 소통할 수 있는 기회를 열어 주는 것이다.

[이미지 4-30, 31] 미리캔버스를 활용한 22세기 유물전 학생 제작 활동 장면

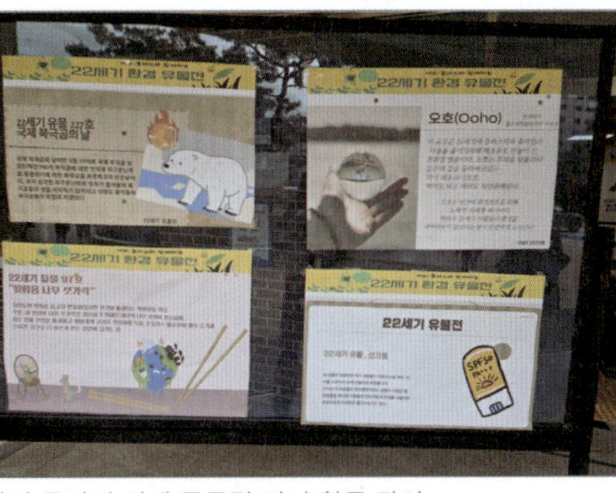

[이미지 4-32, 33] 22세기 유물전 과학 환경 동아리 연계 등굣길 전시 활동 장면

 **역사 수업과 평가 활동지와 프레젠테이션 이렇게 제작했고, 이렇게 활용했습니다!**

### (1) 고려 시대 타임캡슐 프로젝트 활동지 제작 및 활용

미리캔버스의 장점은 초보자도 디자인에 어려움을 느끼지 않고 디자인을 매우 시각적으로 뛰어나게 제작할 수 있다는 점이다. 이 글을 쓰는 저자 또한 디자인에 매우 소질이 없으며, 디자인을 시작하는 방법과 시각적으로 배치하는 방법, 색상의 조화 등에 매우 문외한이다.

그런 저자가 역사 수업 활동지를 쉽게 제작할 수 있겠다고 느꼈던 시작점이 바로 미리캔버스에 잘 갖춰진 디자인 템플릿을 글자와 아주 적은 부분의 이미지만 변경하면서 수업 자료로 활용했던 고려 시대 타임캡슐 프로젝트 활동지였다. 해당 활동지는 실제로 저자가 처음부터 끝까지 디자인을 완성한 것이 아니라 기존에 미리캔버스에서 제공하는 '탐정'이라는 키워드를 검색하여 나온 템플릿을 수정한 것에 불과하다.

그러나 아주 약간 수정되어 활용된 활동지는 학생들에게 엄청난 몰입감으로 다가왔던 것 같다. 역사 수업에서 정치 기구나 제도에 대한 수업은 항상 선생님에게 그 깊이와 범위에 있어 고민을 준다. 그렇기에 해당 파트에 대한 수업 역시 어느 정도의 수준으로 진행해야 하는지 막막한 경우가 있다. 저자 또한 이러한 고민으로 고려 시대 정치 기구를 어떤 방향으로 수업해야 하는지 어려움을 느꼈던 것 같다.

여러 정답이 있겠으나 당시 저자가 생각했던 정답은 활동지에 몰입감을 주고, 정치 기구를 오늘날에 적용해 보자는 것이었다. 하지만 한글 파일로만 활동지 작업을 해 보던 저자에게 몰입감을 줄 수 있는 활동지 제작은 어려운 일이었고, 그때 활용해 보았던 것이 미리캔버스 디자인 템플릿이었다.

수업의 방향은 학생들로 하여금 '과거의 정치 기구를 통해 오늘날의 사회 문제를 극복한다면 어떠한 정치 기구가 어떻게 역할을 하여 어떤 문제를 해결할 수 있을까?' 에서 시작되었다. 그리고 이를 위해 마치 탐정이 된 것처럼 학생들이 과거의 정치 기구를 살펴보고 온 후 이를 오늘날에 적용해 보는 탐정, 타임캡슐이라는 시나리오로 디자인을 제작하고자 했다.

그리고 미리캔버스 디자인 템플릿에 '탐정'이라는 키워드를 검색하니 이와 관련하여 수많은 디자인 템플릿이 제공되었고, 그중 학생들 입장에서 몰입감을 줄 수 있겠다고 느껴지는 디자인 템플릿을 선정하여 디자인 에디터에 적용하였다. 적용된 디자인 템플릿의 텍스트를 수정하고, 이미지를 요소에서 검색한 '탐정' 키워드에서 나온 것으로 교체만 했기 때문이다.

시간은 한글 파일로 작업한 활동지보다 훨씬 적은 시간이 들었는데, 학생들의 집중력과 몰입감은 매우 높은 활동지가 완성된 것이다. 디자인 초보인 선생님도 디자인에 접근할 수 있고, 수업과 평가에 적절한 디자인을 기존 디자인으로부터 수정, 편집만 할 수 있다면 미리캔버스는 이미 훌륭한 수업과 평가 활동지 제작 도구가 아닐까?

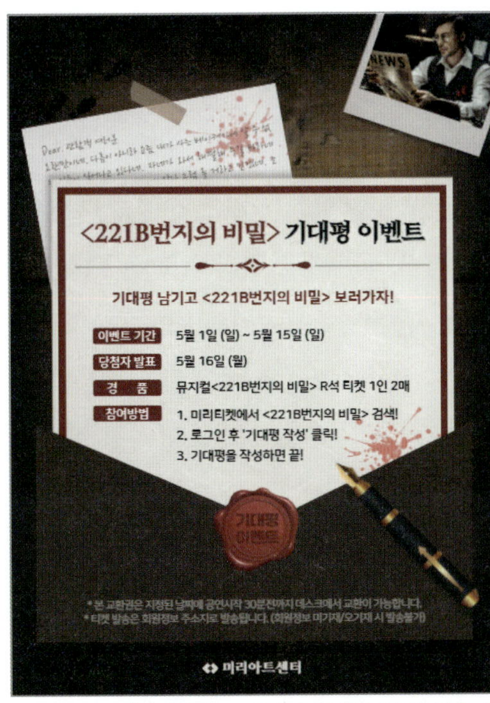


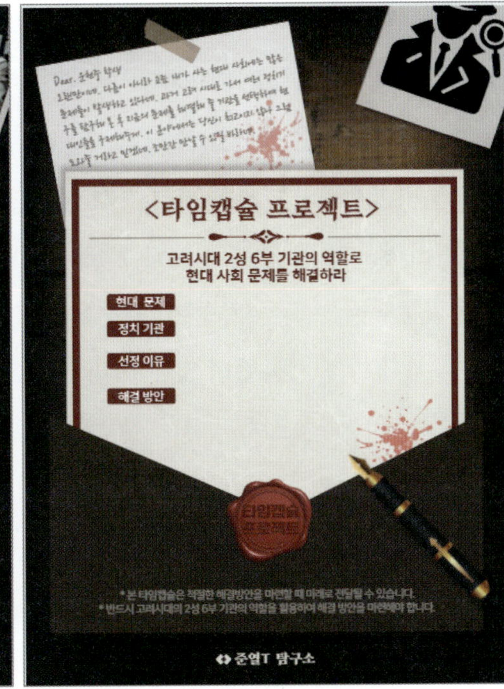


[이미지 4-34, 35] 기존 디자인 템플릿을 수정한 고려 시대 정치 기구 타임캡슐 프로젝트

## (2) 뤼튼(Wrtn)을 활용한 탐구하는 글쓰기 활동지 제작 및 활용

기존에 제작된 디자인 템플릿을 편집하는 것도 학생들의 몰입감을 높여 주었으나 선생님이 의도한 수업과 평가 활동지를 직접 디자인했을 때 더욱 큰 몰입감을 줄 수 있을 것이라고 생각한다.

이에 학생이 중심이 되어 참여하는 수업과 평가를 진행할 때는 미리캔버스를 활용하여 활동지를 직접 제작해 보는 것도 하나의 방법이다. 이러한 생각이 들게 되었던 것은 학생들과 함께 Wrtn(뤼튼)을 활용하여 동북공정 수업에 대한 탐구 수업을 진행할 때 학생들이 탐구 활동에 집중하여 참여했었던 경험 때문이었다.

해당 수업은 고조선, 고구려, 발해, 부여 등 한반도 북방에 존재했던 국가들에 대한 역사를 중국이 동북공정이라는 이름의 사업 아래 왜곡하여 진행했던 국가 사업이었다. 단순히 해당 내용을 학생들에게 전달하고 수업을 마무리 지을 수 있었으나, 미리캔버스로 활동지를 제작하여 탐구 수업을 해 보는 것이 역사 왜곡의 문제와 역사 다양성의 해석을 어디까지 인정하고 존중해 줄 수 있을지에 대한 고민을 학생들에게 깊이 있게 제시할 수 있을 것이라고 생각했다.


이에 미리캔버스로 탐구 활동지를 제작하여 학생들과 함께 수업을 진행했다. 또한, 탐구 과정에서는 뤼튼이라는 AI 도구를 사용할 수 있도록 했는데, 문제는 학생들에게 탐구 질문이라는 것을 만들어 내는 과정이 매우 어렵다고 느껴졌던 것 같다. 그래서 학생들에게 함께 제공했던 것이 미리캔버스로 제작한 탐구 질문 예시 활동지였다.

학생들에게 수업 활동지를 제작하여 수업을 진행할 수도 있지만, 수업에 필요한 보조 자료를 디자인하여 함께 제공했던 것이다. 더욱이 해당 보조 자료는 인쇄를 통해 제공하다가 미리캔버스 공유 기능을 활용하여 학생들에게 링크로 제공하는 것으로 바꾸었다. (참고로 공유 링크는 '다했니-다했어요'라는 에듀테크 도구를 활용하였다) 해당 수업이 태블릿을 활용하여 Wrtn과 질문을 주고받고, 이를 활동지에 기록하는 수업이었기에 종이를 여러 장 주는 것보다 공유 링크를 통해 탐구 질문 보조 자료를 확인하는 것이 더욱 효과적이었기 때문이다.

　해당 수업 이후 미리캔버스로 디자인한 수업과 평가 활동지를 인쇄하여 제공하는 것뿐만 아니라 미리캔버스의 공유 기능과 복제 기능을 적절히 활용할 수 있었다. 즉 학생들이 선생님이 제작한 활동지를 편집하여 자신만의 디자인을 만들거나 보조 자료를 확인해 가면서 수업을 진행할 수 있었던 것이다. 미리캔버스를 적절하게 활용하게 되면 학생들이 중심이 되고, 수업의 내용을 탐구할 수 있는 학생 참여형 수업이 훨씬 수월할 것이다.

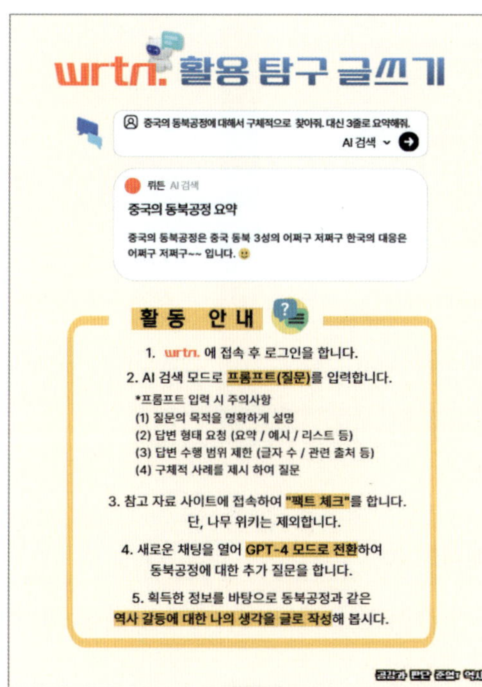


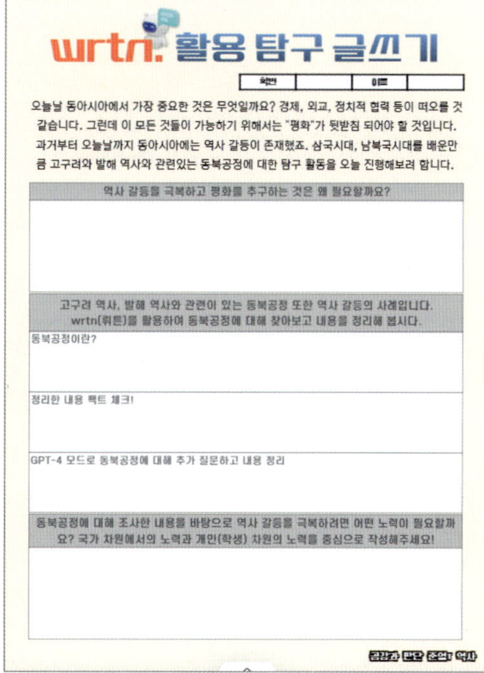


[이미지 4-36, 37] 동북공정 탐구하는 글쓰기 수업 사례

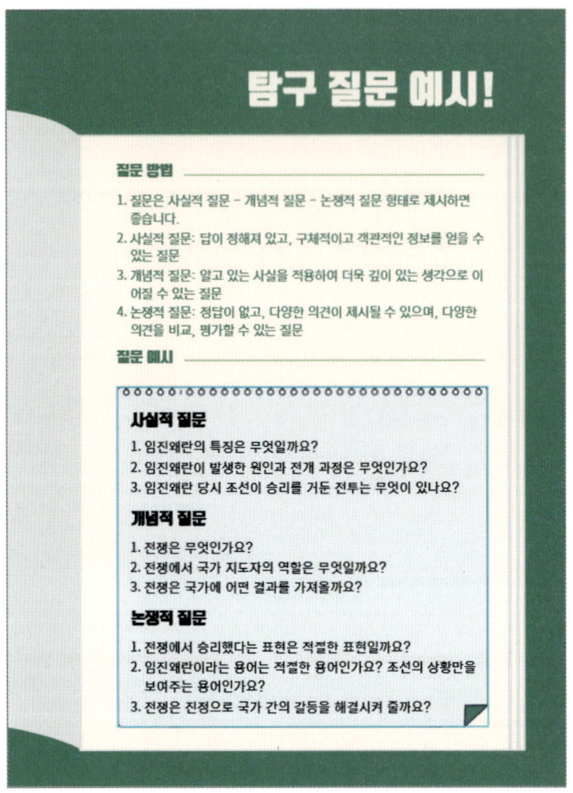



[이미지 4-38] 탐구 질문 예시 보조 자료

### (3) AI를 활용한 프레젠테이션 제작과 수업에서의 활용

미리캔버스에서는 최근 AI를 활용한 디자인 제작 기능에 매우 큰 힘을 쏟고 있다. AI를 활용했을 때는 기존의 디자인 템플릿을 적용하여 이를 수정, 편집하여 디자인하는 방식을 넘어 개인이 가지고 있는 생각을 AI를 적절히 활용하여 나만의 새로운 디자인을 제작할 수 있다는 것 때문일 것이다.

역사 수업에서도 AI 기능은 충분히 적용이 가능한 지점이 많다. 특히 지나간 일에 대한 기록을 AI를 활용하여 생생한 기록으로 살려 보는 일이나 AI를 활용하여 자신이 만든 자료를 피드백 받고 이를 수정, 편집하는 일, 제작한 결과물을 AI 도구 기능을 활용하여 섬세하게 작업하는 일 등 수업에 적용할 수 있는 지점이 상당하다.

선생님 입장에서도 수업을 준비할 때 AI의 도움을 매우 크게 받을 수 있게 되었다.

미리캔버스 AI 기능은 디자인에 핵심 기능이 담겨 있기 때문이다. 다시 말해 수업 자료를 무궁무진하게 빠른 시간 안에 생성할 수 있으며, 이를 기반으로 수업을 준비하는 시간을 매우 크게 단축할 수 있다.

실제로 역사 수업 자료 준비에 적용한 사례는 다음과 같다. 다만, 아직 AI 기능을 적극 활용하여 수업과 평가 활동에서 학생이 중심이 되어 디자인을 제작하는 활동은 진행해 본 경험이 없기에 여기서는 AI를 활용한 수업 자료, 특히 프레젠테이션 자료 제작 결과물만을 공유하도록 하겠다.

## 프레젠테이션 자료 제작 결과물 ①

[이미지 4-39]

**전투 식량의 역사와 미래 전투 식량**
(기술·가정과와 융합 수업 자료)

## 프레젠테이션 자료 제작 결과물 ②

[이미지 4-40]

**역사 오리엔테이션 자료 준비**(2차시 분량)
※ 1, 2차시 수업 모두 역사과 윤상민 선생님(투덜투덜투덜쌤) 연수를 듣고 제작하였음을 밝힙니다.

## 프레젠테이션 자료 제작 결과물 ③

[이미지 4-41]

**역사 기록 제작반 동아리 4월의 역사적 사건 카드 뉴스 제작**
(카드 뉴스 제작 과정 안내 자료)

　자료에서 확인할 수 있듯이 AI 프레젠테이션을 있는 그대로 활용하는 것은 오류 등에 있어 어려움이 따른다. 결과적으로 AI가 만들어 준 수업 자료는 선생님의 손을 거쳐 수정, 편집되어 완성되어야 한다. 그럼에도 수업 자료를 취합하거나 적합한 디자인 템플릿을 고르거나, 자료를 완성하는 시간은 매우 단축할 수 있다. 따라서 수업 자료를 제작하는 '과정'보다는 제작된 수업 자료를 검토하고 학생들이 활용할 수 있는 방법을 고민하는데 이제는 조금 더 시간을 쓸 수 있지 않을까?

# 3. 국어 수업 사례 Ⅰ

〈문학관 생동 프로젝트: 이야기에 숨결을 불어넣는 문학 큐레이팅〉

본 수업 사례는 문학 교육의 본질적 목표인 작품의 깊이 있는 이해, 비판적 사고, 창의적 표현, 그리고 텍스트와의 상호 작용을 한 번에 달성할 수 있는 융합형 프로젝트로서, 소설 교육의 패러다임을 확장하는 데 큰 교육적 의의가 있다. 단순히 '읽고 해석하는' 수동적 문학 감상에서 벗어나, 학생들이 작품을 능동적으로 재해석하고 구성하며 소통하는 경험을 제공한다. 문학 작품을 살아 있는 콘텐츠로 재구성함으로써 교과서의 한계를 뛰어넘는 생생한 문학 경험을 통해 국어과의 궁극적 목표인 의미 생산자로서의 성장을 실현하게 된다.

## 1 수업 소개

이 프로젝트는 교과서 문학 작품을 읽고 작가, 배경, 인물, 주요 소재 등 작품을 이루는 모든 요소를 깊이 있게 탐구한 후, 학생들이 큐레이터이자 마케터가 되어 살아 있는 문학관을 기획하는 수업이다. 각 조는 교과서 속 문학 작품 또는 작가를 선정하고, 테마가 있는 문학관 전시를 기획한다. 전시 패널, 광고 포스터, 문학 작품 굿즈 등을 직접 기획하고 디자인하는 과정에서 학습자는 교과서를 넘어선 능동적이고 창조적인 감상을 체험하게 된다.

| 항목 | 기존 문학 수업 | 본 프로젝트형 수업 |
|---|---|---|
| 감상 방식 | 개별 독후감, 질문 답변 위주 | 집단 기획을 통한 다면적 재해석 |
| 활동 수준 | 텍스트 수준의 이해와 감상 | 분석-기획-표현-전시의 통합 활동 |
| 결과물 | 글쓰기 중심 (에세이, 감상문) | 시각화 중심 (전시물, 굿즈, 포스터 등) |
| 디지털 활용 | 제한적 (PPT, 워드 등) | 미리캔버스 기반 시각 창작·AI 활용 |
| 학습자 역할 | 수동적 독자 | 능동적 창작자 및 기획자 |
| 교과 연계 | 문학 중심 | 문학 + 미술 + 디지털 + 진로 융합 |

기존 수업과의 차별점

중·고등학교 국어 수업에서 문학 작품을 보다 창의적이고 입체적으로 감상하게 하려면 단순한 줄거리 요약이나 인물 성격 분석을 넘어선 경험이 필요하다. 이에 따라 학생들이 실제 문학관의 큐레이터가 되어 작가와 작품 속 인물을 해석하고 이를 전시와 홍보의 형태로 표현하는 프로젝트형 수업을 구성하였다. 국어 교과의 문학 감상 역량, 표현 능력, 협력적 사고력을 통합적으로 길러 줄 수 있는 수업 사례이다.

학생들은 조별로 작가와 대표 작품을 선정한 뒤, 작품 속 주요 인물에 대해 분석하고, 작가의 생애와 문학적 특징을 종합하여 기획 의도와 전시 섹션이 명확히 드러난 문학관 전시 패널을 제작한다. 이 과정에서 인물의 특성과 문학적 의미를 관람객이 이해하기 쉬운 언어와 시각적 구성으로 전달하는 활동이 포함된다. 이를 위해 학생들은 '미리캔버스'를 활용하여 전시용 포스터와 인물 광고물 등을 직접 디자인한다. 광고 포스터는 인물을 마치 현실의 유명 인사처럼 재해석하거나, 다양하고 창의적인 방법으로 '브랜드화'하는 방식으로 제작되며, 이를 통해 학생들은 작품 속 인물을 현대적 감각으로 새롭게 조명하게 된다.


이 프로젝트 수업은 총 6차시로 구성된다. 1차시에는 조별로 작가와 작품을 선정하고, 작가와 인물에 대한 기초 조사를 진행한다. 작가의 생애, 시대적 배경, 문학 사상 등을 정리하고, 인물의 성격, 상징성, 작품 내 역할을 분석하는 활동이 중심이 된다. 2~3차시에는 문학관 전시 패널을 기획하고 디자인하는 작업이 이어진다. 조별로 전시 구성 순서를 정하고, 관람객의 흥미를 유발할 수 있는 시각 자료와 텍스트를 배치하여 하나의 전시 공간을 설계하게 된다. 4~5차시에는 문학 속 인물을 광고의 주인공으로 재해석하여 광고 포스터를 제작한다. 학생들은 해당 인물을 활용해 상품을 홍보하거나 캠페인, 숏폼, 영화 예고편 등의 콘셉트로 광고를 제작하며, 이 과정에서 슬로건, 문구, 디자인 요소 등을 창의적으로 구성한다. 6차시에는 조별로 전시와 광고 결과물을 발표하고, 실제 전시회를 여는 방식으로 수업이 마무리된다.

## 2 학생을 위한 수업 도구, 미리캔버스

이 수업의 특징은 단순히 분석 활동에 그치지 않고, 학생 스스로가 기획자, 디자이너, 큐레이터가 되어 문학 작품을 주도적으로 재해석한다는 데 있다. 특히 미리캔버스의 다양한 템플릿과 AI 기반 디자인 도구를 활용함으로써 학생들의 표현의 폭이 넓어지고, 수업의 몰입도와 즐거움이 증가한다.

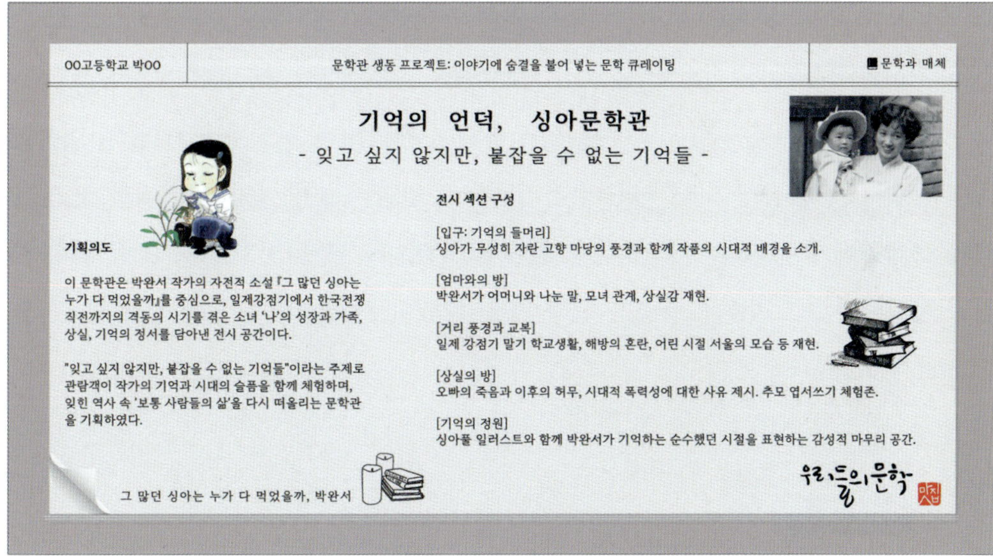



[이미지 4-42] 학생 활동 예시 ①

여기에 확장 활동으로 '문학 인물 굿즈 제작' 활동을 포함할 수 있다. 학생들은 자신들이 전시할 문학 인물을 미리캔버스의 AI 피규어 만들기 도구를 활용하여 시각화하고, 해당 인물의 상징 요소를 기반으로 굿즈를 제작하게 된다. 예를 들어,『그 많던

싱아는 누가 다 먹었을까』의 등장인물을 귀여운 피규어로 디자인하고, 그가 들고 있는 소품으로 주요 상징적 소재(싱아꽃, 일기장 등)를 넣으며, 대표 대사와 함께 키링이나 엽서 형태로 구성할 수 있다.

[이미지 4-43] 학생 활동 예시 ②

프롬프트에 주인공 '나'가 교복을 입은 모습의 캐릭터를 재현하고, 인물의 대사나 성격 등의 요소 활용하여 AI 피규어 디자인으로 연결하는 방식이다. 이러한 굿즈 제작은 학생들에게 문학적 인물을 더욱 깊이 있게 이해할 수 있는 기회를 제공하며, 시각적 상상력과 스토리텔링 능력을 함께 기를 수 있다.

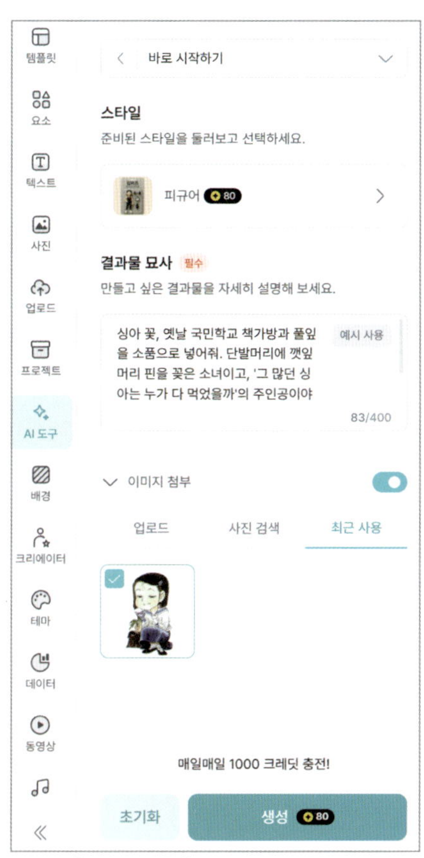

[이미지 4-44] AI 피규어 도구 활용     [이미지 4-45] AI 피규어 도구 적용 결과

문학관 굿즈는 최종 전시 공간의 일부로 구성되어 전시 발표 시간에 함께 공개된다. 학생들은 자신들이 만든 피규어와 굿즈를 설명하면서 왜 이러한 콘셉트를 선택했는지 발표하며, 마치 작가가 캐릭터 상품을 론칭하는 듯한 즐거운 경험을 하게 된다. 굿즈 디자인 기획 활동은 국어 교과의 언어적 사고를 시각적 표현 및 미디어 활용 능력으로 확장하는 중요한 장치가 된다.

학생 활동지 또한 미리캔버스로 제작하여 작가 조사, 인물 분석, 전시 기획, 광고 콘셉트 작성, 굿즈 구상, 역할 분담, 자기 평가 항목 등으로 구성되어 프로젝트 전 과정을 유기적으로 따라갈 수 있도록 구성하였다. 평가 항목은 문학적 이해도, 창의적 표현력, 결과물 완성도, 발표력, 협력 태도 등으로 세분화되며, 굿즈 제작이 포함될 경우 시각적 창의성과 상품성에 대한 평가 요소도 추가된다. 피드백은 동료 평가, 교사 평가, 자기 평가 3단계로 이루어져 수업의 반성적 사고를 유도했다.

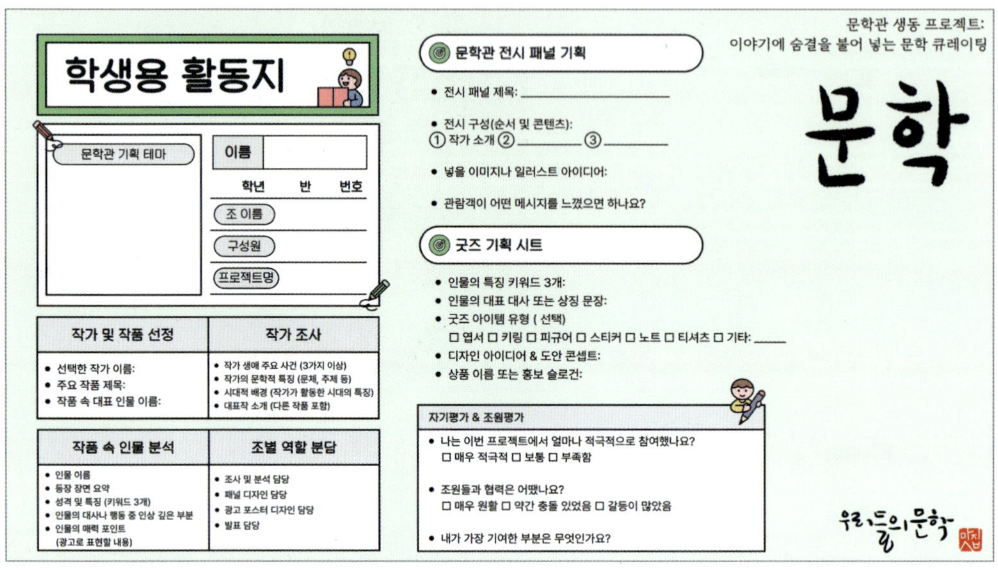

[이미지 4-46] 미리캔버스로 제작한 학생 활동지

이 프로젝트 수업은 문학 감상의 전통적인 접근 방식을 넘어서, 학습자의 능동적 참여와 창의적 표현을 중심으로 구성된 수업이다. 기존의 문학 교육이 작품 분석, 인물 성격 파악, 시대적 배경 이해 등 수용 중심의 활동에 초점을 맞췄다면, 이 수업은 학생이 작품의 해석자이자 재창조자로서 주체적으로 개입하는 과정에 무게를 두었다. 이는 문학 교육이 궁극적으로 길러야 할 감상 역량, 표현 역량, 해석 역량을 통합적으로 신장시키는 실천 사례라고 할 수 있다.

학생들은 문학 속 인물을 단순한 분석 대상이 아니라 하나의 살아 있는 콘텐츠로 바라보고, 이를 자신만의 시선으로 재해석하며 새로운 의미를 덧입힌다. 이 과정에서 인물에 대한 깊이 있는 이해는 물론, 그 인물을 어떻게 표현하고 전달할지 고민하면서 작품 속 정서와 주제를 자신의 언어로 전환해 낸다. 이는 문학적 상상력과 감수성을 토대로 작품 해석 능력을 자연스럽게 신장시키는 계기가 된다.

특히 미리캔버스와 같은 디지털 도구의 활용은 학습자의 표현 능력을 확장시키는 데 결정적인 역할을 한다. 디지털 기반의 시각 매체를 통해 학생들은 문학의 내용을 시각적으로 구성하고 구체화하며, 이 과정에서 문학을 현대적인 맥락 속에서 재구성하는 경험을 하게 된다. 이는 디지털 리터러시와 융합적 사고 능력을 함께 기를 수 있는 미래형 국어 수업의 방향성과도 부합한다.

더불어 굿즈 제작과 같은 활동은 문학이 실생활과 맞닿아 있을 수 있다는 점을 학생들에게 직접 체험하게 하며, 국어 수업이 단순한 학문적 지식의 축적을 넘어서 실용적·문화적 감수성을 길러 주는 장으로 기능할 수 있음을 보여 준다. 문학 인물을 소재로 한 피규어, 스티커, 키링 등의 굿즈는 단순한 시각 자료를 넘어서 문학적 상상력의 결과물이자, 학생 스스로가 문학의 '생산자'가 되었음을 상징하는 증표이다.

이러한 프로젝트형 수업은 평가 방식에서도 의의를 갖는다. 단일 정답을 찾는 평가가 아닌, 학생 각자의 해석과 표현을 존중하는 수행 중심의 평가를 통해 학생들은 자신의 사고와 표현이 정당하게 존중받는 경험을 하게 되며, 이는 곧 자기 주도성과 학습 동기를 높이는 요소로 작용한다.



📢 **Miri 쌤의 수업 꿀팁!**

| 학습 동기 유발 요소 | 설명 |
| --- | --- |
| AI 피규어 전시존 | 전시 발표 시, 피규어 캐릭터와 실제 광고·굿즈를 '문학관 굿즈존'으로 별도 구성해 학급 전시회처럼 꾸민다. |
| 문학관 관람 티켓 제작 | 각 조는 자신들의 문학관에 초대할 '티켓'을 만들어 다른 조에 나눠준다. QR 코드나 대표 이미지 삽입 가능 |
| 최고의 문학관 투표 | 발표 후 전시 내용, 광고, 굿즈 등을 종합해 학생 투표로 '올해의 문학관', '가장 갖고 싶은 굿즈상' 등을 선정한다. |
| 디지털 리플렛 제작 | 각 조는 전시 내용을 요약한 리플렛을 디지털 파일로 제작하고 공유할 수 있도록 한다. 미리캔버스 '리플렛' 템플릿 활용 가능 |

결국 이 수업은 문학을 해석하고 감상하는 데서 그치는 것이 아니라, 문학을 '만들고 보여 주며 소통하는' 총체적 국어 활동으로 확장한다는 점에서 국어과의 본질적

가치에 부합하는 실천이라고 할 수 있다. 학생이 문학을 통해 스스로 의미를 구성하고, 이를 세상과 나누는 과정 자체가 바로 문학 교육의 궁극적 목적이며, 본 프로젝트 수업은 그 방향성을 잘 구현한 의미 있는 사례로 자리매김할 수 있을 것이다. 무엇보다 디지털 기반 도구와 문학의 결합을 통한 미래형 국어 수업의 새로운 방향을 제시하는 하나의 사례가 되길 소망한다.

## 3 교수학습 지도안

| 과목 | 국어(문학) | 차시 | 총 6차시 |
|---|---|---|---|
| 단원 | 문학(비상, 강호영)<br>2. 다양한 빛깔로 만나는 문학<br>05. 문학과 매체 | 교수·학습<br>모형 | 프로젝트 수업, 협력 학습 |
| 관련 교과<br>성취 기준 | [12문학 01-01] 문학이 인간과 세계에 대한 이해를 돕고, 삶의 의미를 깨닫게 하며, 정서적·미적으로 삶을 고양함을 이해한다.<br>[12문학 01-02] 문학의 여러 갈래들의 특성과 문학의 맥락에 대해 이해한다.<br>[12문학 01-06] 문학 작품에서는 내용과 형식이 긴밀하게 연관됨을 이해하며 작품을 수용한다.<br>[12문학 01-07] 작품을 공감적, 비판적, 창의적으로 감상하며, 다양한 방식으로 작품에 대해 비평한다.<br>[12문학 01-09] 다양한 매체로 구현된 작품의 창의적 표현 방법과 심미적 가치를 문학적 관점에서 수용하고 소통한다.<br>[12문학 01-12] 주체적인 문학 활동을 생활화하여 지속적으로 문학을 즐기는 태도를 지닌다. | | |
| 수업 개요 | 학생들이 수업 시간에 배운 교과서 문학 작품을 깊이 있게 탐구한 후, 큐레이터이자 마케터가 되어 살아 있는 문학관을 기획하는 프로젝트이다. 테마가 있는 문학관 전시를 직접 기획하고 디자인하는 과정에서 학습자는 교과서를 넘어선 능동적이고 창조적인 감상을 몸소 체험하게 된다. | | |
| 학습 목표 | 1. 문학 작품을 감상하고 인물, 주제, 배경 등을 종합적으로 이해한다.<br>2. 다양한 매체 자료를 활용하여 정보를 전달하는 방법을 탐색한다.<br>3. 문학과 현실 세계를 연결하여 창의적으로 표현할 수 있다.<br>4. 디지털 도구를 활용하여 문학 작품을 시각적으로 재해석한다. | | |
| 평가 방법 | 관찰 평가, 서술형 평가, 수행평가, 체크리스트(자기평가, 동료평가) | | |

| 차시 | 교수 학습 활동 | ▶ 지도상 유의점<br>▷ 준비 자료 |
|---|---|---|
| 1차시 | **[문학 작품 및 작가 선정과 인물 탐구 활동]**<br>활동 목적: 학생들이 조별로 국어 교과 문학 작품 중 한 편과 해당 작가를 선정하여 작품의 배경과 인물에 대해 체계적으로 탐구한다. 이를 통해 작품의 기본 내용을 이해하고, 작품 속 인물의 성격, 역할, 상징적 의미를 분석하는 역량을 기른다.<br><br>**[주요 활동 내용]**<br>- 조별 구성 및 역할 분담: 조원별로 역할을 정하고, 협력할 준비를 한다. (조사 담당, 기록 담당, 발표 담당 등)<br>- 작품 및 작가 선정: 다양한 시대와 장르의 문학 작품 중 조별로 한 작품을 선택한다. 선택 시 작가의 생애, 작품의 대표성, 인물 구성이 다양한지 고려하도록 지도한다.<br>- 작가와 작품 배경 조사: 작가의 생애, 활동 시기, 문학적 성향, 사회적 배경 등을 인터넷 및 도서 자료를 활용해 조사한다.<br>- 인물 탐구: 작품 내 주요 인물을 선정하여 인물의 성격, 갈등 구조, 작품 내 상징적 의미 등을 텍스트 근거와 함께 분석한다.<br>- 조사 결과 정리: 조사한 내용을 학생 활동지에 정리하며, 중요한 핵심 정보를 간략히 메모한다.<br>- 토의 및 공유: 조별로 조사한 내용을 간단히 공유하며, 작품 및 인물에 대해 서로 질문과 의견을 주고받는다. | ▶ 작품 선정 시 특정 작품에 집중되는 현상을 방지하기 위해 교사가 적절히 조정하거나 추천할 수 있다.<br>▶ 조사 활동 시 너무 단편적이거나 표면적 내용에 머무르지 않도록, '왜 이 인물이 중요한가', '이 인물이 작품에서 어떤 의미를 지니는가'에 초점을 맞추도록 지도한다.<br>▶ 학생들이 인터넷 자료를 활용할 때 신뢰할 수 있는 출처를 찾도록 안내한다.<br><br>▷ 학생 활동지 (작가·인물 조사용), 컴퓨터/태블릿 또는 스마트폰 (인터넷 검색 및 도서관 또는 전자도서 자료 접근용), 조별 발표용 간단한 포스터지, 디지털 메모 도구 |
| 2~3 차시 | **[문학관 전시 패널 기획 및 디자인]**<br>활동 목적: 학생들이 작품과 인물의 특징을 바탕으로 '문학관' 전시 패널을 기획하고, 관람객의 시선을 끌면서도 작품의 핵심 메시지를 전달할 수 있는 전시물을 기획 및 디자인한다.<br><br>**[주요 활동 내용]**<br>- 전시 주제 및 콘셉트 결정: 조별로 '문학관'의 전체 콘셉트를 정한다. 예) '사랑과 희생', '시대의 초상', '인물의 내면 탐구' 등<br>- 전시 섹션 구성 기획: 작품 내 주요 장면, 인물 소개, 작가 소개, 시대 배경 등으로 전시 구역을 나누고, 각 섹션에 배치할 내용과 핵심 메시지를 논의한다.<br>- 전시 패널 구성 초안 작성: 각 섹션에 들어갈 텍스트, 사진, 삽화, 인용구 등을 선정하여 레이아웃 초안을 수작업 또는 디지털로 작성한다.<br>- 미리캔버스 활용법 안내 및 시범: 미리캔버스 내 문학관 전시 패널 템플릿을 활용하는 방법을 교사가 시범 보이며 설명한다.<br>- 전시 패널 제작 시작: 학생들이 미리캔버스에서 직접 전시 패널 디자인 작업을 시작한다. 각 조원은 역할 분담에 따라 자료 입력, 디자인 요소 배치, 이미지 편집 등을 수행한다.<br>- 중간 점검 및 피드백: 교사는 교실을 순회하며 디자인 방향, 텍스트 표현, 시각적 요소 균형 등에 대해 조언을 제공한다. | ▶ 전시 패널의 텍스트 분량과 디자인 비율을 적절히 조절하도록 안내한다. 너무 길거나 복잡하면 관람객이 이해하기 어려울 수 있다.<br>▶ 전시 주제가 모호해지지 않도록, 각 조의 콘셉트가 명확하고 일관되도록 지도한다.<br>▶ 협업이 원활히 이루어지도록 조원 간 소통과 역할 분담을 꼼꼼히 확인한다.<br><br>▷ 미리캔버스 계정 및 인터넷 접속 가능한 컴퓨터/태블릿, 전시 패널 제작용 템플릿 (사전에 준비 및 공유), 참고용 문학관 전시 이미지 및 자료, 활동지 (전시 기획안 및 레이아웃 설계용) |

| 차시 | 교수 학습 활동 | ▶ 지도상 유의점<br>▷ 준비 자료 |
| --- | --- | --- |
| 2~3<br>차시 | **[문학관 홍보물(포스터, 리플렛 등) 기획 및 제작]**<br>활동 목적: 문학 작품을 브랜드화 및 재해석하여, 광고 캠페인 형태로 창의적 홍보물을 제작한다. 이를 통해 인물의 특징을 창의적으로 해석하고 효과적인 메시지 전달법을 익힌다.<br><br>**[주요 활동 내용]**<br>- 광고 캠페인 콘셉트 브레인스토밍: 조별로 작품을 어떤 '상품' 또는 '컨셉'으로 홍보할지 아이디어를 낸다.<br>- 광고 문구 및 슬로건 작성: 작품의 주제의식을 잘 드러내거나, 작품 속 등장인물의 성격과 작품 내 역할을 반영하는 효과적인 광고 문구와 슬로건을 만든다.<br>- 포스터 디자인 계획 수립: 광고 이미지, 문구, 색상, 폰트 등 시각적 요소를 어떻게 배치할지 구상한다.<br>- 미리캔버스 광고 템플릿 활용: 디자인 작업을 시작하며, AI 이미지, 일러스트, 사진 자료 등을 적극 활용하도록 지도한다.<br>- 광고 포스터 제작: 조원들이 역할 분담에 따라 포스터 디자인, 문구 입력, 이미지 편집 등을 진행한다.<br>- 완성작 간단 공유 및 피드백: 조별로 포스터를 전시하거나 디지털 화면으로 공유하며, 서로 피드백을 주고받는다. | ▶ 광고가 단순한 '장난'이나 '농담'이 되지 않도록, 문학적 근거를 토대로 인물의 본질을 담은 홍보물이 되도록 지도한다.<br>▶ 조원들 간 의견 충돌 시 조정 역할을 맡아 원만한 협업이 이루어지도록 돕는다.<br>▶ 광고 포스터가 너무 복잡하지 않고 시선을 끌 수 있도록 시각적 균형에 유의한다.<br><br>▷ 미리캔버스 광고 템플릿, 인터넷에서 활용 가능한 이미지/아이콘 자료 (저작권 문제 없는 것), 활동지 (광고 콘셉트 및 문구 작성용) |
| 4~5<br>차시 | **[AI 피규어 제작 및 문학 인물 굿즈 디자인]**<br>활동 목적: 미리캔버스의 AI 피규어 만들기 도구를 활용하여 문학 인물의 시각적 캐릭터를 창작하고, 이를 바탕으로 굿즈 디자인을 완성한다. 이 활동을 통해 문학 인물에 대한 이해를 시각적 상상력과 융합해 표현하며, 문학 교육의 확장성을 경험한다.<br><br>**[주요 활동 내용]**<br>- AI 피규어 도구 사용법 실습: 교사가 미리캔버스 AI 피규어 생성 방법을 상세히 안내하고, 학생들이 직접 실습한다.<br>- 문학 인물 시각화: 조사한 인물의 성격, 복장, 상징물 등을 반영해 AI 피규어를 만든다. 학생들은 피규어의 표정, 자세, 소품 등을 자유롭게 조정한다.<br>- 굿즈 유형 선택 및 콘셉트 구상: 키링, 엽서, 스티커, 포스터 등 굿즈 유형을 정하고, 인물의 대사나 작품 속 상징물을 활용한 디자인 콘셉트를 수립한다.<br>- 굿즈 디자인 작업: 미리캔버스 굿즈 템플릿에 AI 피규어와 디자인 요소를 배치하여 굿즈 시안을 완성한다.<br>- 굿즈 디자인 발표 및 공유: 각 조는 제작한 피규어와 굿즈 시안을 발표하며, 굿즈에 담긴 의미와 디자인 의도를 설명한다. | ▶ AI 피규어가 너무 단순하거나 무성의하지 않도록 학생들이 꼼꼼히 디자인에 참여하도록 지도한다.<br>▶ 굿즈의 기능성과 문학적 의미가 잘 조화되도록 지도하며, 단순 장식용이 아닌 '이야기'를 담는 굿즈가 되도록 유도한다.<br>▶ 기술 활용에 어려움을 겪는 학생에게는 교사가 개별 도움을 준다.<br><br>▷ 미리캔버스 AI 피규어 만들기 도구, 굿즈 디자인 템플릿, 굿즈 기획 및 제작 활동지 |

| 차시 | 교수 학습 활동 | ▶ 지도상 유의점<br>▷ 준비 자료 |
|---|---|---|
| 6차시 | **[조별 문학관 전시 및 굿즈 발표회]**<br>활동 목적: 지금까지 제작한 전시 패널, 광고 포스터, AI 피규어 및 굿즈를 종합하여 발표한다. 발표를 통해 자신들의 창작물을 공유하고, 동료평가 및 자기평가를 실시하며 학습 내용을 되돌아본다.<br><br>**[주요 활동 내용]**<br>- 전시회 공간 구성: 교실 또는 온라인 공간을 문학관처럼 꾸미고, 조별 결과물을 체계적으로 배치한다.<br>- 조별 발표 준비: 발표 순서, 내용 구성, 발표자 역할 분담을 최종 점검한다.<br>- 조별 발표 진행: 각 조는 작품과 인물 소개, 전시 기획 의도, 광고 콘셉트, AI 피규어와 굿즈 제작 의도 등을 설명한다.<br>- 관람 및 질의응답: 다른 조의 발표를 듣고, 질문과 칭찬을 주고받는다.<br>- 상호 평가 및 자기 평가: 활동지에 평가 항목을 기입하고, 발표 내용을 바탕으로 서로 피드백을 작성한다.<br>- 교사 총평 및 시상(선택적): 우수 조 선정, 수업 소감 공유, 앞으로의 활용 방안 논의 | ▶ 발표 시간 배분을 엄격히 관리해 모든 조가 충분히 발표할 수 있도록 한다.<br>▶ 긍정적이고 건설적인 피드백 문화를 조성해, 학생들이 자신감을 잃지 않도록 돕는다. |

## 4 학생 수업 후기 및 자기 평가 발췌

A학생: "책을 읽으면서도 감동을 받았지만 문학관을 만들면서는 그 감동이 더 커졌어요. 특히 전시물을 만들면서 그 시대 사람들의 삶이 얼마나 힘들었는지, 그리고 박완서 작가가 왜 싱아를 기억하는지 마음으로 이해할 수 있었어요."

B학생: "포스터와 굿즈 디자인을 하면서 문학도 디자이너처럼 창의적으로 표현할 수 있다는 걸 처음 알게 되었어요. 저희 팀은 '상실'이라는 주제를 가장 섬세하게 표현하려고 노력했어요."

# 4. 영어 수업 사례 Ⅰ

디지털 시대의 교실은 빠른 변화를 요구받고 있다. 특히 영어 교육에서는 학습자의 이해와 몰입을 돕는 시각 자료 활용이 점점 중요해지고 있다. 전통적인 텍스트 중심 수업은 복잡한 언어 구조나 문화적 맥락을 시각화하기 어렵고, 집중력 유지에도 한계가 있다. 이런 상황에서 미리캔버스는 교사들에게 효과적인 대안이 된다.

영어 수업에서 시각 자료는 단순한 보조물이 아니라 학습자의 이해를 구조화하고 학습 경험을 확장하는 핵심  도구다. 예를 들어, 독해 수업에서는 스토리 맵, 시퀀스 체인, 인포그래픽을 활용해 글의 구조와 핵심을 시각화할 수 있다. 이를 통해 학습자는 글의 흐름을 파악하고 핵심 내용을 정리하는 능력을 기를 수 있다. 문법 수업에서는 문장 구조도나 개념 비교표, 회화 수업에서는 상황별 표현 카드 등을 시각 자료로 제시함으로써 학생들의 인지적 부담을 줄이고 학습 동기를 높일 수 있다. 이러한 시각적 도구는 특히 시각적 학습자에게 효과적이며, 수업 후 복습 자료로도 유용하다.

또한, 디지털 시각 자료의 장점은 다른 에듀테크와의 연동에서 더욱 강화된다. 미리캔버스에서 제작한 자료는 PDF, 이미지, 웹 링크 등 다양한 형식으로 추출이 가능해 패들렛(Padlet), 니어팟(Nearpod), 젭(Zep) 등 다양한 플랫폼과의 통합 활용이 용이하다. 이런 융합적 접근을 통해 교사는 수업 설계의 자유도를 넓히고, 학생들은 더 몰입도 높은 학습 경험을 할 수 있다.

이 장에서는 실제 영어 수업에서 미리캔버스를 활용하여 수업의 효과성과 몰입도를 높인 사례를 소개한다. 독해 수업 활용 사례에서는 텍스트 분석과 텍스트 시각적 이해 증진 및 표현력 확장하기 활동을 중심으로 한 수업 모형을 제시한다. 영어 그림책 수업 활용 사례에서는 창작 활동을 통한 종합적 언어 능력 향상 방안을 다룬다. 마지막으로 다른 에듀테크와의 연계 부분에서는 미리캔버스와 다양한 디지털 도구를 통합 활용하는 방법을 소개한다.

## 1 영어 독해 수업 사례

| 교재 | Reading for the Real World 2, Unit 7. Cupid and Physche | |
|---|---|---|
| 수업 대상 | 대학생 (대면 수업 + Zep 연동형 하이브리드 운영) | |
| 활용 기능 | 미리캔버스 AI 이미지 생성 | |
| 수업 목표 | 이야기 속 인물의 감정 변화와 사건 전개를 시각적으로 이해하고 표현력 및 해석력을 확장하기 | |
| 수업 이론 및 전략 | 독해 전(Pre-reading), 독해 중(While-reading), 독해 후(Post-reading) 단계별 체계적 독해 전략을 적용하여 학습자의 이해력과 참여를 증진하는 교수법 활용 | |
| | Pre-reading | 배경지식 활성화, 핵심 어휘 사전 학습, 글의 주제 예측 - 신화 배경 소개, 제목 기반 이야기 예측, 주제 토의, 몰입도 상승, 배경 이해 강화 |
| | While-reading | 주요 내용 파악, 구조 분석 - 장면별 사건 전개와 인물 감정 변화 정리, 내용 구조화, 참여도 상승 |
| | Post-reading | 요약 및 재구성, 확장 학습 활동 - 원하는 문장 또는 이해하기 어려운 문장을 프롬프팅해서 AI 이미지 생성하기 |

이 수업은 대면 수업의 한계를 보완하기 위해 메타버스 젭을 가상 강의실로 함께 운영하였다. Unit 7. Cupid and Psyche는 사건 전개가 뚜렷한 서사문으로, 주요 장면과 인물 감정을 시각화하기에 적합하다. 학생들은 독후 활동으로 자신이 인상 깊게 읽은 문장 또는 이해하기 힘든 문장을 선택하여 미리캔버스의 AI 이미지 생성 기능을 활용해 장면을 시각화하고, 이를 패들렛에 공유하였다. 이후 저자는 학생들이 만든 이미지를 젭에 일괄 연동하였다.

## (1) Pre-Reading 활동

저자는 미리캔버스의 AI 프레젠테이션을 활용해서 텍스트 전체 내용을 복사, 붙여넣기를 하였다.

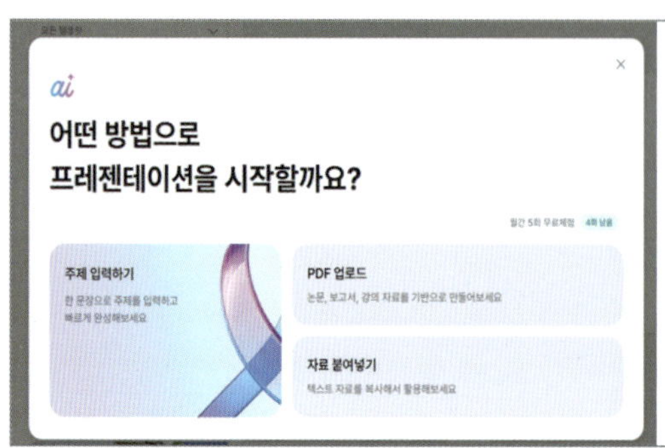
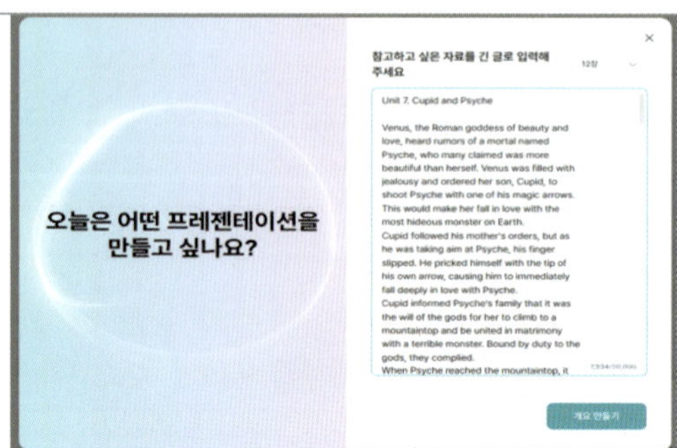

[이미지 4-47] AI 프레젠테이션에 텍스트 붙여넣기

원하는 템플릿을 정하면 다음과 같이 프레젠테이션이 바로 완성된다. 완성된 프레젠테이션에서 필요 없는 부분은 삭제하거나, 내용을 수정해 손쉽게 수업 자료를 제작할 수 있다. 다음은 AI가 생성한 초안을 수정한 결과물이다.

[이미지 4-48] AI로 생성한 프레젠테이션 수정본

저자는 실제 수업에서 이 파워포인트를 활용하였다. 이 중 학생들의 이해를 위해 중요하다고 판단되는 내용은 젭에 연동하였다. 젭에 배경지식 공간을 구축하고, 컴퓨

터 오브젝트에 미리캔버스로 제작한 파워포인트 한 장씩을 이미지로 저장해 팝업 형태로 연결하였다. 이렇게 메타버스를 활용하면 학생들은 수업이 끝나도 자유롭게 다니며 수업 자료를 탐색할 수 있고, 배경지식을 확장할 수 있다.

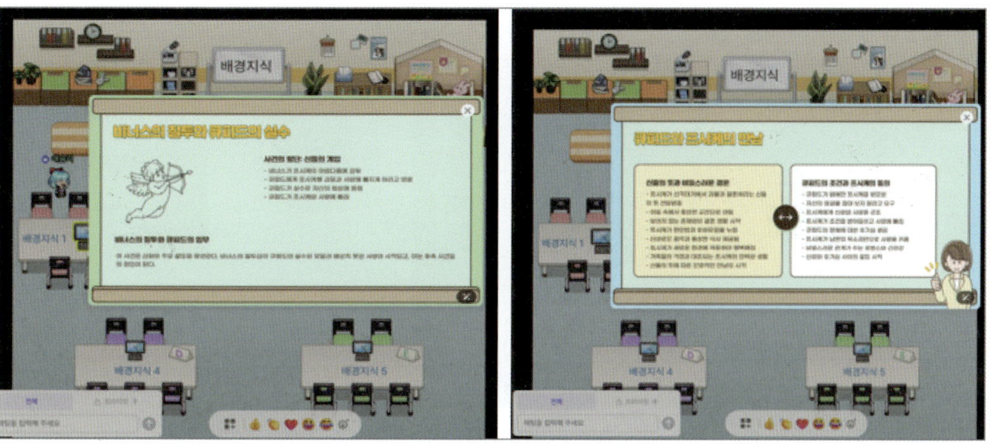

[이미지 4-49] 젭의 오브젝트에 파워포인트 이미지 연동

## (2) While-Reading 활동

텍스트의 내용을 설명하기 위해 주인공의 감정을 추적하며 읽기 활동을 하였다. 각 문단을 읽을 때마다 "지금 이 인물은 어떤 기분일까?" 질문하였고, 학생들에게 텍스트에서 찾아보게 하거나 답변을 유도하였다. 그리고 이때 학생들의 이해를 돕기 위해 미리캔버스의 스마트 오브젝트를 활용해서 주인공들의 감정 변화 차트를 제작해 보여 주었다. 이렇게 하면 단순한 사건 파악이 아닌 인물의 내면을 이해하는 깊이 있는 독해가 가능하다.

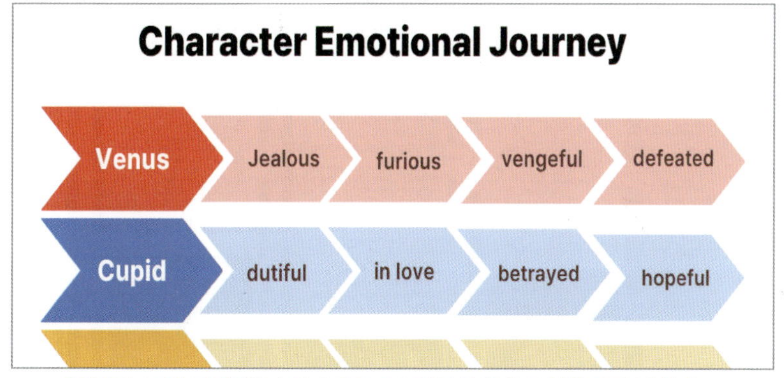


[이미지 4-50] 미리캔버스의 스마트 오브젝트를 활용한 인물 감정 변화 차트

## (3) Post-Reading 활동

독후 활동으로 텍스트에서 원하는 문장이나 이해하기 어려운 문장을 하나 선택해 AI 이미지 생성 기능을 활용해서 이미지 만들기 활동을 하였다.

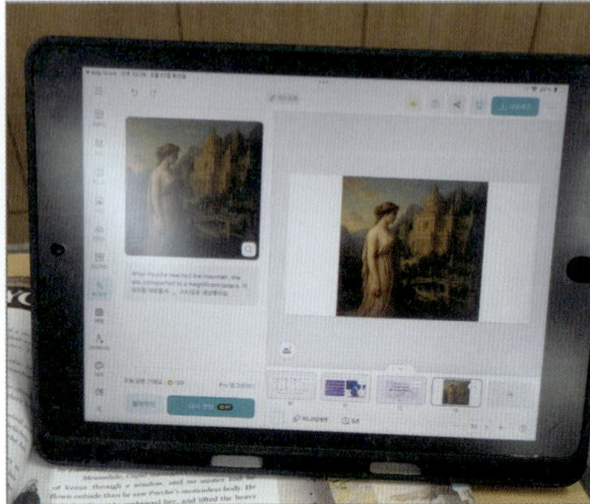

[이미지 4-51] 원하는 텍스트 문장을 프롬프팅해서 AI 이미지를 생성하는 장면

수업 시간 내에 작업을 완성한 학생들은 패들렛에 즉시 게시하도록 하였다. 시간 관계상 수업 시간 내에 마무리하지 못한 학생들은 주말에 완성해 업로드하도록 안내하였다. 대학생들은 강의실 이동이 잦아 노트북이나 태블릿을 소지한 경우도 있었으나, 대부분 휴대전화로 수업에 참여하였다. 미리캔버스는 휴대전화에서도 원활하게 사용할 수 있다는 점이 학생들의 적극적인 참여를 끌어낸 가장 큰 장점 중 하나로 작용하였다.

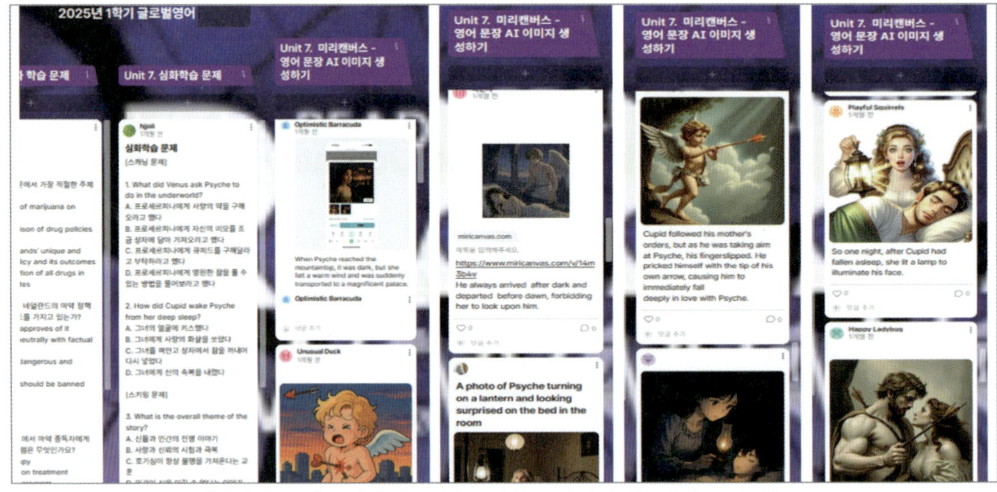

[이미지 4-52] 미리캔버스에서 생성한 AI 이미지 패들렛에 포스팅하기

수업 시간에는 학생들이 서로의 작품을 감상하며 아이디어를 공유하였다. 수업 종료 직전, 저자는 패들렛 화면을 띄워 전체 학생들의 작품을 함께 감상하고 간단한 감상평을 나누었다. 특히 학생들이 텍스트 중 어떤 문장으로 AI 이미지를 만들었는지 함께 살펴보는 시간이 흥미로웠다. 놀랍게도 많은 학생이 'So one night, after Cupid had fallen asleep, she lit a lamp to illuminate his face.'라는 영어 문장으로 이미지를 생성한 것을 확인할 수 있었다.

저자는 주말 동안 학생들이 패들렛에 올린 영어 원문과 AI 이미지를 활용해 젭 안에 AI 이미지 전시관을 구축하고 오브젝트에 삽입했다. 이 전시관은 Unit 7 강의실에 포털로 연결해 학생들이 쉽게 이동해 감상할 수 있도록 하였다.

[이미지 4-53] 젭의 AI 이미지 전시실 포털 연결

학생들이 직접 만든 이미지를 활용해 다음과 같이 온라인 전시관을 구축하였다.

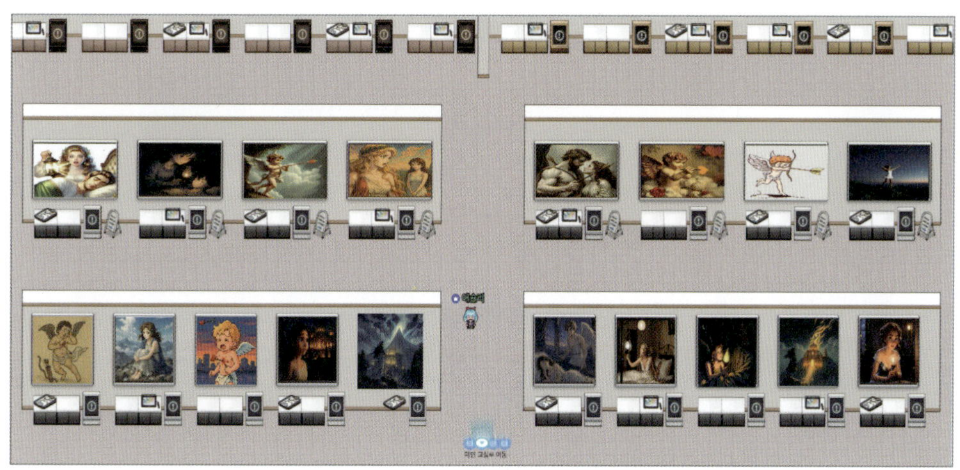

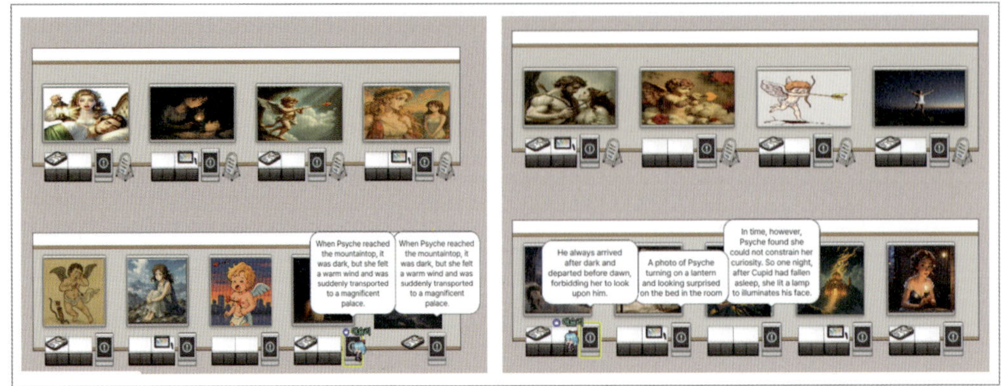
[이미지 4-54] 젭의 'AI 이미지 전시관'

학생들이 만든 이미지는 액자 오브젝트에 넣고, 패들렛에 올린 프롬프트 문장은 안내판 오브젝트에 '텍스트 팝업'으로 삽입하였다. 아바타가 안내판에 다가가면 자동으로 영어 문장이 나타나도록 설정한 것이다. 이러한 활동을 통해 학생들은 이해하기 어려웠던 문장들을 직접 이미지로 시각화하며, 내용을 자기 것으로 소화하는 데 큰 도움을 얻을 수 있다. 이처럼 이 전시관은 단순한 작품 공유를 넘어, 영어 독해 수업의 효과적인 포트폴리오로 기능한다.

다음은 학생들의 활동 소감 및 다양한 의견이다. 패들렛의 배경 이미지는 저자가 미리캔버스의 AI 이미지 생성 기능을 활용하여 '큐피드와 프시케 애니메이션 스타일'을 직접 제작해 삽입하였다.

[이미지 4-55] 패들렛에 미리캔버스 AI 이미지 생성 활동 소감 및 의견 남기기

학생들은 미리캔버스 AI 이미지 생성 활동을 통해 새로운 기술을 쉽고 재미있게 체험하며, 영어 독해 학습에 대한 흥미와 이해도를 높이는 긍정적인 경험을 했다고 평가했다. 특히 AI의 이미지 생성 능력이 상상력을 자극하고 추상적인 내용을 시각화하는 데 효과적임을 인지하며, 이러한 활동이 학습에 실질적인 도움이 된다고 하였다. 이처럼 미리캔버스 AI 기능은 학생들의 창의성을 자극하고 능동적인 학습 참여를 유도하는 유용한 도구로 활용될 수 있음을 보여 준다.

## 2 영어 그림책 수업 사례

<table>
<tr><td>교재<br>(영어 그림책)</td><td colspan="2">『Handa's Surprise』, 『We're Going on a Bear Hunt』, 『David Goes to School』, 『Knuffle Bunny』, 『If I Had a Dragon』, 『Old Hat』</td></tr>
<tr><td>수업 대상</td><td colspan="2">초등학생 (Zoom 수업)</td></tr>
<tr><td>활용 기능</td><td colspan="2">미리캔버스 AI 도구, 템플릿 편집, 다양한 요소 사용</td></tr>
<tr><td>수업 목표</td><td colspan="2">이야기 속 인물의 감정 변화와 사건 전개를 시각적으로 이해하고, 창의적인 표현력과 해석력을 확장한다. 나아가 디지털 도구를 활용한 협업 및 결과물 제작 경험을 제공한다.</td></tr>
<tr><td rowspan="4">수업 이론 및 전략</td><td colspan="2">독해 전(Pre-reading), 독해 중(While-reading), 독해 후(Post-reading) 단계별 체계적 독해 전략을 적용하여 학습자의 이해력과 참여를 증진하는 교수법 활용</td></tr>
<tr><td>Pre-reading</td><td>배경지식 활성화, 핵심 어휘 사전 학습, 글의 주제 예측 - 그림책 읽기 및 내용 이해</td></tr>
<tr><td>While-reading</td><td>주요 내용 파악, 구조 분석 - 내용 관련 질문을 통해 등장인물의 감정 변화, 주요 사건 전개, 이야기의 주제 파악하기</td></tr>
<tr><td>Post-reading</td><td>요약 및 재구성, 확장 학습 활동 - 미리캔버스 활용 독후 활동: 이야기 재구성 및 시각화</td></tr>
</table>

본 수업은 초등학생을 대상으로 다양한 영어 그림책을 활용하여 영어 학습의 흥미를 유발하고, 디지털 도구를 통해 학생들의 창의적인 표현을 장려하는 데 중점을 둔다.

### (1) 그림책 읽기 및 내용 이해

수업은 선정된 영어 그림책을 함께 읽는 것으로 시작한다. 저자는 그림책을 읽어 주며 학생들이 내용과 어휘를 자연스럽게 익히도록 돕는다. 그림책을 읽으면서 내용 관련 질문을 통해 등장인물의 감정 변화, 주요 사건 전개, 이야기의 주제 등을 학생들이 스스로 파악하도록 유도한다. 이때 단순히 내용을 이해하는 것을 넘어, '만약 나라면 어떻게 했을까?', '이 인물은 왜 이런 감정을 느꼈을까?'와 같은 질문을 통해 비판적 사고력과 공감 능력을 키운다.

### (2) 미리캔버스 활용 독후 활동: 이야기 재구성 및 시각화

그림책을 충분히 이해한 후에는 미리캔버스 AI 도구 기능을 활용한 독후 활동을 진행한다. 학생들은 특정 장면이나 인물의 감정을 재구성하거나 새로운 결말을 상상해 시각화한다. 예를 들어, 『Handa's Surprise』를 읽은 후에는 자신이 좋아하는 과일을 넣은 새로운 이야기를 만들고, 『We're Going on a Bear Hunt』를 읽은 후에는 곰을 만났을 때의 다양한 감정을 그림으로 표현하도록 한다. 미리캔버스의 AI 이미지 생성 기능은 학생들이 떠오르는 아이디어를 직접 그림으로 구현하는 데 큰 도움을 준다. 학생들은 키워드를 입력하여 이미지를 생성하고, 이를 활용해 그림책의 내용을 새롭게 해석하거나 자신만의 상상력을 더한 결과물을 만든다. 이 과정에서 학생들은 디지털 도구 활용 능력을 자연스럽게 습득하며, 그림을 통해 자신의 생각과 감정을 효과적으로 표현하는 방법을 배운다.

### (3) 미리캔버스에서 작업한 결과물 패들렛에 업로드하기

완성된 독후 활동 결과물은 패들렛에 업로드한다. 학생들은 자신이 만든 이미지를 게시물로 올리고, 필요 시 간단한 영어 문장이나 설명을 덧붙인다. 패들렛을 통해 서로의 작품을 감상하고 피드백을 주고받을 수 있으며, 교사는 학생들의 과제 수행 정도를 실시간으로 확인하고 개별 피드백을 제공할 수 있다.

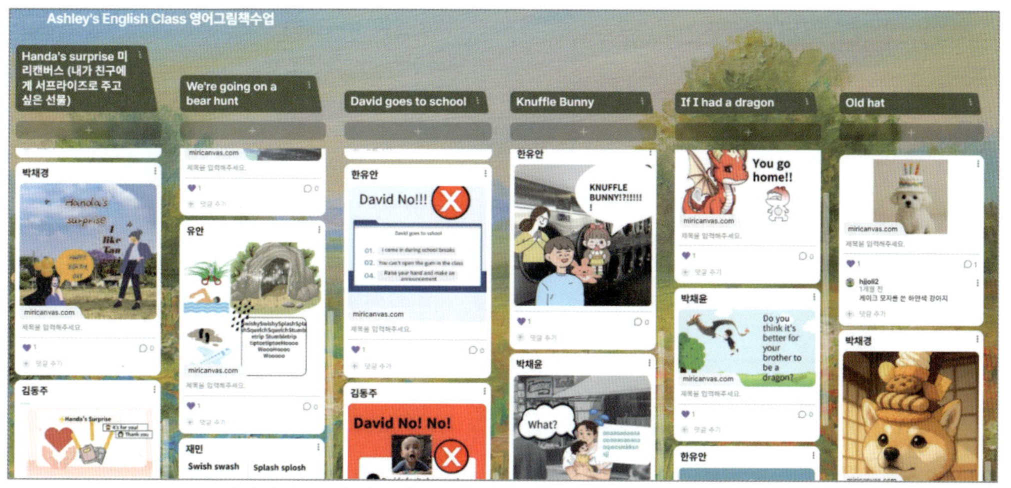


[이미지 4-56] 패들렛에 포스팅한 초등 영어 그림책 수업 결과물

## (4) 북 크리에이터(Book Creator)를 활용한 책 출판

학생들이 미리캔버스를 통해 만든 개별 결과물은 북 크리에이터를 활용하여 하나의 디지털 책으로 엮는다. 저자는 학생들이 패들렛에 제출한 이미지를 북 크리에이터에 취합하고, 각 이미지에 학생들이 직접 작성한 짧은 영어 문장이나 설명을 덧붙여 페이지를 구성한다. 이 과정에서 저자는 학생들이 문법적으로나 표현적으로 올바른 영어를 사용할 수 있도록 지도하고, 필요한 경우 함께 문장을 다듬는다. 학생들은 자신의 작품이 친구들과 함께 만든 책의 일부가 되는 과정을 통해 성취감을 느끼고, 영어 학습 동기도 높인다. 완성된 디지털 책은 수업 포트폴리오가 되며, 학생들은 서로의 작품을 감상하고 피드백을 주고받는다.

[이미지 4-57] 북 크레이터에서 만든 출판물 예시

# 3  다양한 에듀테크와의 연계

## (1) 미리캔버스와 패들렛 샌드박스 연계 독해 수업

| 교재 | Password 2 – Chapter 13. Singing for Iraq |
| --- | --- |
| 수업 개요 | 영어 독해 수업에서 미리캔버스와 패들렛을 연계 활용한 사례이다. 학습자들은 독해 텍스트의 내용을 미리캔버스로 시각화한 후, 패들렛의 샌드박스에서 독후 활동을 진행한다. |

패들렛 샌드박스의 카드에는 기본적으로 배경이 제공되지만 다소 단조롭게 구성되어 있다. 미리캔버스를 활용하면 다음과 같이 멋진 인포그래픽을 직접 제작할 수 있다.

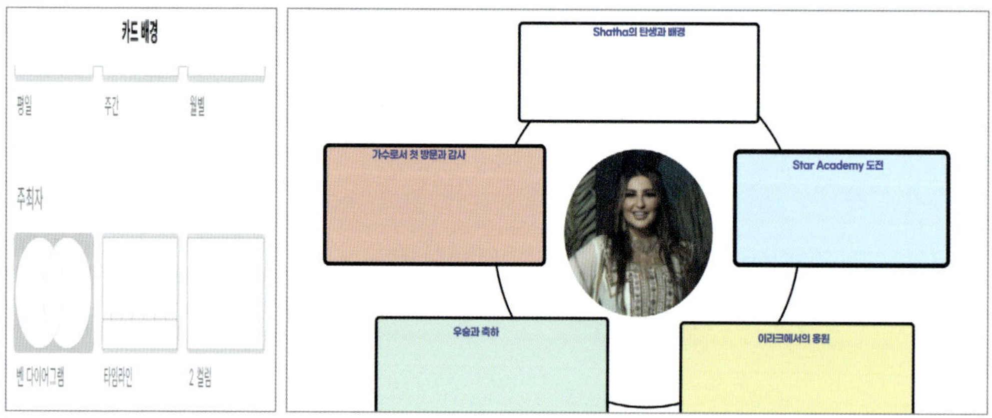

[이미지 4-58] 패들렛의 카드 배경　　　　　[이미지 4-59] 미리캔버스에서 작업한 인포그래픽

패들렛의 배경을 변경하기 위해 '샌드박스'를 클릭한 뒤, '업로드' 버튼을 누르고 미리캔버스에서 작업한 인포그래픽을 업로드한다. 이후, 이를 배경으로 설정하여 다음과 같이 학생들과 협업 활동을 진행하였다.

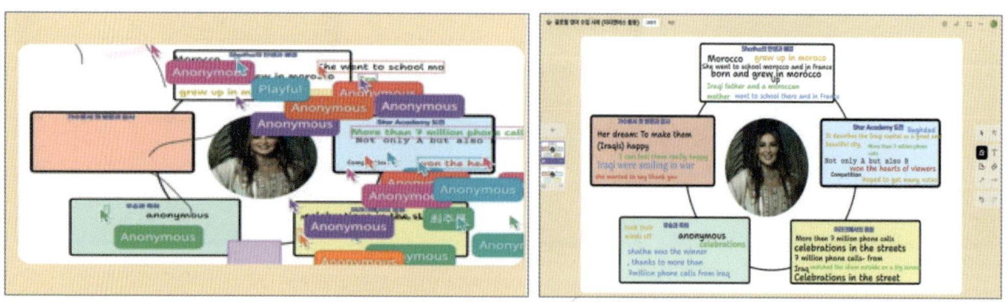

[이미지 4-60, 61] 패들렛 실시간 협업 활동

이렇게 미리캔버스에서 제작한 틀을 패들렛에 업로드하면 시각적 집중도를 높일 수 있으며, 독후 활동으로 텍스트 내용을 함께 정리하는 의미 있는 시간을 가질 수 있다.

### (2) 미리캔버스와 니어팟 연계 독해 수업

| 교재 | Password 2 – Chapter 17. Songkran |
| --- | --- |
| 수업 개요 | 영어 독해 텍스트인 Chapter 17. Songkran 중 일부 텍스트를 미리캔버스로 시각화한 후, 니어팟의 매칭 게임(Matching Pairs) 활동을 통해 텍스트와 이미지 간의 연관성을 파악하며 어휘력과 문장 해석력을 강화한다. |

니어팟의 매칭 게임 기능은 이미지와 텍스트를 연계하여 학습을 강화할 수 있다. 본 수업에서는 Chapter 17. Songkran 학습 후, 미리캔버스의 AI 포토 생성 기능으로 책 속 핵심 문장을 시각화하고 이를 매칭 게임에 활용하였다. 이를 통해 학생들은 텍스트 내용을 다시 상기하고 심층적으로 이해할 수 있었다.

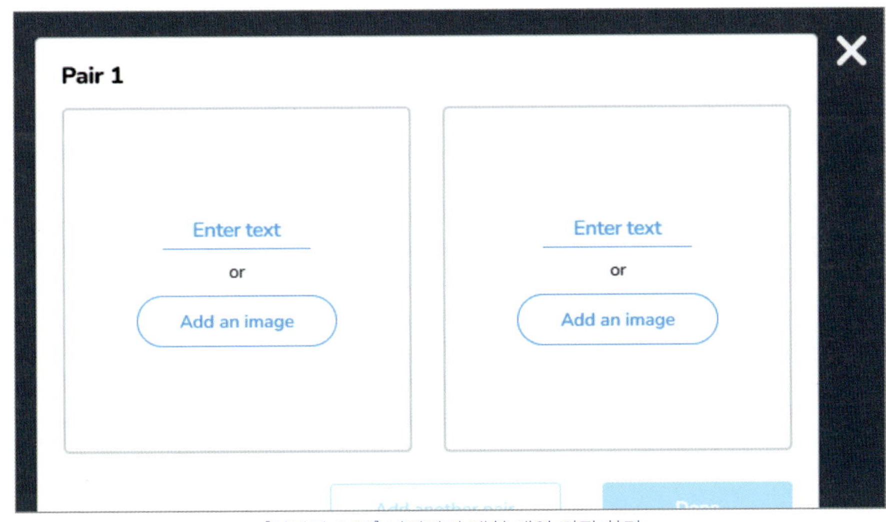


[이미지 4-62] 니어팟의 매칭 게임 편집 화면

AI 포토 기능을 활용하면 영어 문장을 프롬프트로 입력하여 실제와 같이 생생한 이미지를 생성할 수 있다. 이는 특히 초급 학습자들에게 영어 문장의 내용을 직관적으로 이해시키는 데 큰 도움이 된다. 다음은 텍스트의 영어 문장과 이를 통해 실제로 생성된 사진의 예시이다.

[이미지 4-63] 영어 문장과 AI 포토로 생성된 사진

이 사진을 PNG로 다운로드한 후 니어팟의 매칭 게임에서 각각의 이미지를 첨부하고, 해당 영어 문장을 함께 입력한다. 이렇게 하면 다음과 같이 매칭 게임 활동이 완성된다. 학습자들은 이미지를 보고 그에 맞는 영어 문장을 연결하며 학습 내용을 복습하고 이해도를 높일 수 있다.

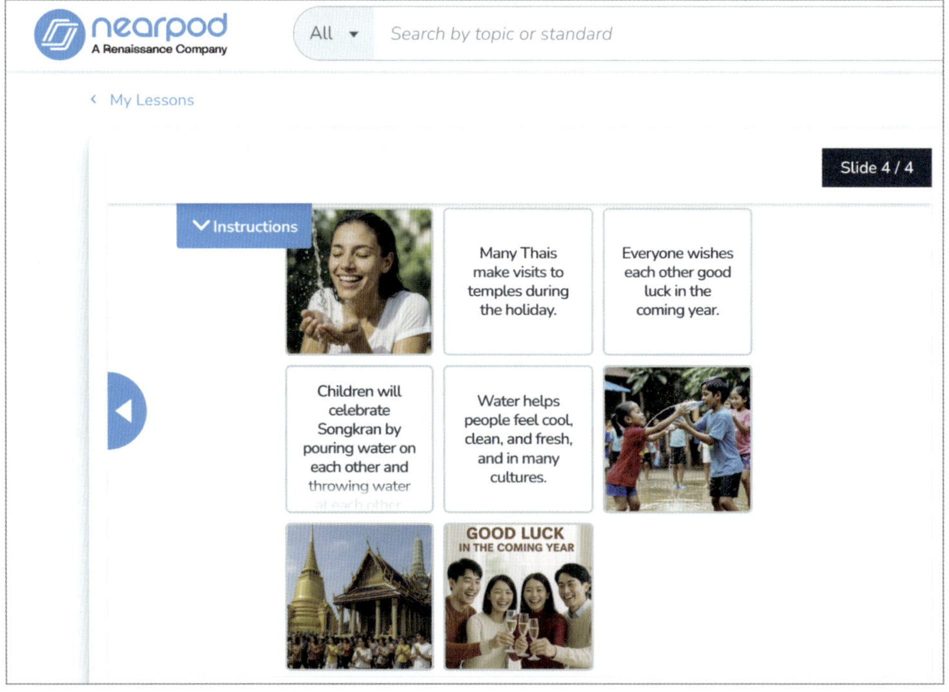



[이미지 4-64] AI 포토로 생성된 사진으로 니어팟의 매칭 게임 만들기

앞서 살펴본 바와 같이, 미리캔버스의 강력한 디자인 및 AI 생성 기능은 패들렛, 니어팟과 같은 다양한 에듀테크 도구와 유기적으로 결합하여 영어 독해 수업의 질을 한층 높인다. 학생들은 텍스트 내용을 직접 시각화하며 능동적으로 학습에 참여하고, 시각 자료를 통해 내용을 더욱 깊이 이해하고 기억할 수 있게 된다. 특히 AI 이미지 생성과 포토 생성은 추상적인 문장을 구체적인 이미지로 전환하여 학습자의 흥미를 유발하고 이해를 촉진하는 데 효과적이다.

이러한 에듀테크 연계 학습은 단순히 영어 독해 능력 향상에 그치지 않는다. 학생들은 창의적인 디지털 콘텐츠를 직접 제작하고 활용하는 과정에서 디지털 리터러시 역량을 자연스럽게 함양하며, 협력 학습을 통해 상호 작용 능력까지 기를 수 있다. 결국 미리캔버스를 중심으로 한 에듀테크 통합 활용은 미래 교육이 지향하는 자기 주도적이고 몰입감 있는 학습 환경을 구축하는 데 핵심적인 역할을 하며, 저자와 학생 모두에게 새로운 교육 경험과 무한한 가능성을 제시한다.

# 5. 영어 수업 사례 II

　점점 더 빠르게 변화하는 사회에서 살아갈 학생들이 디지털 소양을 키울 수 있도록, 그리고 세계 시민으로서 발돋움할 바탕이 되는 영어 의사소통 능력을 갖출 수 있도록 학습 환경을 만들어 주고 싶었다. 2022 개정 교육과정은 2025년부터 시행이나, 학생들이 개정 교육과정을 현장 영어 수업에서 다소나마 일찍 만나 보면 전면 시행되었을 때 따라가기가 더 수월할 것 같아, 2024년부터 선제적으로 수업 혁신을 시작해 보았다. 그리고 그 혁신의 한가운데에는 미리캔버스가 있었다. 그럼 지금부터 어떻게 미리캔버스로 영어 수업을 혁신할 수 있었는지 한 번 알아보도록 하자.

## 1　수업의 어느 부분을 혁신할까?

　2022 개정 교육과정 시행을 앞두고 관련 연수를 여러 가지 들으면서, 그간 학교에서 진행했던 영어 수업을 한 번 스스로 돌이켜보았다. 그리고 교과서 내용 가운데 그간 가장 대충 수업한 부분은 단연 Team Project, 즉 모둠 활동이라는 사실을 새삼 깨닫게 되었다. 실제 학교 현장에서는 여러 까닭으로 인해 교사가 학생에게 맘 놓고 모둠 활동을 시키기가 불편하고 어렵다. 그러다 보니 학생들이 중학생이 되도록 제대로 된 모둠 활동을 수업 시간에 해 본 적이 없고, 어느덧 '모둠 활동은 중요하지 않은 활동'이라는 인식이 머릿속에 박힌 듯했다. 버젓이 평가 범위에 포함되어 있는 부분

인데도 학생들이 공부할 때 Team Project를 아무렇지도 않게 뛰어넘거나 범위로 치지도 않는 모습들을 보면서, 언제가 되었든 기회만 있으면 반드시 이 부분부터 혁신해야겠다고 다짐하였다.

## 2 어떻게 수업을 혁신할까?

학교에 입학한 지 얼마 되지 않은 학생들에게 학교의 고유 계정을 일괄 발급하고, 계정 접속법과 메일을 확인하는 방법, 전송하고 받는 방법 등을 가르치는 것부터 참 시간이 많이 소요되었다. 최근 들어 어린 학생들일수록 모바일 환경에는 익숙하지만 노트북 사용의 기초가 몹시 빈약함을 체감하고 있다. 여러 번의 시도 끝에 학생들이 드디어 스스로 메일을 확인할 수 있게 되었을 무렵, 미리캔버스로 포스터를 만들기 좋은 단원들이 교과서에 등장했고, 진도에 맞추어 학교의 워크스페이스를 구성하였다.

단체 가입은 교사가 주도하여 시작한 것이지만, 막상 가입이 완료되자 포스터를 만드는 일은 학생들이 교사보다 훨씬 더 주도적이고 적극적으로 잘 해냈다. 학생들은 템플릿이나 요소를 선택하여 적용하는 데에 있어 별다른 주저함이나 머뭇거림이 없었다. 여러 명이 머리를 맞대어 이렇게 디자인을 할까 저렇게 디자인을 할까 상의를 하고, 쓱쓱 덧붙여 금세 결과물을 내는 모습이 신기할 따름이었다. 과거 색지와 색연필 등을 나누어 주고 가위와 풀, 오려 붙일 자료들을 가져오라고 하여 포스터를 만들게 했을 때보다 미리캔버스로 만든 포스터는 깔끔했고, 정교하였으며, 색깔도 선명했다. 무엇보다 교사가 준비물 탓에 스트레스받는 일이 사라졌고, 이에 더해 '언제라도 학생들이 만든 결과물을 꺼내 볼 수 있게' 되었다는 엄청난 혜택이 주어졌다.

## 3 무슨 내용으로 혁신 수업을 진행할까?

학사 일정에 따르면 2학기 개학일부터 중간고사까지의 기간이, 상대적으로 중간고사 이후부터 기말고사까지의 기간보다 꽤 길었다. 그래서 진도에 여유가 있고 협업을 하기 좋은 주제의 6단원과 7단원의 Team Project 부분을 미리캔버스의 도움을 받아 수업하기로 결정했다. 그리고 도덕과와 역사과 선생님들을 모셔서 자문을 듣고, 함께 해당 단원들의 융합 수업을 설계해 보았다. 제재가 된 영어 교과서는 동아출판(윤정미) 중학교 1학년이다. 교과서는 2015 개정 교육과정하에서 나온 것이지만, 수업 설계는 2022 개정 교육과정을 기반으로 하였다. 학생들이 수업 중 영어로 글을 써야 할 경우에는 deepl write나 papago와 같은 번역 프로그램을 사용할 수 있도록 하였으며, 글을 완성한 후에는 반드시 이전 수업 시간에 배운 내용을 바탕으로 글을 고쳐 보도록 하였다. 수업을 받는 대상이 중학교 1학년 학생들이므로 아직 나이가 어려, 생성형 AI는 학생들이 직접 사용하지 않도록 신중을 기하였다.

| 2학기 | |
|---|---|
| 단원명 | 수업 형태 |
| 5단원 | 강의식 |
| Team Project | 모둠 수업 |
| 6단원 | 강의식 |
| 2학기 중간고사 | |
| 7단원 | 강의식 |
| Team Project | 모둠 수업 |
| 8단원 | 강의식 |
| 2학기 기말고사 | |
| Team Project | |

[표 4-1] 미리캔버스 활용을 위한 모둠 수업 로드맵의 예

## 4 혁신 수업 진행의 실제

### (1) 6단원, 뉴스 기자의 하루

교과서 6단원은 '직업인의 생활'을 주제로, 사회 문제를 포착하고 시민들의 변화를 촉구하는 뉴스 기자의 하루를 따라가며 언론계의 다양한 직업 세계를 탐구하는 내용으로 구성되어 있다. 이 단원을 준비하던 시기, 우리 사회는 물론 학교 현장에서도 딥

페이크 기술 악용 사례의 심각성이 크게 대두되고 있었다. 특히 청소년들 사이에서 불법적인 딥페이크 영상 제작 및 유포가 심각한 문제로 떠올라, 각 학교에 관련 특별 공문이 전달될 정도였다. 이에 6단원의 프로젝트 활동을 '올바른 딥페이크 기술 활용을 촉구하는 캠페인과 뉴스 영상 제작하기'로 정하게 되었다.

| 교과 | 내용 |
|---|---|
| 도덕 | [9도02-03] 가상공간과 현실 세계에 대한 비교·분석을 바탕으로 가상공간에서 발생하는 도덕 문제들의 원인과 해결 방안을 제안하고, 타인을 존중하며 가상공간을 활용하는 태도를 함양한다. |
| 역사 | [9역13-01] 개항 이후 근대 국가를 건설하기 위한 노력을 파악한다.<br>[9역13-02] 국권 피탈 이후 전개된 민족 운동을 세계사적 관점에서 이해한다. |
| 영어 | [9영01-04] 친숙한 주제에 관한 담화나 글에서 일이나 사건의 논리적 관계를 파악한다.<br>[9영01-08] 적절한 전략을 활용하여 다양한 매체로 표현된 담화나 글을 듣거나 읽는다.<br>[9영02-09] 적절한 매체를 활용하여 정보 윤리를 준수하며 말하거나 쓴다.<br>[9영02-10] 적절한 전략을 활용하여 상황이나 목적에 맞게 말하거나 쓴다. |
| 학교생활<br>기록부<br>기록 예시 | - 딥페이크 기술을 주제로 한 프로젝트 활동의 준비 작업으로 의견을 나눌 때 모둠원들에게 열린 질문을 던지고 유의미한 캠페인 아이디어를 제시하는 등 활동 자체를 즐기는 모습을 보임.<br>- 모둠원 각자의 강점을 공유하도록 서로 맡은 바를 나누고 모둠원들을 격려하는 배려심을 발휘함.<br>- 제한된 시간 안에 가이드의 지침 내에서 생성형 인공지능과 에듀테크를 적절하게 사용함으로써 디지털 기술의 윤리적 활용에 동참하였으며, 교과서 지문의 내용과 모둠에서 조사한 내용을 융합하여 타인에게 알기 쉽게 정보를 영어로 전달하는 능력이 뛰어남.<br>- 인공지능이 생성해 낸 문장들 가운데 표현이나 문법이 어색한 문장 및 다소 복잡한 통사 구조의 문장을 가려내 적절한 언어 수준으로 바꾸어 뉴스 대본을 구성할 줄 앎. |

[표 4-2] 6단원 프로젝트 수업 성취 기준 (2022 개정 교육과정)

| 차시 | 교과 | 단계 | 내용 |
|---|---|---|---|
| 1 | 도덕 | 개념 탐구 | 딥페이크 개념 및 사례 학습, 도덕적 책임의 필요성 탐구 |
| 2 | 역사 | 자료 수집 | 딥페이크 기술을 활용하여 독립운동가를 재현한 사례 확인 |
| 3 | 영어 | 맥락 분석 | 1, 2차시 학습 내용을 바탕으로 대본과 자료 초안 마련 |
| 4 | 영어 | 작성 및 제작 | 대본과 포스터 완성, 영상을 제작하여 드라이브와 SNS에 공유 |

[표 4-3] 6단원 프로젝트 수업의 흐름

프로젝트는 학생들이 먼저 딥페이크 기술에 대해 깊이 탐구하는 것에서 시작한다. 딥페이크 기술이 가진 긍정적인 면모, 예를 들어 역사적 인물의 복원이나 예술 작품 창작 등 창의적인 활용 가능성을 알아보는 동시에, 어떻게 심각한 범죄에 악용될 수 있는지 그 위험성을 면밀히 살펴본다. 이 과정에서 학생들은 정보통신 기술이 가진 양면성을 이해하고, 기술 발전과 더불어 윤리적 사용의 중요성을 깊이 인식하게 된다. 많은 청소년이 딥페이크 불법 영상물을 범죄로 인식하고 처벌받아야 한다고 생각하고 있다는 조사 결과는 학생들이 이러한 문제에 대해 이미 어느 정도 인지하고 있음을 보여 주었지만, 이를 구체적인 행동으로 연결하는 경험은 부족했다.

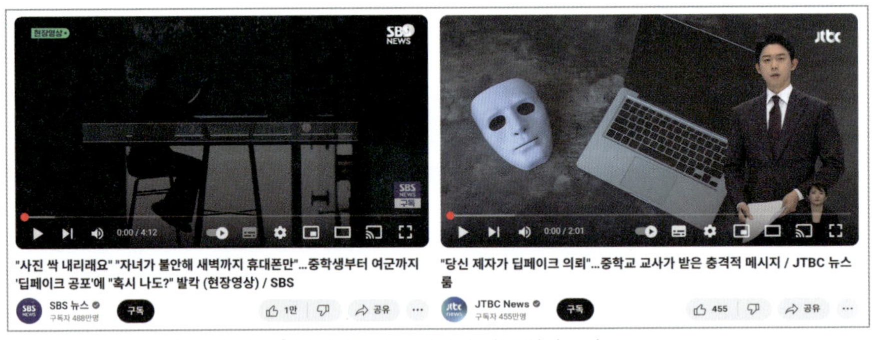

[이미지 4-65] 딥페이크의 부정적인 면모 알아보기 (출처: 유튜브)

[이미지 4-66] 딥페이크의 긍정적인 면모 알아보기 (출처: 유튜브)

　본격적인 활동으로, 학생들은 모둠별로 캠페인 메시지를 기획하고 뉴스 영상의 콘티를 구성한다. 이 단계에서 AI 및 다양한 에듀테크 도구들이 큰 도움이 된다. 학생들은 AI 도구를 활용하여 캠페인 슬로건 아이디어를 얻거나, 영어로 뉴스 대본의 초안을 작성하고 문장을 다듬는 과정을 거친다. 이는 학생들의 언어적 표현 능력을 향상시키는 동시에, 기술을 창의적인 결과물을 만들어 내는 도구로 활용하는 경험을 제공한다. 또한, 미리캔버스와 같은 디자인 도구를 활용하여 캠페인 포스터나 카드 뉴스 등 시각 자료를 직접 제작한다. 다양한 템플릿과 디자인 요소를 활용하며 학생들은 디지털 디자인 감각과 도구 활용 능력을 자연스럽게 키울 수 있었다.

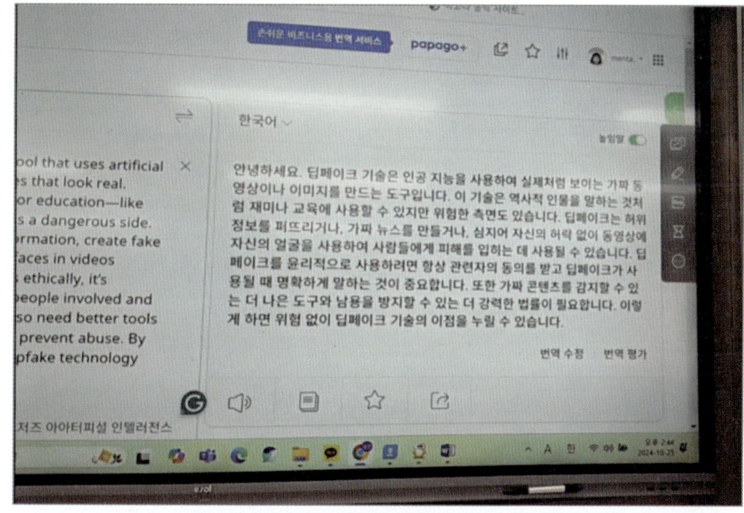

[이미지 4-67] 다 함께 대본을 다듬는 장면

[이미지 4-68] 완성된 대본과 포스터

딥페이크의 양면성을 알고 대본으로 만드는 작업을 통해 학생들은 단순히 지식을 습득하는 것을 넘어, 사회 문제에 대한 비판적 사고 능력을 기르고, 디지털 기술을 윤리적으로 활용하는 시민의식을 함양할 수 있었다. 또한, AI와 에듀테크를 활용하여 창의적인 결과물을 만들어 내는 경험을 통해 디지털 리터러시와 문제 해결 능력을 동시에 키울 수 있었다. 기술이 빠르게 발전하는 시대에 우리 아이들이 기술의 혜택을 누리면서도 그 위험성을 인지하고 책임감 있게 사용하는 방법을 배우는 것은 무엇보다 중요하다.

[이미지 4-69] 학생들의 포스터 발표 장면 ①

[이미지 4-70] 학생들의 포스터 발표 장면 ②

완성된 대본과 자료를 바탕으로 학생들은 기자, 아나운서, 카메라 감독 등 역할을 나누어 협력하며 실제 뉴스 제작 과정을 간접적으로 체험한다. 이 과정에서 학생들은 서로의 의견을 조율하고 문제를 해결하며 협업 능력을 기른다. 최종 완성된 캠페인 자료와 뉴스 영상은 수업 시간이나 온라인 플랫폼을 통해 공유하며, 친구들과 선생님, 나아가 더 많은 사람들에게 올바른 딥페이크 기술 활용의 중요성을 알리는 의미 있는 활동으로 마무리된다.

| 평가영역명 | 뉴스 영상 제작 및 캠페인 프로젝트 (10점) | | | |
|---|---|---|---|---|
| 평가 요소 | | 채점 기준 | | 배점 |
| 뉴스 영상 제작 및 캠페인 | 이해 | 딥페이크 기술의 올바른 사용과 관련한 내용으로 영상을 제작했다. | | |
| | | A | 딥페이크 기술의 올바른 사용과 관련한 내용으로 제작한 경우 | 4 |
| | | B | 주제는 딥페이크 기술이나 올바른 사용 관련 내용이 없는 경우 | 3 |
| | | C | 주제인 딥페이크 기술과 관련이 없는 내용으로 제작한 경우 | 2 |
| | | D | 영상을 제작하지 않은 경우 | 1 |
| | 표현 | 주어진 문법 형식을 활용해 대본과 자료를 오류 없이 작성했다. | | |
| | | A | 주어진 문법 형식을 활용해 대본과 자료를 오류 없이 작성한 경우 | 4 |
| | | B | 주어진 문법 형식을 활용했으나 오류가 있는 경우 | 3 |
| | | C | 주어진 문법 형식을 활용하지 않은 경우 | 2 |
| | | D | 대본이나 자료 중 하나 이상을 작성하지 않은 경우 | 1 |
| | 상호 작용 | 공유 드라이브에 자료를 올리고 SNS에 영상을 공유했다. | | |
| | | A | 드라이브에 자료를 올리고 SNS에서 영상을 공유한 경우 | 2 |
| | | B | 상기 두 항목 중 하나 이상을 하지 못한 경우 | 1 |
| | 본인의 의사에 의한 수행평가 미응시자 | | | 3 |
| | 장기 미인정 결석자 | | | 2 |

[표 4-4] 6단원 프로젝트 수업 평가 기준

## (2) 7단원, 외국인 친구와 남해 여행

7단원 수업을 준비하며 학생들과 이야기를 나누던 중, 교과서에 등장하는 남해 독일마을의 유래나 파독 광부, 간호사에 얽힌 역사적 배경지식이 학생들에게 거의 없다는 것을 발견했다. 학생들은 독일마을을 단순히 이국적인 풍경의 예쁜 마을로만 인식하고 있을 뿐, 그곳에 담긴 우리 근현대사의 아픔과 가족을 위해 낯선 땅에서 헌신했던 우리 할아버지, 할머니 세대의 이야기를 전혀 알지 못했다.

이에 7단원의 프로젝트 활동을 '가족과 함께 떠나는 여행 포스터 제작하기'로 정했다. 맛집이나 관광 명소 소개 위주의 천편일률적인 여행 포스터보다는, 아름다운 풍경 속에 담긴 역사 이야기를 함께 담아내어 가족과 함께 여행하며 배우고 공감할 수 있는 테마 여행 포스터를 만드는 것을 목표로 설정했다. 그리고 프로젝트를 먼저 학생들이 남해 독일마을과 파독 역사에 대해 깊이 조사하는 활동으로 시작했다.

학생들은 인터넷 검색, 관련 다큐멘터리 시청, 파독 기념관 웹사이트 탐색 등 다양한 방법을 활용하여 정보를 수집했다. 이 과정에서 학생들은 1960~70년대 우리나라의 어려운 경제 상황 속에서 가족의 생계와 국가 경제 발전을 위해 머나먼 독일로 떠나야 했던 광부와 간호사들의 희생과 노력을 생생하게 접하게 되었다. 낯선 환경에서 겪었던 어려움과 고향에 대한 그리움, 그리고 마침내 고국으로 돌아와 정착한 남해 독일마을의 이야기는 학생들에게 큰 울림을 주었다.

[이미지 4-71] 남해 독일마을 여행 정보(출처: 유튜브)

[이미지 4-72] 파독 광부와 간호사의 생활 (출처: 유튜브)



조사 활동 후, 학생들은 모둠별로 '가족과 함께 떠나는 여행'이라는 주제에 맞는 포스터의 콘셉트를 기획했다. 여행지의 어떤 점을 강조할 것인지, 가족들에게 어떤 메시지를 전달하고 싶은지 등을 논의하며 포스터의 핵심 내용을 구성했다. 이 단계에서 AI 도구를 활용하여 포스터에 들어갈 홍보 문구나 슬로건 아이디어를 얻고, 조사한 역사적 사실을 간결하고 인상적인 문구로 다듬는 작업을 진행했다. AI의 도움을 받아 다양한 표현을 탐색하고 가장 효과적인 문구를 선택하는 과정에서 학생들의 언어적 감각과 표현 능력이 자연스럽게 향상되었다.

다음으로 미리캔버스를 활용하여 포스터 디자인 작업에 착수했다. 학생들은 미리캔버스에서 제공하는 다양한 템플릿과 디자인 요소를 활용하여 자신들이 기획한 콘셉트를 시각적으로 구현했다. 다채로운 관련 이미지를 삽입하고, 조사한 사실을 담은 문구를 배치하며 포스터를 완성해 나갔다. 디자인 도구를 직접 사용하며 레이아웃 구성, 색상 선택, 이미지 편집 등 디지털 디자인의 기초를 익히고 자신만의 창의적인 결과물을 만들어 내는 경험을 통해 디지털 소양 능력을 효과적으로 키울 수 있었다.

그 후에는 완성된 포스터를 발표하고 공유하는 시간을 가졌다. 각 모둠은 자신들이 만든 포스터를 소개하며 자신들이 어떤 의미를 담으려 했는지, 가족들에게 어떤 여행 경험을 추천하는지 등을 설명했다. 친구들의 발표를 들으며 학생들은 여행의 다양한 매력과 의미를 다시 한번 느끼고, 가족과 함께 떠나는 여행의 소중함에 대해 생각해 보는 기회를 가졌다.

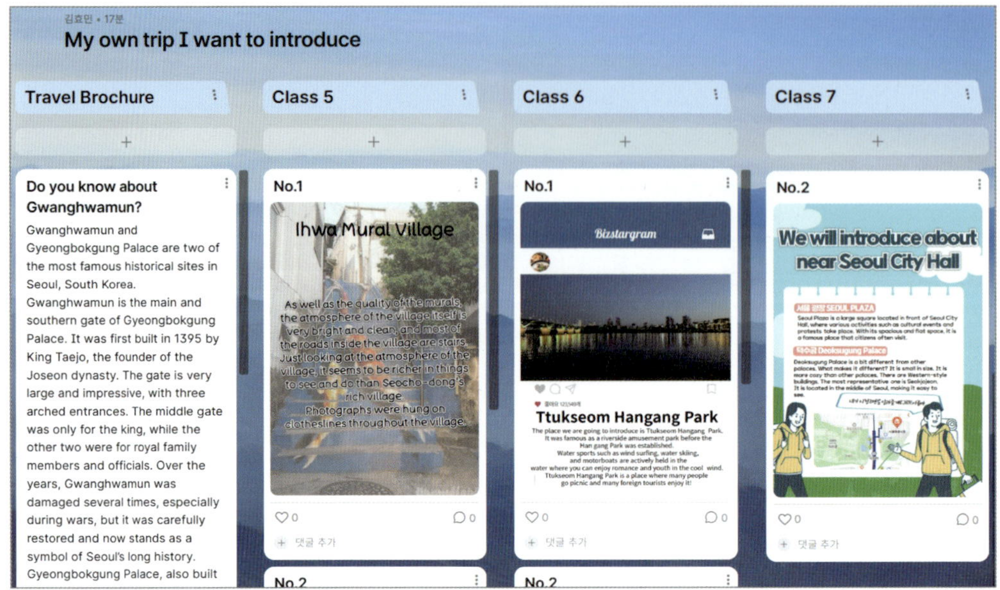


[이미지 4-73] 완성된 소개 자료와 포스터

본 프로젝트를 통해 학생들은 단순히 교과서 지식을 암기하는 것을 넘어, 우리 지역의 역사와 문화유산에 담긴 의미를 스스로 탐구하고 이해하는 경험을 했다. 특히 파독의 역사를 통해 가족의 소중함과 희생의 가치를 되새기며 간접적으로나마 깊은 감동과 힐링을 얻었다고 이야기하는 학생이 많았다.

또한, AI와 미리캔버스라는 에듀테크 도구를 활용하여 자신들의 생각을 창의적인 결과물로 만들어 내는 과정을 통해 문제 해결 능력과 디지털 리터러시를 동시에 함양할 수 있었다.

기술과 역사가 융합된 이번 수업은 학생들이 과거를 통해 현재를 이해하고 미래를 설계하는 데 필요한 중요한 역량을 기르는 의미 있는 경험이었다고 생각한다. 앞으로도 에듀테크를 활용하여 학생들이 살아 있는 지식을 배우고 삶과 연결하는 교육을 실천하려 한다.

| 교과 | 내용 |
|---|---|
| 도덕 | [9도02-04] 인간을 관계적 존재로 해석할 수 있는 이유에 근거하여 타인과의 관계에서 필요한 가치·덕목을 탐구하고, 타인의 생각과 감정에 공감하는 태도를 기른다. |
| 역사 | [9역13-03] 한국의 민주화 과정에서 나타난 성과와 과제를 탐구한다.<br>[9역13-04] 지속 가능한 사회를 위한 과제를 역사적 맥락에서 탐구하고, 과제 해결에 참여하는 자세를 갖는다. |
| 영어 | [9영01-04] 친숙한 주제에 관한 담화나 글에서 일이나 사건의 논리적 관계를 파악한다.<br>[9영01-08] 적절한 전략을 활용하여 다양한 매체로 표현된 담화나 글을 듣거나 읽는다.<br>[9영02-09] 적절한 매체를 활용하여 정보 윤리를 준수하며 말하거나 쓴다.<br>[9영02-10] 적절한 전략을 활용하여 상황이나 목적에 맞게 말하거나 쓴다. |
| 학교생활 기록부 기록 예시 | - 남해 독일마을과 파독 광부 및 간호사에 관해 조사하면서 국위 선양의 의미를 스스로 탐구하고, 우리나라가 세계와 소통한 역사를 이해하려는 태도를 보임.<br>- 조사 과정에서 다양한 자료를 활용하여 정보를 정리하고, 모둠원들과 의견을 나누며 협력하는 모습을 보임.<br>- 영어로 외국인에게 소개하고 싶은 역사 여행지를 선정하여 자료를 수집하고, 핵심 내용을 영어로 요약·정리함.<br>- '가족과 함께 떠나는 여행'이라는 주제로 역사적 의미와 가족의 소중함을 담은 포스터를 창의적으로 제작함.<br>- 활동 전반에 걸쳐 책임감을 가지고 역할을 수행하며, 타인의 의견을 존중하고 모둠 내 소통에 적극적으로 참여함.<br>- 조사한 내용을 바탕으로 타인에게 알기 쉽게 정보를 전달하는 능력이 뛰어남. |

[표 4-5] 7단원 프로젝트 수업 성취 기준 (2022 개정 교육과정)

| 차시 | 교과 | 단계 | 내용 |
|---|---|---|---|
| 1 | 도덕 | 개념 탐구 | 국위 선양의 의미와 공동체 속의 개인, 개인이 만든 공동체 탐구 |
| 2 | 역사 | 자료 수집 | 파독 광부 및 간호사, 남해 독일마을 건설에 얽힌 역사적 사실 확인 |
| 3 | 영어 | 맥락 분석 | 1, 2차시 학습 내용을 바탕으로 여행지 소개 자료 초안 마련 |
| 4 | 영어 | 작성 및 제작 | 안내 문구와 미리캔버스 포스터 완성, 포스터 앞에서 조원들이 함께 발표 |

[표 4-6] 7단원 프로젝트 수업의 흐름

| 평가영역명 | 소개하고 싶은 여행지 발표 프로젝트 (10점) | | |
|---|---|---|---|
| **평가 요소** | **채점 기준** | | **배점** |
| 여행<br>안내<br>문구<br>및<br>홍보<br>포스터<br>제작 | 이해 | **독일마을의 역사에 관해 알고 국내 여행지로 자료를 작성했다.** | |
| | | A 국내 여행지에 대한 충분한 조사를 바탕으로 자료를 제작한 경우 | 4 |
| | | B 주제는 여행이나 국내 여행지와 관련된 내용이 없는 경우 | 3 |
| | | C 주제인 여행과 관련이 없는 내용으로 제작한 경우 | 2 |
| | | D 자료를 제작하지 않은 경우 | 1 |
| | 표현 | **주어진 문법 형식을 활용해 소개 자료를 오류 없이 작성했다.** | |
| | | A 주어진 문법 형식을 활용해 소개 자료를 오류 없이 작성한 경우 | 4 |
| | | B 주어진 문법 형식을 활용했으나 오류가 있는 경우 | 3 |
| | | C 주어진 문법 형식을 활용하지 않은 경우 | 2 |
| | | D 대본이나 자료 중 하나 이상을 작성하지 않은 경우 | 1 |
| | 상호<br>작용 | **홍보 포스터 앞에서 학급 친구들에게 발표했다.** | |
| | | A 홍보 포스터 앞에서 학급 친구들에게 발표한 경우 | 2 |
| | | B 상기 두 항목 중 하나 이상을 하지 못한 경우 | 1 |
| | 본인의 의사에 의한 수행평가 미응시자 | | 3 |
| | 장기 미인정 결석자 | | 2 |

[표 4-7] 7단원 프로젝트 수업 평가 기준

[이미지 4-74] 교사가 수업하는 장면

[이미지 4-75] 학생들의 수업 장면

| 제재 | 학생 | 수업 후기 |
|---|---|---|
| 6단원 | A | 딥페이크 기술이 범죄로도, 감동적으로도 쓰일 수 있다는 게 충격이었어요. 기술을 조심해서 써야겠다고 느꼈어요. 미리캔버스로 뉴스 만들면서 친구들이랑 같이 캠페인 하니까 진짜 기자가 된 것 같고 재미있었어요. |
| | B | 미리캔버스 처음 써봤는데 진짜 쉬웠어요! 예쁜 디자인 많아서 포스터 만드는 거 재밌었고, 뉴스 대본 쓰는 것도 AI가 도와줘서 신기했어요. 딥페이크 문제에 대해 친구들이랑 이야기 많이 나눴어요. |
| | C | 뉴스 만드는 게 생각보다 어려웠지만, 미리캔버스로 자료 만드니까 훨씬 멋있어졌어요. 딥페이크 범죄가 이렇게 많다는 게 충격이었고, 우리도 조심하고 알려야겠다고 생각했어요. |
| | D | 딥페이크가 나쁘게 쓰이는 걸 막으려면 우리가 잘 알아야 한다는 걸 배웠고, 친구들이랑 협동하는 것도 좋았어요. 평소에 디자인 잘 못하는데 미리캔버스 덕분에 그럴 듯하게 포스터를 만들어서 뿌듯했어요. |
| | E | 뉴스 영상 찍는 게 제일 재밌었어요. 미리캔버스로 만든 자료 보면서 하니까 더 실감 났고요. 딥페이크 기술이 무섭기도 하지만, 잘 쓰면 좋은 거라는 것도 알게 됐어요. 앞으로 기술 쓸 때 더 생각할 거예요. |
| 7단원 | A | 남해 독일마을이 그냥 예쁜 곳인 줄만 알았는데, 파독 광부, 간호사분들 이야기 듣고 마음이 찡했어요. 미리캔버스로 포스터 만들면서 가족이랑 꼭 같이 가보고 싶다는 생각이 들었어요. |
| | B | 가족 여행 포스터 만드는 거 아이디어 내는 게 재밌었어요. 미리캔버스 템플릿이 다양해서 좋았고요. 할머니, 할아버지 세대가 예전에 얼마나 힘들게 사셨는지 알게 돼서 감사한 마음이 들었어요. |
| | C | 미리캔버스로 디자인하는 게 게임 같았어요. 우리나라에 이런 슬픈 역사가 있는 줄 몰랐는데, 포스터에 담으면서 기억해야겠다고 생각했어요. 우리 조 포스터에 나온 곳을 가족이랑 여행 가면 포스터 보여줄 거예요. |
| | D | 미리캔버스로 예쁜 포스터 만들어서 좋았어요. 남해 다랭이마을 사진 보니까 진짜 가고 싶어졌고요. 파독 이야기 들으면서 우리 가족 생각도 많이 났고, 가족이랑 여행 가는 게 얼마나 소중한지 느꼈어요. |
| | E | 미리캔버스 진짜 편해요! 사진 넣고 글씨 쓰니까 금방 멋진 포스터가 됐어요. 남해 역사 배우는 건 좀 지루할 줄 알았는데, 포스터 만들면서 하니까 재밌었고 우리나라 역사에 대해 더 알고 싶어졌어요. |

[표 4-8] 학생들의 수업 후기

1장<br>2장<br>3장<br>4장<br>5장<br>6장<br>7장<br>8장<br>9장

## 5 수업 시 알아두면 도움이 될 점

### (1) 기술적인 문제 발생

#### ① 디지털 기기가 없으면

수업을 계획할 때 미리 학교의 디지털 기기 현황을 파악하고 대안을 마련하는 것이 중요하다. 가장 먼저 고려할 수 있는 방법은 학교 컴퓨터실이나 스마트 기기 대여 시스템을 최대한 활용하는 것이다. 수업 시간표를 조정하거나 다른 교과 선생님과 협력하여 기기 사용 시간을 확보하는 노력이 필요하다.

만약 학교 기기만으로는 부족하다면, 모둠별로 최소 한두 대의 기기만 있어도 프로젝트 진행이 가능하도록 활동을 설계하는 것도 방법이다.

기기 공유 시에는 학생들에게 사용 규칙과 위생 수칙을 철저히 안내해야 한다. 또한, 디지털 기기 사용이 어려운 학생들을 위해 아이디어 스케치, 자료 조사 요약 등 프로젝트의 일부 활동은 아날로그 방식으로 진행할 수 있도록 학습지를 준비하거나, 디지털 결과물을 만들기 전 손으로 먼저 구상하는 시간을 갖도록 유도하는 것도 좋다. 이는 디지털 도구 사용 능력과 관계없이 모든 학생이 프로젝트에 참여할 수 있도록 하는 포용적인 접근 방식이다.

마지막으로, 예상치 못한 기기 고장이나 인터넷 연결 문제에 대비하여 핵심 자료는 미리 다운로드해 두거나, 오프라인 상태에서도 작업 가능한 부분을 미리 파악해 두는 등의 사전 준비가 필요하다.

#### ② 다른 워크스페이스에 만들면

미리캔버스처럼 여러 사용자가 함께 작업하는 협업 기반 에듀테크 도구를 사용할 때, 학생들이 각자 다른 워크스페이스나 개인 계정에서 프로젝트를 생성하여 교사가 학생들의 작업 과정을 실시간으로 확인하거나 모둠원 간의 자료 공유 및 협업이 원활하게 이루어지지 않는 문제가 발생할 수 있다. 이는 교사의 피드백 제공을 어렵게 만들고, 학생들의 협업 효율성을 저해하며, 최종 결과물을 취합하는 과정에서도 혼란을

야기할 수 있다.

이러한 문제를 예방하기 위해서는 수업 시작 단계에서 학생들이 작업해야 할 공통 워크스페이스를 명확하게 설정하고, 모든 학생이 해당 공간에 접속하여 작업해야 함을 강력하게 안내해야 한다. 가능하다면 수업 전에 미리 학생들을 공통 워크스페이스에 초대하거나, 학생들이 쉽게 접속할 수 있도록 가입 및 접속 방법을 상세히 안내하는 시간을 갖는 것이 좋다. 수업 중에는 학생들이 프로젝트를 생성할 때 반드시 지정된 워크스페이스 내에서 만들도록 거듭 강조하고, 작업 시작 전에 교사가 각 모둠의 프로젝트가 올바른 위치에 생성되었는지 간단히 확인하는 절차를 포함시키는 것이 효과적이다.

만약 이미 다른 워크스페이스에 프로젝트를 만들었다면, 해당 프로젝트를 지정된 워크스페이스로 옮기는 방법을 안내하거나, 필요한 경우 교사가 직접 옮겨 주는 등의 기술적 지원이 필요하다. 학생더러 만든 디자인을 구글 클래스룸과 같은 학급 LMS나 교사의 카톡에 링크를 공유하게 하여 그것을 공통 워크스페이스에 복제하는 방법을 가장 많이 썼던 것 같다. 미리캔버스 같은 플랫폼에서는 팀 프로젝트 기능이나 공유 링크를 활용해 협업을 원활하게 할 수 있으므로, 이러한 기능을 교사가 미리 충분히 익혀 두고 학생들에게 안내하는 것이 중요하다. 학생들이 기술적인 문제로 인해 학습에 방해받거나 시간을 낭비하지 않도록 사전에 충분한 도구 사용 연습 시간을 제공하거나, 간단한 튜토리얼 영상을 활용하는 것도 효과적인 방법이다.

### (2) 학생들 간 문제 발생

#### ① 조 편성은 어떻게 할까

번호 순서, 랜덤 뽑기, 앉은 자리대로 등 편성 방법은 아주 다양하다. 만약 교사가 학생들의 학업 능력, 성향, 리더십, 디지털 도구 활용 능력, 이전 활동 경험 등을 종합적으로 고려하여 편성을 한다면 균형 잡힌 조를 구성할 수 있다는 장점이 있다. 학생들의 의견을 완전히 배제하기보다는 조 편성이 완료된 후 학생들에게 조원과 함께 활동하며 기대되는 점이나 걱정되는 점을 이야기 나누도록 하거나, 다음 프로젝트에서는 다른 친구와 함께하고 싶은지 등을 물어보며 학생들의 목소리를 반영하려는 노력을 하면 좋다. 학업 능력이나 성향이 다른 학생들을 의도적으로 한 조에 배치하는 이질적 구성은 학생들이 서로의 강점을 배우고 약점을 보완하며 시너지를 낼 수 있도록 돕는다. 프로젝트의 성격이나 수업 목표에 따라 조 편성 방법을 달리 적용하거나, 학기 초에는 자율 편성을 허용하고 점차 교사 임의 편성의 비중을 늘려가는 등 유연하게 접근하는 것도 좋은 방법이다.

조 편성 시에는 학생 간 갈등 가능성을 미리 파악하고, 문제가 발생할 경우 신속히 중재하고 해결 방안을 함께 모색할 수 있는 준비가 필요하다.

### ② 참여를 독려하는 방법은

첫째, 프로젝트 시작 단계에서 각 조원에게 명확하고 구체적인 역할과 책임을 부여한다. 역할을 분담하면 모든 조원이 프로젝트에 이바지해야 한다는 책임감을 갖게 된다.

둘째, 프로젝트 진행 과정에서 교사는 각 조별 활동 상황을 수시로 순회하며 확인하고 개별 학생들에게 관심을 기울인다. 특히 참여가 저조한 학생에게는 개별적으로 다가가 어려움을 들어 주고, 작은 역할이라도 성공적으로 수행할 수 있도록 구체적인 도움을 주는 것이 효과적이다.

셋째, 동료 평가나 자기 평가 시스템을 도입한다. 이러한 평가는 학생들이 자신의 역할을 되돌아보고 다음 활동에 더 적극적으로 참여하도록 내적 동기를 부여하는 역할을 한다. 아울러 프로젝트 주제를 학생들이 흥미를 느끼고 자신의 경험이나 관심사와 연결할 수 있는 내용으로 선정하고, 학생들이 자신의 아이디어를 자유롭게 표현할 수 있는 기회를 충분히 제공한다.

마지막으로, 완성된 프로젝트 결과물을 학급 전체나 학교 구성원들에게 공유하고 발표하는 시간을 통해 학생들의 노력과 성과를 인정하고 진심으로 칭찬하는 것이 중요하다.

# 5장

# 교육자와 학생 모두를 위한 디자인 꿀팁 알아보기

# 1. 효과적인 수업 자료 디자인의 원칙

학교 현장에서 교육 자료를 만들고 수업을 준비하는 과정에서 디자인은 종종 부차적인 요소로 여겨진다. 물론 교육적인 측면에서 교육 자료는 내용적인 부분이 가장 중요한 것이 사실이다. 그러나 "보기 좋은 떡이 먹기도 좋다"라는 속담이 있듯, 효과적인 시각적 전달은 학습자에게 정보의 핵심을 빠르게 파악하게 하고, 몰입을 유도하며, 나아가 학습 성과를 향상시키는 데 중요한 역할을 한다.

이 장에서는 교육자와 학생 모두에게 도움이 되는 실질적인 디자인 원칙과 적용 사례들을 소개하고자 한다. 총 다섯 가지 주제를 통해 수업 자료 디자인의 기본 원칙부터 학생 참여형 디자인 프로젝트 사례까지 폭넓게 다룰 것이다.

수업 자료는 시각적 단서와 정보를 통합적으로 전달하는 도구이다. 효과적인 수업 자료 디자인을 위해서는 몇 가지 핵심 원칙을 따라야 한다. 학습을 위한 시각적 설계에 있어서 디자인은 단순한 장식이나 미적 요소가 아니라 정보 전달과 커뮤니케이션을 위한 전략적 수단으로 작용하기 때문이다. 특히 교육의 맥락에서 디자인은 '학습의 시각적 구조화'로 정의할 수 있다.

수업 자료의 디자인은 크게 두 가지 역할을 한다. 첫째, 정보 구조를 시각적으로 조직화함으로써 학습자의 인지적 부하를 줄인다. 둘째, 감성적 측면에서 학습자의 주의와 흥미를 유도함으로써 학습 동기를 강화한다. 이에 따라 효과적인 수업 자료 디자인은 단순히 '예쁘게 만드는 것'이 아니라 정보의 조직화, 강조, 탐색, 정리의 기능을 수행하는 전략적 행위라고 할 수 있을 것이다.

따라서 저자는 수업 자료 디자인에 있어 핵심은 전달하고자 하는 것이 무엇인지 명확하게 드러나는 것이 가장 중요하며, '더하기'보다는 '덜어 내기'가 훨씬 더 중요하다고 생각한다. 학습자는 한 번에 처리할 수 있는 정보의 양에 한계가 있어, 불필요한 시각적 요소나 과도한 텍스트는 오히려 주의 분산을 유발하고 핵심 개념의 이해를 방해할 수 있기 때문이다.

모든 디자인의 본질은 '정보 전달'이기 때문에 복잡한 요소를 무분별하게 더하는 것보다 핵심 메시지를 중심으로 불필요한 내용을 걷어 내는 것이 정보의 명확성과 학습 효과를 동시에 높일 수 있다. 특히 시각 자료에서는 색, 도형, 아이콘 등 각 요소들이 지닌 시각적 위계와 의미 전달의 강도가 크기 때문에 꼭 필요한 정보만을 선별해 구조화하는 것이 학습자의 인지적 부담을 줄이고, 정보의 본질에 집중하게 만든다. 즉 '덜어 내기'는 단순히 요소를 줄이는 것이 아니라 핵심을 부각시키기 위한 전략적인 선택이라고 할 수 있다. 시각적 간결함을 통해 학습자의 이해를 구조화하는 데 결정적인 역할을 하게 되는 것이다.

결국, 수업 자료 디자인에서 중요한 것은 정보를 얼마나 많이 담았는가가 아니라 얼마나 명확하게 전달되었는가이다. 그렇다면 학습자의 이해를 효과적으로 지원하기 위한 수업 자료 디자인의 핵심 원칙은 무엇일까? 그 주요 원칙들을 정리해 보았다.

## (1) 명확성(Clarity)

[이미지 5-1] '명확성' 개념 이미지화 (미리캔버스 AI 도구)

첫째, '명확성(Clarity)'이 우선이다. 정보를 시각적으로 정리할 때는 핵심 개념이 돋보이도록 해야 하며, 불필요한 장식이나 복잡한 구성은 피해야 한다. 학습자가 시각적으로 피로를 느끼지 않도록 도와야 한다. 특히 학습자의 이해에 큰 영향을 미치는 교과 개념 정리를 위한 인포그래픽을 만들 때는 색상, 아이콘, 선의 흐름 등을 활용하여 학습자가 시선을 따라가며 내용을 자연스럽게 이해할 수 있도록 해야 한다.

예를 들어, 국어 수업에서 비문학 지문을 정리할 때, 키워드 위주로 정보를 시각화하고 색상으로 구조를 분류한 학습지를 제공하면 학생들의 이해도가 높아진다. 실제로 심리학자인 존 스웰러(John Sweller)의 '인지 부하 이론(Cognitive Load Theory)'에 따르면, 학습자에게 제공되는 정보량이 많거나 복잡할 경우 인지 자원이 분산되어 학습 효율이 떨어질 수 있다고 보았다. 따라서 수업 자료는 반드시 핵심 정보를 중심으로 단순화하고, 시각적으로 명확하게 조직해야 한다.[2]

---

2) Sweller, J. 1988. Cognitive load during problem solving: Effects on learning. Cognitive Science, 12(2), 257–285.

## (2) 일관성(Consistency)

둘째, '일관성(Consistency)'을 유지해야 한다. 폰트의 종류와 크기, 색상, 정렬 방식 등이 자료 전체에서 일관되게 유지되어야 학습자의 인지 부하를 줄이고, 시각적으로 안정감을 준다. 같은 수업에서 매번 다른 디자인 형식을 사용하는 경우 학생은 내용보다는 형식에 주의를 빼앗기기 쉽다. 특히 교사가 수업 자료로 PPT를 제작한다고 가정할 때, 템플릿을 수업 주제에 맞는 하나의 톤으로 유지하면 학생의 주의 집중도를 높일 수 있다. 미리캔버스에서는 프레젠테이션 템플릿이나 수업 포스터를 교과별, 주제별로 구성하여 사용할 수 있으며, 이를 통해 교사는 일관된 스타일을 손쉽게 유지할 수 있다.

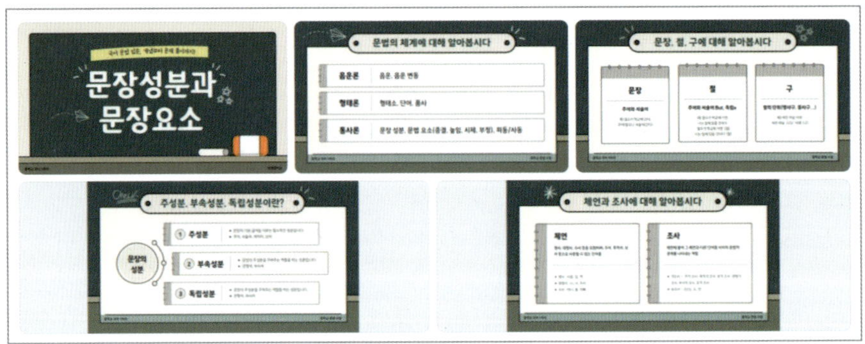

[이미지 5-2] '일관성' 사례 이미지 (출처: 미리캔버스)

## (3) 정보 계층 구조(Visual Hierarchy)

[이미지 5-3] '정보 계층 구조' 사례 이미지 (출처: 미리캔버스)

셋째, '정보 계층 구조(Visual Hierarchy)'를 시각적으로 구분해야 한다. 제목, 소제목, 본문, 강조어 등을 시각적으로 차별화하면 학습자가 정보의 중요도를 쉽게 판단할 수 있다. 이때 색상, 크기, 굵기, 배경 처리 등을 활용하면 효과적이다. 예를 들어, 과학 수업에서 세포의 구조를 설명할 때, 각 구성 요소를 크기와 색으로 구분한 시각 자료를 제시하면 전체 구조와 부분 요소 간의 관계를 보다 쉽게 이해할 수 있다.

### (4) 여백(Whitespace)

넷째, '여백(Whitespace)'의 활용도 중요하다. '여백의 미'라는 말이 괜히 나온 말이 아니다. 디자인 초보자일수록 화면을 꽉 채우는 경향이 있는데, 적절한 여백은 정보 간의 구분을 명확히 하고 가독성을 높인다. 특히 프레젠테이션 슬라이드에서는 한 슬라이드에 너무 많은 정보를 담지 않도록 유의해야 한다. 여백은 정보의 '숨 쉴 공간'이다. 정보가 촘촘히 붙어 있을수록 학습자는 핵심 포인트를 놓치기 쉽다.

[이미지 5-4] '여백' 사례 이미지(미리캔버스 AI도구)

### (5) 접근성(Accessibility)

다섯째, '접근성(Accessibility)'을 고려해야 한다. 색각 이상이 있는 학생들을 위해 대비가 충분한 색상 조합을 선택하고, 텍스트와 이미지 간의 명확한 구분이 필요하다. 예를 들어, 빨간색과 초록색의 조합은 피하고, 파란색과 노란색

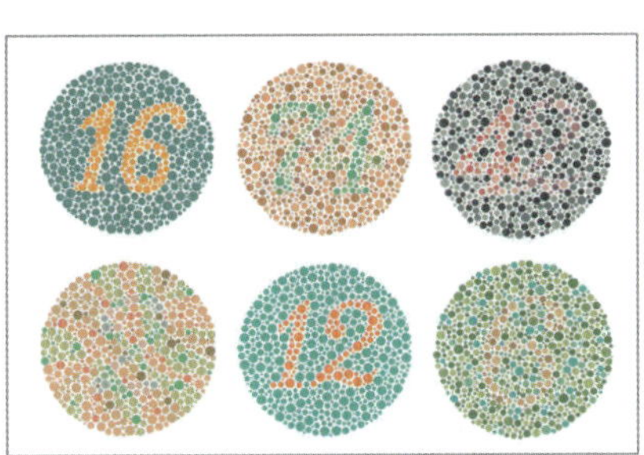

[이미지 5-5] 색각 이상 검사표 (출처: 에듀넷)

등의 대비가 높은 색상 조합을 사용하는 것이 좋다. WCAG(Web Content Accessibility Guidelines)에서는 시각 자료의 명암 대비 비율을 최소 4.5:1 이상으로 설정할 것을 권장한다(W3C, 2018).

## (6) 학습자 중심 설계(Learner-Centered Design)

여섯째, '학습자 중심 설계(Learner-Centered Design)'가 필요하다. 수업 자료는 교사의 전달 편의를 위한 것이 아니라 학생의 이해와 참여를 위한 것이어야 한다. 따라서 학습자의 깊은 이해를 촉진할 수 있는 수업 자료를 기획하는 과정에는 반드시 학습자 특성에 대한 이해가 선행되어야 한다. 저학년일수록 게이미피케이션 형태의 학습 자료가 효과적이고, 다양한 스티커 아이콘을 제공해 학습자 스스로 자신의 생각을 시각적으로 표현하도록 하면 수업 참여도와 이해도가 높아지는 것도 그러한 이유 때문이다.

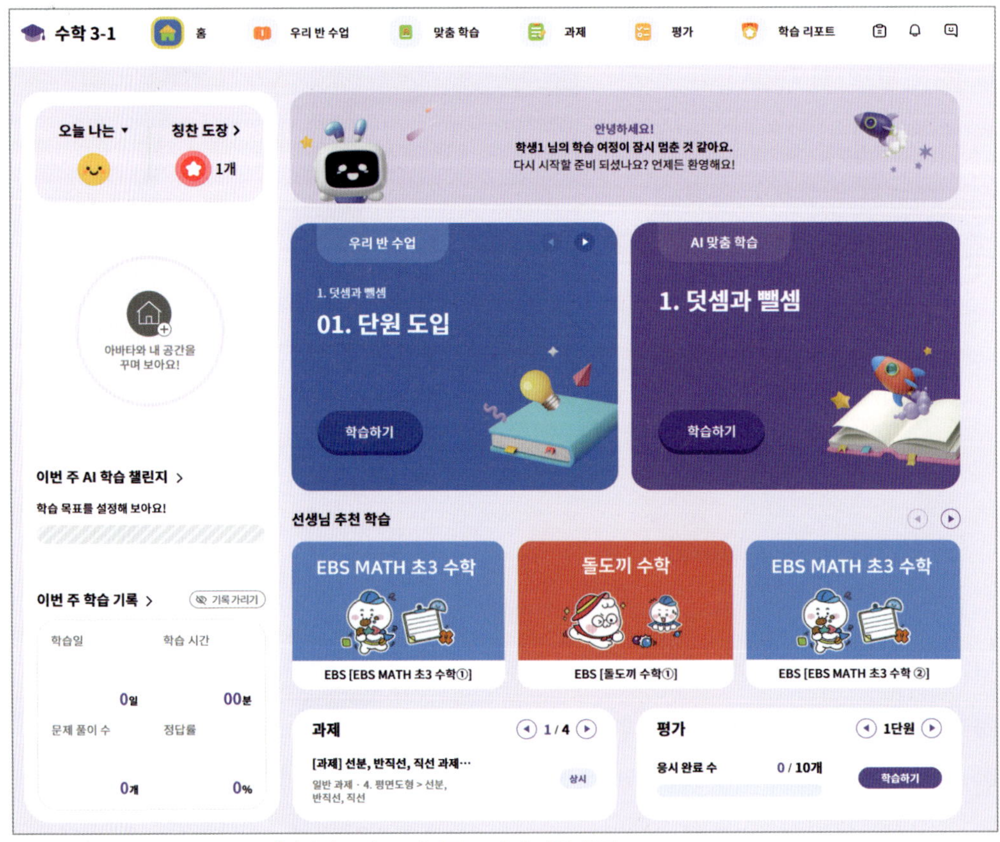


[이미지 5-6] AI 디지털 교과서 메인 화면 (출처: 천재교육)

실제로 현재 학교 현장에 도입된 C사의 AIDT(Artificial Intelligence Digital Textbook) 초기 메인 화면 대시보드만 살펴봐도, UI/UX 디자인이 전부 학습자 중심으로 설계되어 있는 것을 알 수 있다. 특히 초등학생 3, 4학년 AI 디지털 교과서에는 학생 스스로 자기 기분이나 감정을 표시할 수 있는 감정 출석부 기능과 아바타 및 내 공간 꾸미기 기능이 메인 화면에 부가 기능으로 들어가 있는 것 또한 학습자 중심 설계 사례 중 하나라고 할 수 있다.

이처럼 수업 자료 디자인은 단순한 미적 요소를 넘어서 수업의 본질적 효과를 높이는 핵심 전략이 될 수 있다. 그렇다면 교육용 시각 디자인의 핵심 요소에는 무엇이 있을까?

## 2 교육용 시각 디자인의 핵심 요소

### (1) 타이포그래피(Typography)

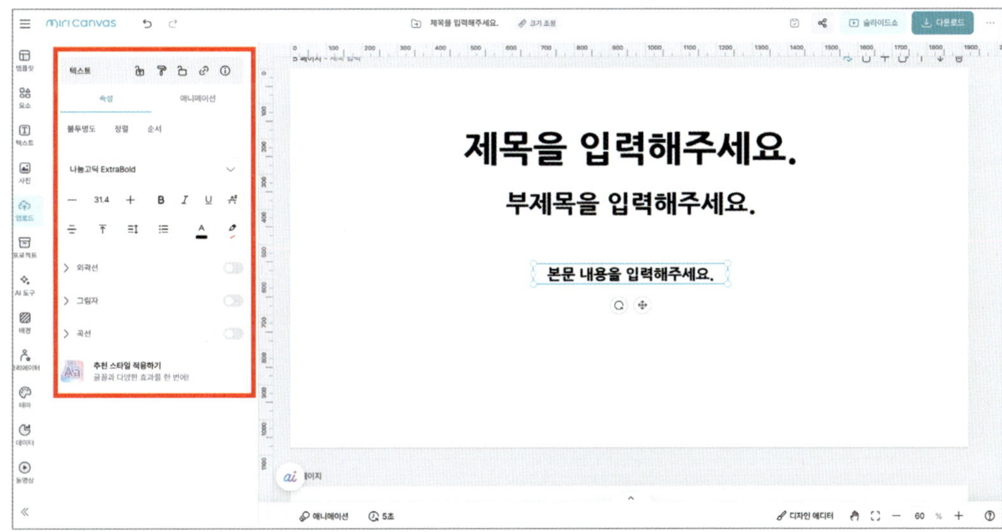

[이미지 5-7] 미리캔버스 텍스트 설정 전체 화면 ①

대부분의 수업 자료는 텍스트 중심으로 구성되어 있으며, 이는 여전히 핵심적인 전달 매체로 작용한다. 글꼴의 종류, 크기, 간격, 배열 방식은 학습자의 시각적 피로도와 이해도에 직접적인 영향을 준다. 예를 들어, 본문은 가독성이 높은 고딕체를 사용하고, 제목이나 키워드는 크기나 색상을 달리하여 시각적 계층을 형성해야 한다. 지나친 서체 혼용은 학습자의 인지 처리에 방해가 된다.[3]

다음은 미리캔버스에서 제공하는 텍스트 설정 화면이다. 텍스트 설정에서 [속성] 탭을 클릭하면 글꼴 선택, 글꼴 크기 설정 등 디자인에 필요한 다양한 글꼴 설정을 할 수 있다. 하나의 탭 안에서 다양한 텍스트 관련 설정을 직관적으로 조작할 수 있도록 구성되어 있어 글꼴 선택, 크기 조절, 정렬 방식, 글자의 자간·행간·장평 조정, 색상 설정, 글자 서식(굵게, 기울임, 밑줄 등), 외곽선 및 그림자, 곡선 설정까지 모두 설정할 수 있다.

덕분에 사용자, 특히 교사들은 수업 자료를 제작할 때 별도의 복잡한 메뉴를 거치지 않고도 한눈에 기능을 확인하고, 빠르게 타이포그래피를 적용할 수 있어 효율적인 편집이 가능하다. 다양한 시각적 표현을 손쉽게 구현할 수 있도록 도와주는 이 통합형 대시보드는 교육 콘텐츠의 완성도와 가독성을 높이는 데 큰 도움이 된다.

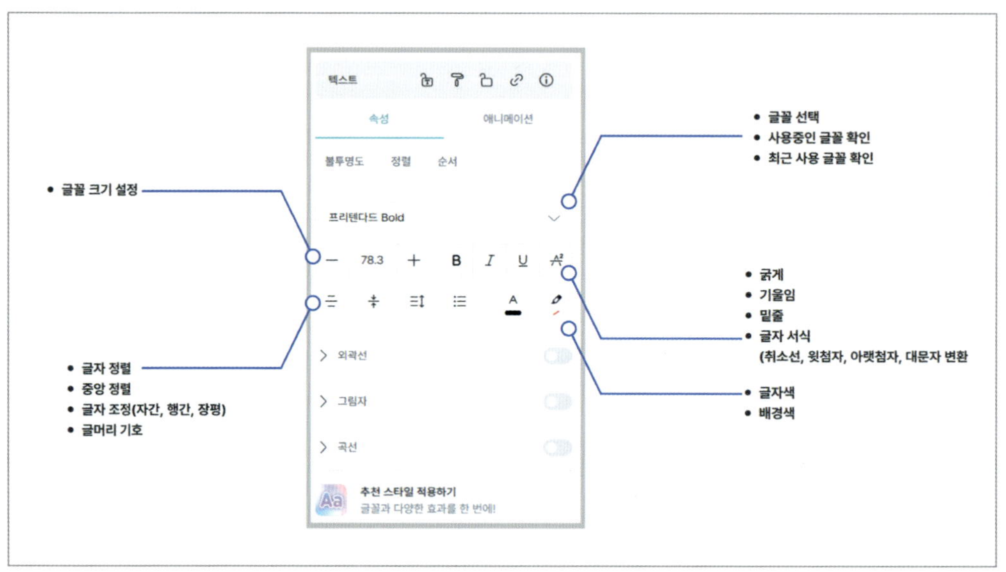


[이미지 5-8] 미리캔버스 텍스트 설정 세부 화면

단, 주의해야 할 점이 있다. 온라인 디자인 플랫폼인 미리캔버스나 캔바에서는 해당 플랫폼에 내장된 폰트를 자유롭게 활용할 수 있지만, MS 파워포인트나 한쇼와 같은 프로그램에서는 사용자가 PC에 설치된 폰트만을 사용할 수 있다.

---

3) Lidwell, Holden, & Butler, 2010. Universal Principles of Design.

대부분의 사용자는 Google Fonts, 눈누, DaFont와 같은 서비스를 통해 폰트를 다운로드하여 사용하게 되는데, 각 폰트의 정확한 라이선스는 해당 폰트의 다운로드 페이지에서 확인해야 한다. 따라서 폰트를 사용할 때는 반드시 해당 폰트의 제작사나 제작자 사이트에서 제공하는 라이선스를 확인하고, 사용 가능 범위를 숙지한 후 사용해야 한다.

| 구글 폰트(Google Fonts) | 눈누(Noonnu) | 다폰트(DaFont) |
|---|---|---|
| https://fonts.google.com/ | https://noonnu.cc/ | https://www.dafont.com/ |
| 아시아폰트(폰트통) | 폰트스페이스(FontSpace) | 폰트 스쿼럴(Font Squirrel) |
| https://www.asiafont.com/ | https://www.fontspace.com/ | https://www.fontsquirrel.com/ |



텍스트 설정의 [속성] 탭에서 할 수 있는 기본 설정은 굵은 글씨, 기울임, 밑줄 처리 기능이 있다.

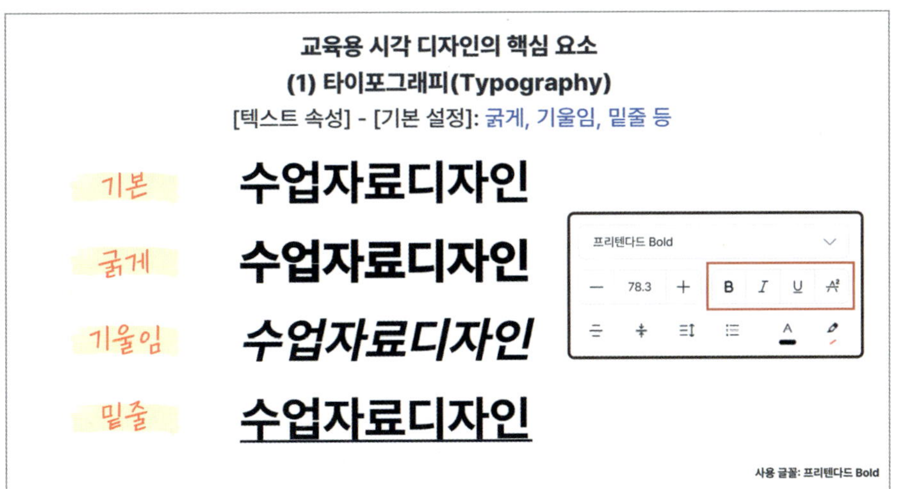


[이미지 5-9] 미리캔버스 텍스트 기본 설정 적용 화면

수업 자료 가시화를 위한 텍스트 서식 처리의 장점으로는 다음을 들 수 있다.

① 정보의 위계 구조가 명확해짐: 굵게 처리된 텍스트는 핵심 개념이나 주요 용어를 강조하여 학습자가 중요한 정보에 빠르게 주목할 수 있게 해 준다.

② 시각적 구분을 통해 주제 간 경계 형성: 기울임이나 밑줄을 활용하면 예시, 인용, 용어 정의 등과 같은 보조 정보나 부차적 설명을 시각적으로 분리할 수 있어, 자료의 흐름이 명확해진다.

③ 지루함 감소 및 집중도 향상: 단조로운 텍스트 구성보다는 다양한 서식을 활용한 텍스트는 시각적 리듬을 형성해 읽는 재미를 주고, 학습자의 시선 유도에 도움이 된다.

④ 학습자의 기억 정착 지원: 반복적으로 강조된 서식(예: 핵심 개념마다 굵게 처리)은 시각적 단서를 제공하여 기억에 남기 쉬운 형태로 정보를 각인시킨다.

⑤ 정보 탐색 속도 향상: 특히 자료가 많을 때, 서식을 통해 시각적으로 강조된 부분만 훑어보며 빠르게 핵심을 파악할 수 있어 수업 시간 내 자료 활용이 효율적이다.

다음으로 텍스트 설정의 [속성] 탭에서 할 수 있는 글자 조정 기능인 '자간', '행간', '장평'은 모두 텍스트의 가독성과 시각적 안정성에 큰 영향을 주는 요소이다. 이러한 요소들은 단순한 미적 편집을 넘어서, 학습자의 이해를 돕는 시각적 설계의 핵심 도구로 기능한다.

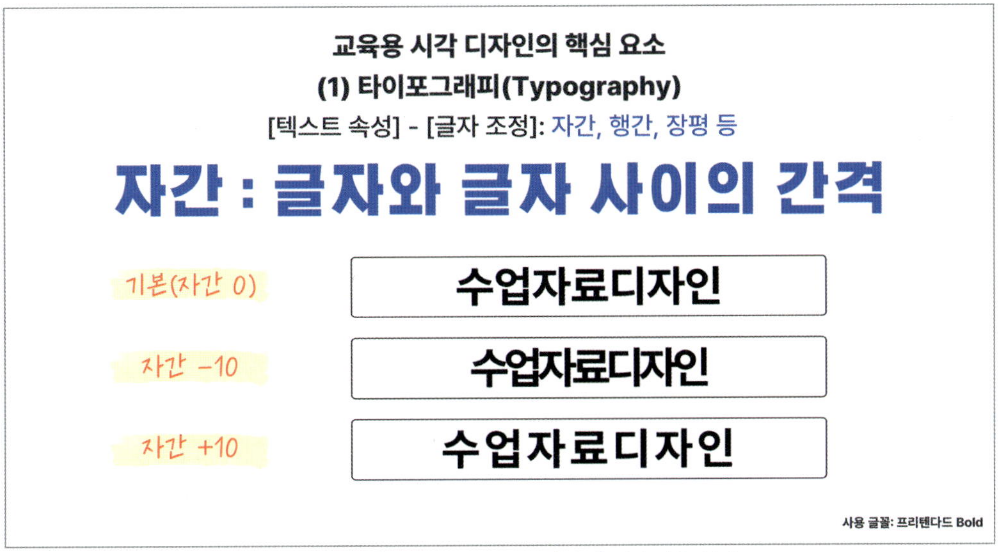
교육용 시각 디자인의 핵심 요소
(1) 타이포그래피(Typography)
[텍스트 속성] - [글자 조정]: 자간, 행간, 장평 등
자간 : 글자와 글자 사이의 간격
기본(자간 0)
수업자료디자인
자간 -10
수업자료디자인
자간 +10
수업자료디자인
사용 글꼴: 프리텐다드 Bold

[이미지 5-10] 미리캔버스 텍스트 '자간' 설정 적용 화면

자간(글자 사이 간격)은 단어 간 시각적 명료도를 향상시키는 효과가 있다. 자간을 적절히 조절하면 글자가 서로 겹치거나 붙어 보이는 문제를 방지하고, 특히 긴 문장에서 가독성을 높이는 데 효과적이다. 너무 좁으면 답답하고 읽기 어려우며, 너무 넓으면 단어 인식이 느려진다.

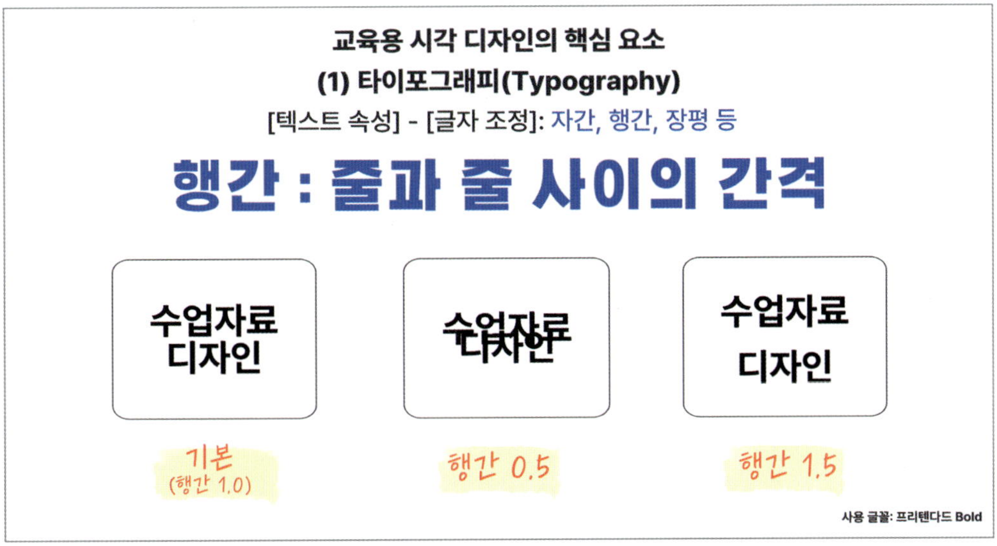
교육용 시각 디자인의 핵심 요소
(1) 타이포그래피(Typography)
[텍스트 속성] - [글자 조정]: 자간, 행간, 장평 등
행간 : 줄과 줄 사이의 간격
수업자료
디자인
수업자료
디자인
기본
(행간 1.0)
행간 0.5
행간 1.5
사용 글꼴: 프리텐다드 Bold

[이미지 5-11] 미리캔버스 텍스트 '행간' 설정 적용 화면

행간(줄 간 간격)은 눈의 피로도 감소와 읽기 흐름을 개선하는 효과가 있다. 행간이 좁으면 줄바꿈이 눈에 잘 띄지 않아 읽기가 힘들고, 반대로 넓으면 텍스트가 분산되어 정보 연결성이 약화된다. 적절한 행간은 시각적 여백을 확보하면서 학습자가 집중해서 내용을 읽도록 돕는다.

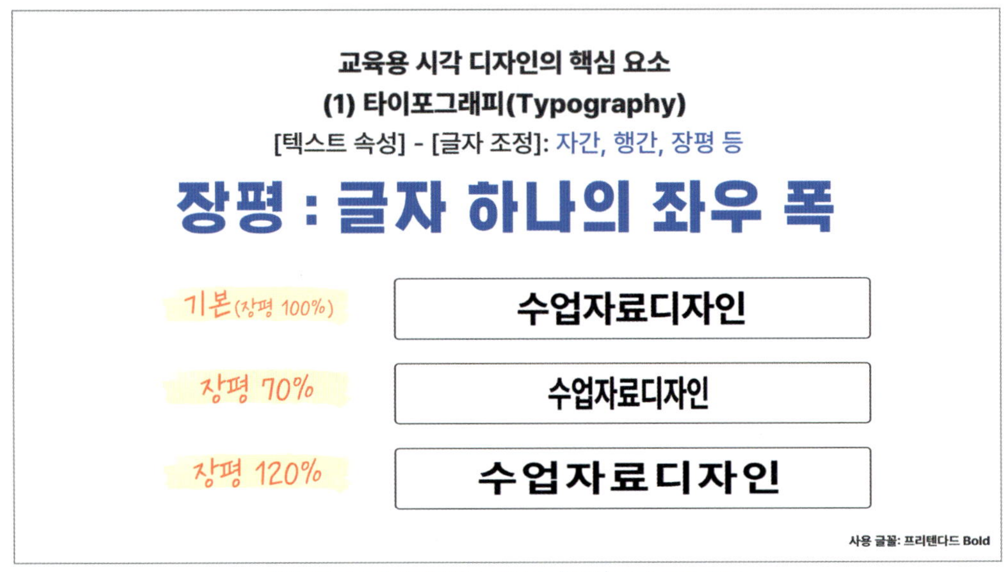


[이미지 5-12] 미리캔버스 텍스트 '장평' 설정 적용 화면

장평(글자 폭 조절)은 시각적 균형과 공간 활용을 최적화하는 효과가 있다. 장평을 조절하면 글자의 가로 너비를 줄이거나 늘려 전체 텍스트의 시각적 밀도를 조절할 수 있다. 긴 제목이나 한정된 공간에서 가독성을 해치지 않고 깔끔하게 정렬할 수 있으며, 슬라이드나 인쇄물에서 시각적 안정감을 높인다.

다음으로 외곽선, 그림자, 곡선 같은 효과는 단순한 디자인 이상의 기능을 하며, 수업 자료 디자인에서는 텍스트의 시각적 강조와 구분, 감성적 전달력을 높이는 효과를 지닌다. 이러한 효과들은 수업 자료의 가독성 향상은 물론, 학습자에게 감성적 몰입감이나 정보 구조에 대한 시각적 힌트를 주는 데 유용하게 쓰인다.

| 외곽선 | 그림자 | 곡선 |
|---|---|---|
| 텍스트의 대비 강화, 배경과의 구분 | 입체감 부여, 시선 유도 | 감성적 표현, 분위기 전환 |
| 예: 슬라이드 배경이 이미지일 때, 텍스트에 흰색 외곽선을 넣어 가독성 향상 | 예: 수업 시작 슬라이드나 교과서 표지에 활용 시, 제목이 화면에서 도드라져 학습자들의 주의 끌기 유도 | 예: "환영합니다!" 같은 안내 문구를 곡선으로 배치해 친근함 전달 |

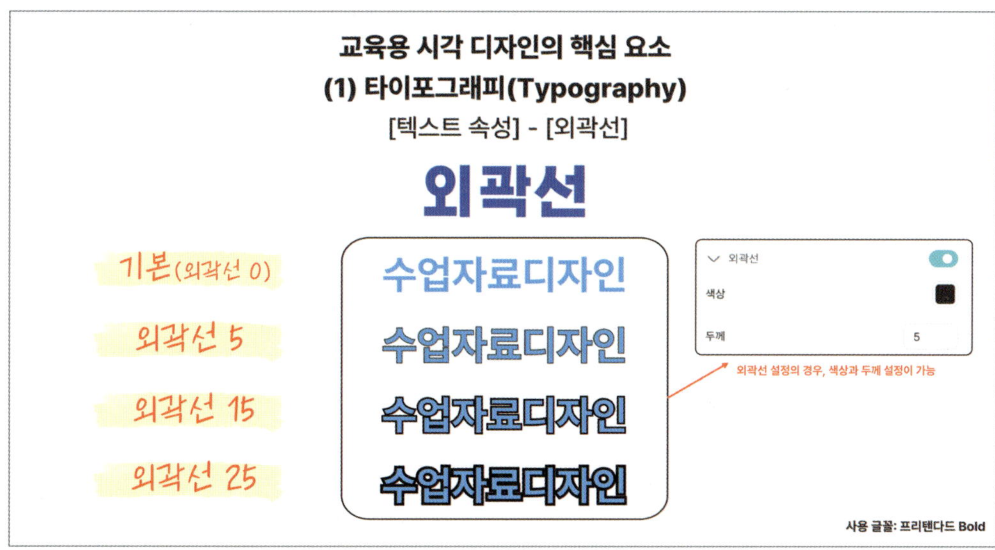


[이미지 5-13] 미리캔버스 텍스트 '외곽선' 설정 적용 화면

외곽선을 적용하면 밝은 배경 위의 밝은 텍스트나, 복잡한 이미지 위의 텍스트가 더 잘 드러나도록 대비를 높여 줄 수 있다. 이를 통해 학습자는 시각적 방해 요소 없이 정보에 빠르게 집중할 수 있다.

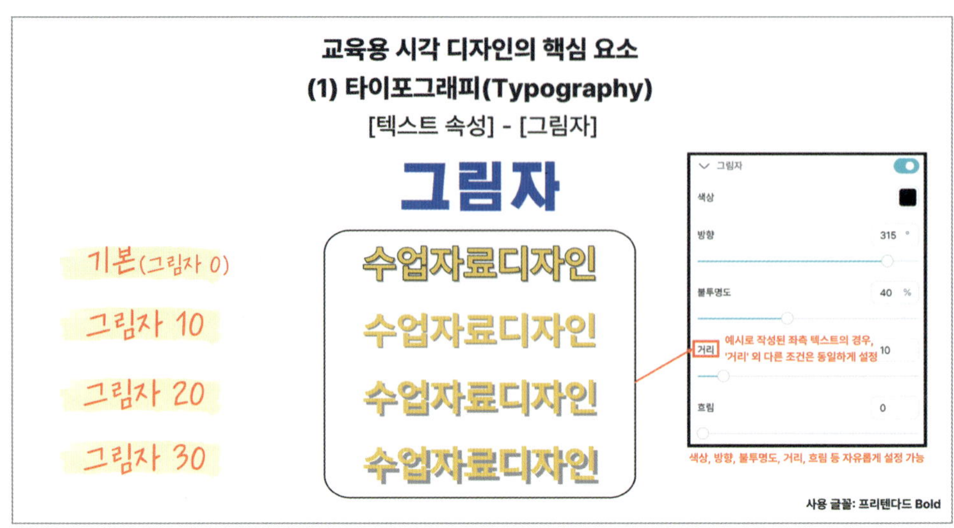



[이미지 5-14] 미리캔버스 텍스트 '그림자' 설정 적용 화면

그림자는 텍스트에 공간감과 깊이감을 추가해, 일반 텍스트보다 더 눈에 띄게 만들 수 있는 시각적 도구이다. 특히 강조하고 싶은 핵심어, 제목, 활동 안내 등에서 사용하면 학습자의 주의를 효과적으로 끌어낼 수 있다.

[이미지 5-15] 미리캔버스 텍스트 '곡선' 설정 적용 화면

곡선 효과는 텍스트를 부드럽게 구부려 배치함으로써 딱딱하고 일률적인 레이아웃에 변화를 주고, 시각적 흥미를 유발한다. 특히 저학년 학생이나 창의적인 활동 자료에서 놀이적, 감성적 분위기 조성에 적합하다.

## (2) 색채(Color)

[이미지 5-16] 미리캔버스 색상 설정 화면

색상은 정보 분류와 감정 유발의 도구로 활용된다. 같은 배경에서 대비가 뚜렷한 색상을 사용하면 주의 집중을 유도할 수 있다. 단, 색은 너무 많게 쓰면 오히려 시각적 소음을 유발하므로 3~4가지 색 이내의 팔레트를 유지하는 것이 바람직하다. 또한, 색각 이상자를 고려해 보색 대비보다는 명도 차를 활용해야 한다.[4] 따라서 관련 있는 정보는 색상이나 선으로 묶고, 다른 항목과는 간격을 주어 구분함으로써 학습자가 빠르게 정보를 분류할 수 있도록 도와야 한다.

## (3) 아이콘 및 시각 상징(Visual Symbolism)

도해, 아이콘, 픽토그램 등 시각적 요소의 활용은 복잡한 개념을 단순화하고 이해를 돕는 데 효과적이다. 예를 들어, 순환 과정을 설명할 때 화살표 순서도로 시각화하면 학습자의 추론 과정을 단순화시킬 수 있다. 학습자의 사고 과정을 구조화하고 직관적으로 이해하는 것이 가능하다는 뜻이다.

미리캔버스에서는 [요소] 탭에서 일러스트, 도형, 선, 아이콘, 애니, 컬렉션, 프레임, 표, 차트, 조합 등 다양한 시각적 요소를 자유롭게 추가하여 활용할 수 있다. 특히 원하는 디자인과 유사한 요소를 선택하도록 지원하는 '비슷한 요소' 기능이 있어 활용도를 더욱 높였으며, 색상 또한 사용자 마음대로 지정하여 변경할 수 있다.

4) Wong, W. 1993. Principles of Color Design.

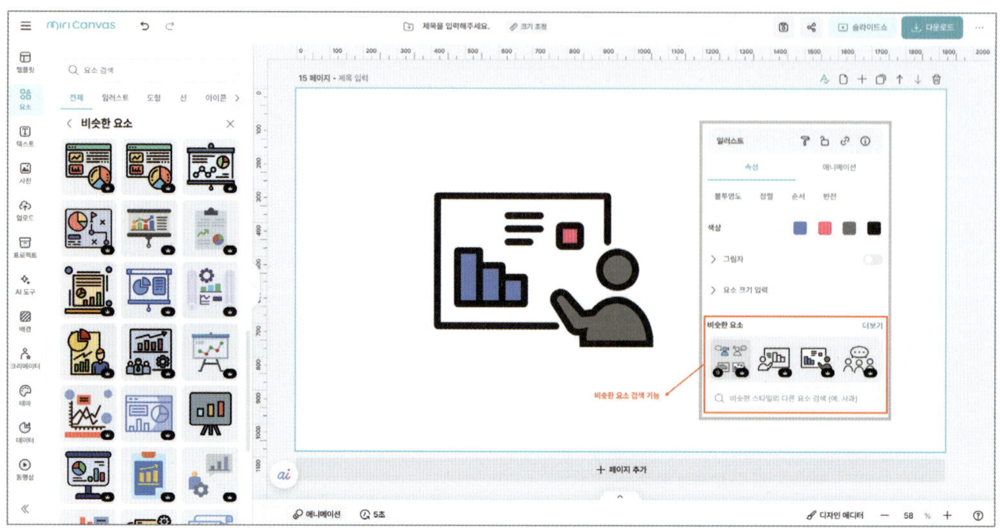

[이미지 5-17] 미리캔버스 요소 화면

듀이의 실용주의 교육 철학에서 강조하는 '경험의 연결'이라는 측면에서, 도해 및 아이콘과 같은 시각 요소는 학습자의 경험을 시각적으로 조직하는 중요한 매개로 작용한다. 특히 2022 개정 교육과정에서는 '깊이 있는 이해'를 강조하고 있는데 이를 실현하는 방법으로 '학습 맵 만들기', '개념 지도 그리기' 등 비주얼 싱킹 기반의 교수학습 전략이 주목받고 있다. 프로젝트 학습의 일환으로 학생들에게 PPT, 보고서, 카드뉴스 등 시각적인 결과물을 산출할 수 있는 과제나 활동을 부여하는 것이 그 예라고 할 수 있다. 이러한 방식은 학습자가 스스로 도형과 텍스트를 연결하며 개념 간의 관계를 시각적으로 표현하게 함으로써 주체적인 개념 학습을 가능하게 한다.

또한, 디지털 대전환 시대의 흐름에 맞춰 이와 같은 시각화 활동을 디지털 수행으로 지원하는 다양한 에듀테크 도구들이 출시되었다. 이는 이해 중심 교육과 개념 기반 교육과정이 다시 교육 현장에서 주목받는 배경이 되었으며, 시각적 표현과 디지털 기술의 결합이 학습자의 깊이 있는 이해를 촉진하는 새로운 교육적 방향으로 자리 잡고 있음을 알 수 있다.

## (4) 구성(Layout)

쉽게 말해 레이아웃은 동선과 같다. 시각적 균형과 정보의 논리적 흐름을 고려한 레이아웃은 학습자의 인지적 통합에 기여한다. 레이아웃이 어렵게 느껴진다면, 시선의 흐름을 떠올려 보자. 좌에서 우로, 상에서 하로 흐르는 구조는 한국어 사용자에게 자연스럽고 직관적이다. 시각 중심이 되는 지점에 핵심 개념을 배치하고, 그 주변에 보조 정보를 배치하는 구성은 효과적인 인지 지도를 제공한다. 따라서 레이아웃은 언제나 보는 이의 입장에서 생각해야 하며, 더 보기 좋고 안정적으로 느끼는 배치가 될 수 있도록 위치를 잡을 때 신중한 고민이 필요하다.

미리캔버스에서는 레이아웃과 미감을 모두 잡은 다양한 템플릿을 무료로 제공하고 있으므로 용도에 맞는 유형별 템플릿을 레퍼런스로 삼아 살펴본 후, 수업 자료 제작에 참고하는 것도 큰 도움이 될 것이다.

## (5) 이미지와 텍스트의 관계(Image-Text Relationship)

이미지와 텍스트는 단순히 병렬적으로 배치되는 것이 아니라 의미상 유기적으로 연결되어야 한다. 예를 들어, 이미지가 텍스트의 설명을 구체화하거나, 텍스트가 이미지의 맥락을 보완하는 방식이어야 한다.[5]

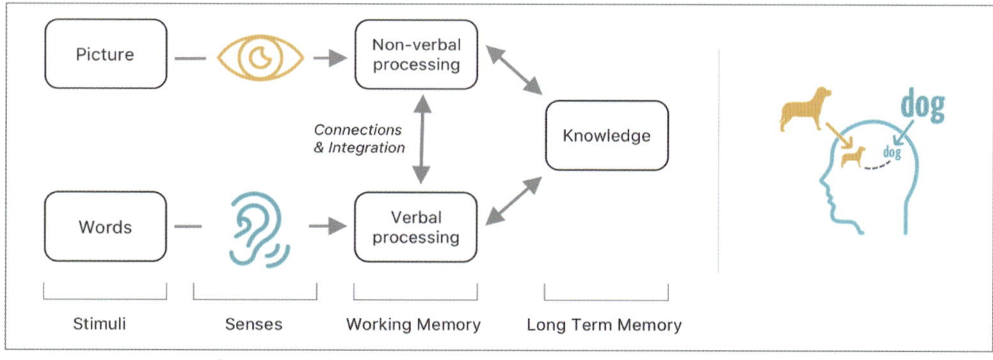


[이미지 5-18] 듀얼 코딩 이론 (출처: https://k-carlson180.medium.com/)

인지심리학자 앨런 파이비오(Alan Paivio)가 제안한 듀얼 코딩 이론(Dual Coding Theory; 이중 부호화 이론)에 따르면, 그는 정보가 시각적 코드와 언어적 코드 두 가지 방식으로 처

---

5) Kress & van Leeuwen, 2006. Reading Images.

리될 때 더 효과적으로 기억된다고 보았다.

즉 사람의 뇌는 문자와 이미지를 섞어 놓은 정보를 더 빨리, 더 오래, 더 자세히 기억한다는 것이다. 쉽게 말해 '사과'라는 단어와 '사과' 그림을 동시에 보여 주면 더 기억에 오래 남는다는 것이다. 생각해 보면, 유아들이 말과 글자를 익힐 때 쓰는 낱말 카드의 형태가 보통 이런 식으로 이루어져 있다.

[이미지 5-19] 이미지와 텍스트의 관계

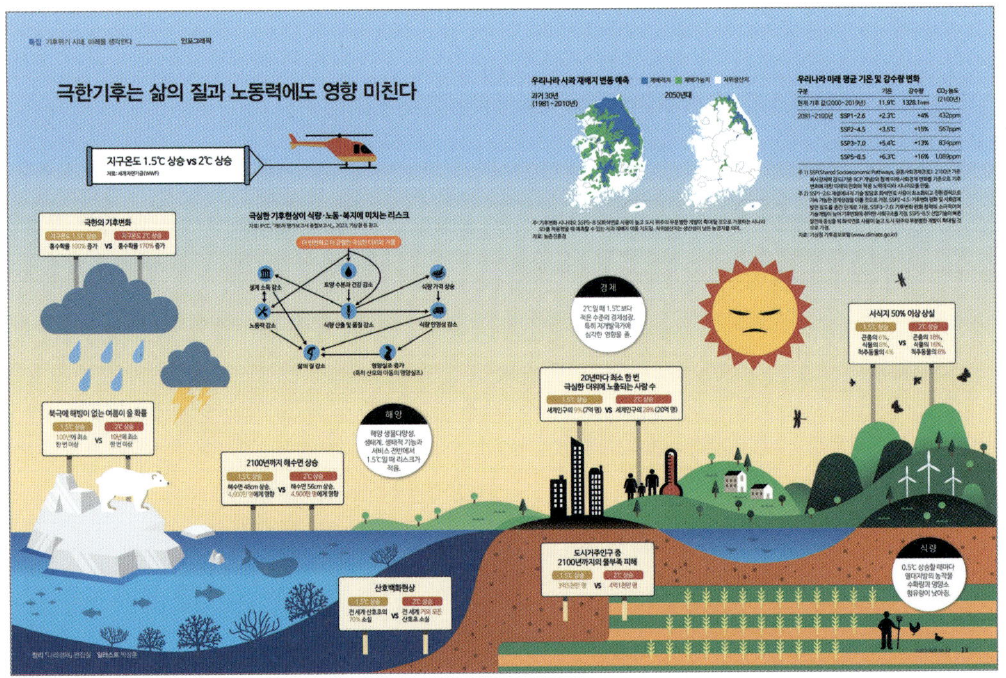

[이미지 5-20] 인포그래픽(출처: KDI https://eiec.kdi.re.kr/issue/infographic.do)

듀얼 코딩 이론을 이용한 가장 대표적이면서 고도화된 디자인이 '인포그래픽' 디자인이다. 따라서 이미지와 텍스트를 적절히 병행하는 수업 자료는 학습자의 이해력과 장기 기억력에 긍정적인 영향을 줄 수 있다.

# 2. 비주얼 리터러시의 이해와 적용 방법



## 1 비주얼 리터러시의 개념과 역사적 맥락

현대 사회에서는 정보의 80% 이상이 시각적 형식으로 전달되며, 이러한 정보를 읽고 생산하는 능력이 곧 학습 능력과 직결된다. 이처럼 시각 정보의 비중이 높아지는 환경 속에서, 텍스트 중심의 전통적인 문해력만으로는 학습에 한계가 있기에 이를 보완하는 시각적 해석 능력이 필수 역량으로 떠오르고 있다. 이러한 시각적 해석 능력을 가리켜 '비주얼 리터러시(Visual Literacy)'라고 일컫는다. 이는 전통적인 문해력(literacy) 개념이 확장된 '다중 문식성(Multiliteracies)'의 한 형태로, 문해력이 단지 문자 해독 능력이 아니라 시각, 디지털, 미디어, 정보 등 다양한 방식으로 확장됨을 의미한다. 다시 말해, 비주얼 리터러시는 디지털 미디어 환경 속에서 다중 문식성이 갖는 핵심 축이자 필수적인 역량이라고 할 수 있다.

비주얼 리터러시는 단순히 그림이나 사진을 보는 능력이 아니라 시각 정보를 해석하고 평가를 통해 비판적으로 분석하며, 그것을 활용해 의미를 창조하는 능력을 의미한다. 1960년대 말 미국의 미술교육학자 존 데브스(John Debes)가 처음 사용한 개념으로, 그는 "시각 이미지는 반드시 해석되어야 하는 보편적인 텍스트상의 지식으로 다루자"라고 주장했다.

쉽게 말해 사진, 그림, 아이콘, 영상 같은 시각 이미지도 글이나 말처럼 '읽고 이해
해야 하는 지식의 한 형태'로 보아야 한다는 뜻이다. 우리는 흔히 글자는 '읽는 것'이
고, 이미지는 그냥 '보는 것'이라고 생각하지만, 그는 이미지도 그 속에 담긴 의미를
해석하고 이해하는 과정이 필요하다고 강조했다. 즉 이미지도 하나의 언어처럼 다뤄
져야 한다는 것을 강조함과 동시에 이미지를 해석하는 능력인 비주얼 리터러시가 글
을 읽는 능력만큼 중요함을 역설한 것이다.

## 2 교육에서 비주얼 리터러시가 필요한 이유

위와 같은 주장은 교육 현장에도 시사하는 바가 크다. 비주얼 리터러시는 수업을
설계하는 교사에게도, 학습 내용을 이해하고 표현하는 학생에게도 필수적인 요소가
되었다. 정보 전달 방식이 시각 중심으로 바뀌면서 이미지를 단순히 소비하는 데 그
치지 않고, 의미를 구성하고 비판적으로 수용하는 자세가 교사와 학생 모두에게 중요
해졌기 때문이다.

현대 교육 환경에서는 슬라이드, 인포그래픽, 영상, 인터랙티브 콘텐츠 등 시각 자
료의 활용 비중이 압도적으로 높아졌다. 디지털 매체와 멀티미디어 자료가 학습 자료
의 중심으로 부상하면서 학습자는 이미지, 아이콘, 인포그래픽, 다이어그램 등 다양
한 시각 자료를 마주하게 된다.

이처럼 학습자는 수많은 이미지와 인포그래픽, 영상 콘텐츠에 노출되어 있다. 이러
한 자료를 무비판적으로 수용하는 것이 아니라, 핵심 메시지를 파악하고 허위 정보를
걸러낼 수 있는 시각적 비판 능력이 필요하다. 즉 정보 과잉 시대의 필터링 도구로서
비주얼 리터러시가 필요한 것이다. 교사는 학습 내용을 효과적으로 전달하기 위해 시
각 자료를 설계·편집할 줄 알아야 하며, 학생은 이를 해석하고 자신의 생각을 시각적
으로 표현할 수 있어야 한다.

또한, 비주얼 리터러시는 학습자 중심 수업 설계의 기반이기도 하다. 복잡한 개념
도 이미지, 도식, 픽토그램 등을 통해 구조화하면 훨씬 더 빠르고 깊이 있게 이해할

수 있어 비주얼 리터러시는 단순 '디자인 감각'이 아니라, 학습 효율을 높이는 사고 도구이다. 텍스트 중심의 정보는 언어 능력에 따라 편차가 클 수 있지만, 시각 자료는 상대적으로 직관적인 이해를 유도한다. 특히 초등학생이나 시각적 학습자(Visual Learner)에게는 더 큰 학습 효과를 발휘할 수 있으며, 다양한 배경을 지닌 학습자 간의 정보 격차 또한 줄일 수 있다.

특히 요즘 수업은 '말하고 듣는 수업'에서 '직접 표현하고 활동하는 수업'으로 바뀌고 있다. 학생들은 생각을 말로만 설명하는 것이 아니라, 마인드맵, 학습 맵, 디지털 포스터 등 시각적 방식으로 표현하게 되며, 이 과정에서 비주얼 리터러시가 필수 조건으로 작용한다.

나아가 비주얼 리터러시는 비판적 사고와 미디어 해석 능력과도 연결된다. 교사와 학생 모두 이미지, 광고, 데이터 시각화, 영상 등을 단순히 소비하지 않고 그 안의 의미, 메시지, 의도를 분석하고 판단하는 능력이 요구되기 때문에 디지털 미디어가 넘쳐나는 시대에는 '이미지를 읽을 줄 아는 능력'이 곧 미디어 문해력으로 확장된다.

따라서 학습자는 단순히 주어진 자료를 '감상'하는 것을 넘어서 다양한 시각적 요소가 왜 그런 구도로 배치되었는지, 어떤 메시지를 전달하려고 하는지, 보는 사람에게 어떤 영향을 주는지를 비판적으로 읽고 이해해야 한다. 교육적 맥락에서 시각 자료의 의미를 주체적으로 해석하고 활용할 수 있는 능력이 점점 더 강조되는 것이다. 이러한 해석 능력은 수업 자료를 단순히 '보여 주는 도구'가 아니라, 학습자가 의미를 구성하고 사고를 확장하는 매개체로 활용하기 위한 전제 조건이기도 하다. 따라서 교사 역시 시각 자료를 비판적으로 바라보고, 전략적으로 설계할 수 있는 시각적 문해력을 갖추는 것이 교육 현장에서 점점 더 중요해지고 있다.

학교 현장에서는 이를 수업 자료 분석과 제작 활동에 적극적으로 통합할 필요가 있다. 교사는 학습자가 시각 자료를 단순 소비자가 아닌 적극적인 해석자이자 제작자로 성장하도록 도와야 한다. 굳이 미술 수업이 아니더라도 말이다. 예를 들어, 역사 수업에서 과거의 선전 포스터를 제시하고, 그 속에 담긴 메시지, 상징, 구도, 색상의 의미를 분석하게 하는 활동은 비주얼 리터러시를 기르는 좋은 사례다.

또한, 학생이 직접 시각 자료를 제작해 보는 과정도 중요하다. 과학 수업에서 실험 결과를 인포그래픽으로 정리하게 하거나, 국어 수업에서 문학 작품을 시각화해 보는 과제는 학습 내용을 보다 깊이 있게 이해하도록 돕는다. 학습자가 도식화, 마인드맵, 다이어그램 등을 스스로 구성할 수 있다면, 추상적 개념을 구조화하고 자기 주도적으로 학습할 수 있다. 이는 구성주의 교육학의 관점에서 학습자가 지식 구성의 주체가 되는 과정과 맞물린다.

## 3 수업 적용 방법 및 사례

비주얼 리터러시는 단일 교과가 아닌, 다양한 교과에서 통합적으로 적용할 수 있다. 아래 내용은 저자가 과목별 적용 사례를 예시로 든 것이다.

### (1) 국어과
- 활동 예시: 뉴스 기사, 광고, 시화, 만화 등을 제시하고 시각적 요소(색, 이미지, 레이아웃, 글꼴 등)의 의미를 분석하기, 자신이 읽은 책을 북포스터로 표현하기
- 목표: 문학적 상징 해석, 설득 표현 이해, 매체 문식성 향상
- 수업 아이디어: '광고 카피 분석' 활동에서 학생들에게 다양한 인쇄 광고를 제시하고, 색상과 이미지가 전달하는 감성적 메시지를 분석하게 한다. 이후 학생들은 같은 제품을 자신만의 시각 언어로 재광고하는 프로젝트를 수행한다.

### (2) 사회과
- 활동 예시: 역사적 포스터나 지도, 도표, 신문 기사 이미지 등을 분석하기, 시대적 맥락과 메시지를 시각적 요소를 통해 해석하기
- 목표: 역사 인식의 시각적 증거 이해, 미디어 비판 능력 강화
- 수업 아이디어: 한국사 수업에서 3·1운동 관련 포스터들을 분석하고, 각 이미지

에 담긴 저항의 방식과 상징을 비교하게 한 후, 학생들이 '현대판 3.1 포스터'를 제작하는 프로젝트 수업으로 연계한다.

### (3) 과학과

- 활동 예시: 생물학 다이어그램 만들기, 화학 반응 그림 그리기, 인포그래픽 자료 해석 및 제작하기
- 목표: 복잡한 개념 시각화, 데이터 기반 분석 능력 강화
- 수업 아이디어: '기후 변화' 단원을 배우고, 탄소 배출과 지구 온난화의 과정을 시각적으로 설명하는 인포그래픽을 미리캔버스로 제작하도록 한다. 학생들은 각자 주제(자동차, 플라스틱, 소비 생활 등)를 정하고, 시각 자료 제작을 통해 개념을 자기화한다.

### (4) 미술과

- 활동 예시: 미술 작품 해석을 통해 색상, 구도, 상징 분석하기, 자기만의 시각 언어 개발하기
- 목표: 창작 표현 능력, 시각 문화 이해력 향상
- 수업 아이디어: 고등학교 미술 수업에서 현대 광고 이미지와 앤디 워홀의 팝아트를 비교 분석한 후, 학생들이 'SNS용 사회적 이슈 이미지 포스터'를 제작한다. 시각적 언어를 비판적으로 해석하고 재창조하는 능력을 기를 수 있는 프로젝트로 연계 진행한다.

비주얼 리터러시는 단순한 기술 습득이 아니라, 교육의 질을 높이고 학습자의 표현력과 해석력을 신장시키는 중요한 수업 전략이다. 교사는 단순히 정보를 전달하는 존재를 넘어, 학습자에게 시각 정보의 독해자이자 창작자로 성장할 수 있는 길을 안내해야 한다. 다음 장에서는 이러한 시각 정보에 스토리텔링을 결합한 프레젠테이션 디자인의 전략에 대해 알아보자.

# 3. 스토리텔링을 결합한 프레젠테이션 디자인

[이미지 5-21] 유령 퇴치 대작전 수업 자료 일부 (출처: @chaerin_t)

단순한 정보 전달을 넘어, 이야기를 담은 프레젠테이션은 학습자에게 강한 인상을 남기고 기억에 오래 남는다. 스토리텔링 기법을 활용한 프레젠테이션 디자인은 교사뿐만 아니라 학생 발표에서도 효과적이다.

저자는 평소에도 게이미피케이션 수업이나 세계관 수업을 설계하는 것을 좋아한다. 이러한 형태의 수업은 타 학습 모형과는 달리 '세계관'이 중요하게 작용한다. 수업마다 설계된 세계관이 다르겠지만, '추리', '퀘스트'라는 흥미로운 요소를 통해 학생들의 주의를 끌고 학습 동기를 유발하는 것이 핵심이며, 무엇보다 학생들이 각자 부여받은 역할에 충실할 수 있도록 '학습 몰입감'을 주는 것이 중요하다.

저자가 기획한 세계관 안에서 학생들은 탐정, 요원, 경찰, 요리사, 탐험가 등 평소 쉽게 경험해 보지 못하는 인물이 되어 볼 수 있었으며, 직접 만날 수 없었던 역사 속 인물이 되어 보거나 데이터마이닝 전문가, 프로파일러 등의 역할도 수행해 볼 수 있었다. 부여된 역할에 몰입해 펼치는 논리적 추론과 직접 경험하는 문제 해결 과정을 통해 학습 내용을 복습할 수 있도록 지도하는 것이 핵심이다.

[유령 퇴치 대작전]
미리캔버스로 제작한 전체 수업 자료 확인하기

[이미지 5-22]

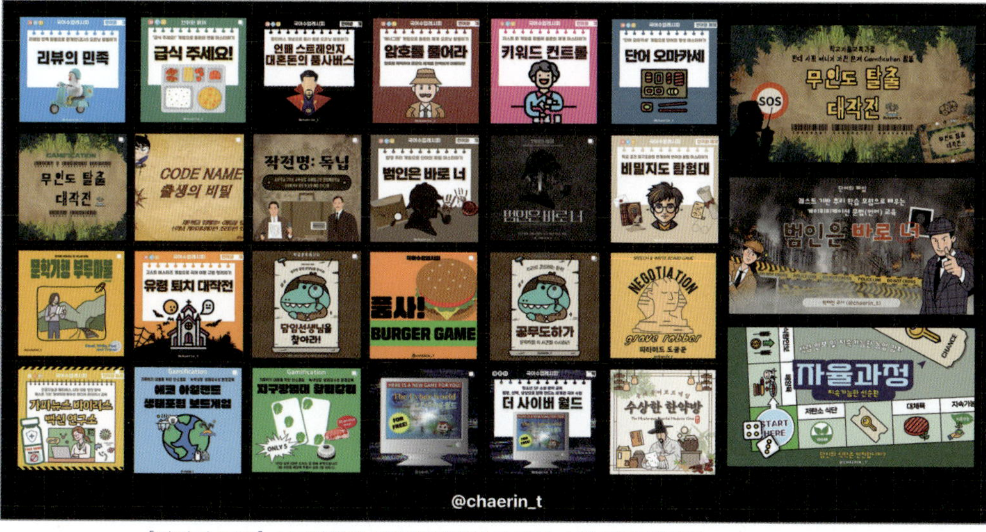

[이미지 5-23] 스토리텔링 게이미피케이션 국어 수업 자료 디자인 (출처: @chaerin_t)

수업 관련 에피소드를 하나 풀어 보자면, 저자가 개발하는 모든 수업 설계의 핵심은 바로 몰입감과 디테일이라고 할 수 있다. '채린티 유니버스'라는 거대한 세계관을 하나 창조하고, 학습자가 몰입할 수밖에 없는 설정의 스토리 라인을 짰다. 생각나는 예시를 하나 들어 보자면, 추리의 대명사 18세기 런던의 명탐정 '셜록 홈스'가 21세기 '설녹호 탐정'으로 다시 태어났다는 세계관을 들 수 있겠다. '설녹호'는 '셜록 홈스'를 음차 표기한 것인데, 학습자가 어렵다고 느끼는 문법 학습을 마치 방 탈출 게임을 하는 것처럼 연상하게 하여 퀘스트를 해결해 나가는 설정 아래 창의적인 수업을 기획하게 되었다.

실제로 사건을 의뢰받은 것처럼 몰입감을 살리기 위한 수업 자료의 디테일에도 신경을 많이 썼다. 퀘스트 진행에 필요한 수업 PPT와 퀘스트별 사용되는 모든 자료를 미리캔버스로 손수 제작하며 즐겁게 밤을 새웠던 기억이 생생하다. 퀘스트의 내용도 단순히 형성평가 문제를 반복 풀이하는 것에 그치는 게 아니라, 범인이 일부러 탐정을 약올리는 듯한 편지를 썼다는 설정 아래 6가지의 퀘스트가 다채롭게 구성되어 학습자의 실제 삶과 연계된 학습 전이를 일으키게 했다. 이는 곧 문법 수업을 더욱 흥미진진하게 만들고, 교실 현장과 학습 활동에 박진감을 불러일으킬 수 있었던 요인이라고 생각한다.

학생들의 반응은 그야말로 뜨거웠다. '수업 시간 내내 졸 틈이 없이 너무 재미있었어요.', '문법에 자신감이 생겼어요. 저 사실 문포자라 화작 선택하려고 했는데, 다시 해 보려고요!', '문법이 너무 재미있어요. 요즘 그냥 길거리에 보이는 간판이나 자주 접하는 단어, 문장들을 보면서 저도 모르게 형태소 분석을 하고 있어요ㅋㅋㅋ', '대탈출에 정종연 PD가 있다면, 우리 학교 세계관 최강자는 채린쌤!', '친구들이랑 같이 미션을 풀어가면서 전보다 더 친해졌어요! 이런 수업 만들어 주셔서 감사합니다!' 등의 다양하고 생생한 수업 후기를 받아 볼 수 있었다.


한 가지 재미있는 현상은 수업 전, 중, 후에 걸쳐 또래 학습과 또래 티칭이 발생한다는 것이다. 교사에게 배울 때는 잘 이해가 가지 않던 부분이 자신들과 비슷한 수준의 친구들에게 배울 때는 훨씬 귀에 잘 들어온다는 고백들이 쏟아져 나왔다. 교직 생활을 하면서 이러한 경험들이 소중히 쌓여 왔기에, 저자는 '스토리텔링'이 담긴 수업 자료 디자인의 힘을 굳게 믿고 있다.

그렇다면 어떻게 해야 수업 자료 디자인에 스토리텔링을 담아낼 수 있을까? 먼저, 프레젠테이션의 구조를 내용의 기승전결에 따라 구성하는 것이 중요하다. 도입에서는 흥미로운 질문이나 일화를 제시하고, 전개에서는 문제 상황과 배경지식을 설명하며, 절정에서는 핵심 개념이나 발견을 전달하고, 결말에서는 교훈이나 실생활 연결점을 제시하는 것을 예로 들 수 있다.

시각 디자인 면에서는 관련된 다양한 콘텐츠를 레퍼런스로 삼고, 이를 참고해 수업 자료를 제작하면 훨씬 수월하게 디자인에 스토리텔링을 담을 수 있다. 미리캔버스에서는 템플릿 검색 기능을 활용해 간편하게 템플릿을 불러와 곧바로 재구성할 수 있고, 템플릿이나 요소를 둘러보며 보게 되는 이미지를 통해 더 좋은 아이디어를 얻어 수업 자료에 녹여 낼 수 있다는 장점이 있다.

원하는 템플릿과 요소를 골랐다면, 슬라이드마다 서사의 흐름을 고려한 이미지와 색상을 배치하고, 텍스트는 최소화하여 이야기 전달에 집중할 수 있도록 페이지를 구성한다. 특히 학습자의 공감대를 형성할 수 있는 실제 사례나 학생 경험을 바탕으로 스토리를 구성하면 더 효과적이다.

무엇보다 가장 중요한 것은, 디테일이다. 학습 몰입감을 유발하기 위해 전력을 쏟아부어야 한다. 최대한 비슷하게 만든다고 생각하고 창작한 수업 세계관을 마음껏 구현하면 된다. 저자에게 많이들 물어보는 질문이 바로 "어떻게 수업 자료를 그렇게 예쁘게 만드나요?", "어디서 그런 통통 튀는 수업 아이디어가 솟아나나요?"이다. 디자인은 정해진 매뉴얼이 없는 창작의 영역이다. 아이디어는 지천으로 깔려 있다. 이를 직접 실행으로 옮길 동력만 있으면 누구나 다 할 수 있다. 우선 일상에서 영감을 얻으라고 추천하고 싶다. 최대한 다양한 소재에서 수업 아이디어와 영감을 얻어 아카이빙(archiving) 하길 바란다. 학습자의 실제 삶의 맥락과 이어져 있는 것만큼 좋은 수업 아이디어가 없다고 확신한다.

# 4. 학생 참여형 디자인 프로젝트 예시

　학생이 능동적으로 수업에 참여할 수 있도록 유도하는 가장 효과적인 방법 중 하나는 디자인 중심 프로젝트 수업이다. 학생은 단순히 수업 내용을 수용하는 것을 넘어, 창의적으로 재구성하고 표현하는 기회를 갖게 된다.

　예를 들어, 사회 수업에서는 '가상의 도시 만들기' 프로젝트를 통해 도시 기능, 지역 계획, 교통망 등을 학습하고, 이를 시각적으로 표현한 도시 설계도를 제작하게 할 수 있다. 이 과정에서 색상, 구조, 텍스트 요소가 자연스럽게 통합된다. 또한, 과학 수업에서는 '나만의 과학 잡지 만들기' 프로젝트를 통해 실험 기록, 과학 기사 작성, 인터뷰 콘텐츠 등을 디자인 요소로 통합한 학습물을 제작하게 할 수 있다. 학생들은 편집자, 디자이너, 기자 등의 역할을 나누어 협업하게 되며, 이는 팀워크와 문제 해결 능력을 동시에 기르는 기회가 된다.

　저자는 사용자 참여 설계를 교육학적 관점으로 접근하여 다음과 같은 학생 참여형 학교 공간 혁신 디자인 프로젝트 수업을 기획해 보았다. 학생들이 자신의 학교 공간에 대한 주체적 인식을 갖고, 디자인적 사고와 시각적 표현 역량을 키우는 학교 공간 리디자인 프로젝트이다.

<table>
<tr><td colspan="2">'우리가 바라는 학교, 내 손으로 바꾸는 학교'<br>- RE:School 우리 학교 리디자인 프로젝트 -</td></tr>
<tr><td>프로젝트<br>개요</td><td>

• 목표: 학교의 공간(복도, 도서관, 쉼터 등)을 관찰하고, 문제를 정의하며, 적절한 공간 개선 아이디어를 다양한 시각 자료로 제안하기<br>
• 수업 차시: 5~8차시 (학교 여건과 연계 활동 여부에 따라 조정)<br>
• 수업 형태: 프로젝트 기반 학습(PBL), 학생 참여형 수업<br>
• 활용 도구: 미리캔버스(디지털 콘텐츠 제작), 스마트폰(사진 촬영), 패들렛(온라인 갤러리워크 전시회를 통한 결과물 공유 및 피드백)
</td></tr>
<tr><td>진행<br>단계별<br>활동</td><td>

① 관찰 및 문제 정의<br>
  - 💡예) '학교에서 가장 불편하거나 아쉬운 공간은 어디인가요?'<br>
  - 직접 학교 곳곳을 사진 촬영하며 불편하거나 개선하고 싶은 공간을 기록<br>
② 공간 분석 및 사용자 관점 탐색<br>
  - 💡예) '이 공간을 주로 누가, 언제, 어떻게 사용하나요?'<br>
  - 해당 공간의 사용자(학생, 교사 등)의 동선을 분석하고 니즈 파악<br>
③ 시각 자료 제작 (미리캔버스 활용)<br>
  - 카드뉴스: 공간 문제 → 사용자 요구 → 디자인 아이디어<br>
  - 인포그래픽: 기존 공간 동선 vs 제안하는 개선안 비교<br>
  - 가상포스터: '이렇게 바뀐다면!' 공간 활용 장면을 상상한 콘셉트 이미지<br>
④ 공유 및 피드백<br>
  - 학급 또는 학년 단위로 온라인 갤러리워크 전시<br>
  - 학생·교사·학교 구성원 피드백 수렴<br>
⑤ 실제 제안서로 발전<br>
  - 우수 아이디어는 학교공간혁신 TF나 학생자치회와 연계해 제안서 초안으로 활용
</td></tr>
<tr><td>기대 효과</td><td>

• 공간에 대한 비판적 시각 + 창의적 문제 해결력 향상<br>
• 디지털 리터러시 및 비주얼 리터러시 신장<br>
• 학생 목소리를 담은 사용자 중심 설계 경험
</td></tr>
<tr><td rowspan="3">예시 주제</td><td>'복도에 앉을 공간이 없어요' → 휴게 벤치 제안 카드뉴스</td></tr>
<tr><td>'도서관이 너무 어두워요' → 조명 개선 인포그래픽</td></tr>
<tr><td>'교실이 너무 삭막해요' → 학급별 칠판/게시판 색상 가이드 포스터</td></tr>
</table>

1장

2장

3장

4장

**5장**

6장

7장

8장

9장

<table>
<tr><td colspan="2" align="center">학생 참여형 디자인 프로젝트 수업 지도안</td></tr>
<tr><td>학습 목표</td><td>- 인지적 목표: 공간의 기능과 사용자 요구를 이해하고, 시각적으로 문제를 표현할 수 있다.<br>- 정서적 목표: 내가 속한 공간에 대해 애정을 갖고 주도적으로 개선 아이디어를 제안할 수 있다.<br>- 기능적 목표: 디지털 디자인 도구(미리캔버스)를 활용해 정보를 구조화하고 시각화할 수 있다.</td></tr>
<tr><td>[1차시]<br>문제 인식<br>및 관찰</td><td>▶ 학교 공간(복도, 급식실, 도서관, 휴게 공간 등)을 둘러보며 불편하거나 개선하고 싶은 공간을 사진으로 기록<br>▶ 불편한 이유와 사용자의 불편 포인트를 포스트잇이나 설문으로 수집<br>▶ 미리캔버스를 사용하기 위한 기본 사용법 소개 (간단한 실습)<br>✦ 꿀팁: 사진 촬영 전 '오늘 수업 목표는 공간 속 문제를 찾아내는 탐정이 되는 것'이라며 관찰 동기를 부여하면 흥미도 상승!</td></tr>
<tr><td>[2~3차시]<br>사용자<br>관점<br>분석 및<br>아이디어<br>구상</td><td>▶ '이 공간은 주로 누가, 언제, 어떻게 사용하는가?' → 사용자 페르소나 만들기 (초등/중등 학교급별 맞춤 조정 필요)<br>▶ '이 공간이 어떻게 바뀌면 더 좋아질까?' → 스케치 or 마인드맵 활동<br>▶ 미리캔버스에서 사용할 템플릿(카드뉴스/포스터/인포그래픽) 선택 및 구성 기획<br>✦ 꿀팁: 미리캔버스에서 '학교', '공간', '안전' 등의 키워드로 검색하면 관련 템플릿 다수 확보 가능!</td></tr>
<tr><td>[4~6차시]<br>디자인<br>제작 및<br>편집</td><td>▶ 미리캔버스로 실제 공간 디자인 제안 자료 제작<br>　- 카드뉴스: 문제점, 사용자 분석, 제안 정리<br>　- 포스터: Before & After 이미지 + 개선 메시지<br>　- 인포그래픽: 공간 사용 변화 흐름<br>▶ 이미지·아이콘·색상·폰트 선택 시 가독성, 시각적 위계 고려하도록 지도<br>✦ 꿀팁: 실시간 피드백 도구(Padlet) 등을 활용하면 동료 간 공유 및 개선이 활발해짐!</td></tr>
<tr><td>[7~8차시]<br>결과 공유<br>및 피드백</td><td>▶ 완성된 산출물을 학급 갤러리워크 형태로 전시하거나 발표<br>▶ 동료 피드백 수렴: '이 아이디어가 좋았던 이유는?', '더 개선하면 좋을 점은?'<br>▶ 우수 아이디어는 학생자치회, 공간혁신 TF에 공식 제안<br>✦ 꿀팁: 교장 선생님, 행정실 선생님을 초대해 발표하면 동기 부여 효과 200%!</td></tr>
</table>

위 프로젝트는 학생들이 '내 공간'을 관찰 → 문제화 → 시각적 설계로 표현하면서 비주얼 리터러시, 디지털 리터러시, 공간 감각, 시민성까지 아우를 수 있는 융합형 수업이다. 이러한 과정을 통해 학생들은 단순한 소비자가 아닌, 삶의 공간을 주체적으로 읽고 재구성하는 '시민 디자이너'로 성장하게 된다.

수업 디자인은 단순히 자료를 보기 좋게 만드는 기술을 넘어, 학습자 중심의 사고와 표현을 확장하는 교육적 도구이다. 본 장에서 제시한 원칙과 예시는 교사와 학생 모두에게 실질적인 도움이 될 수 있으며, 수업의 질적 향상을 위한 발판이 될 것이다.

# 6장

# 미리캔버스 심화 기능으로 창의성 높이기

# 1. 고급 템플릿을 활용해 수업 디자인 업그레이드하기

단언컨대 미리캔버스의 가장 큰 장점은 바로 '템플릿'이다. 하지만 그러한 템플릿도 '급'이 존재한다. 미리캔버스에서는 템플릿의 질적 수준, 볼륨 등에 따라 무료 템플릿과 유료 템플릿으로 나누어 제공한다. 그중에서도 특히 수업 현장에 활용할 수 있는 다양한 템플릿을 제공하는데, 무려 50만 개 이상의 교육용 템플릿을 제공한다. 최근에는 AI 프레젠테이션, 모션 템플릿, 테마색, 레이어 등 고급 기능이 대폭 강화되었다.

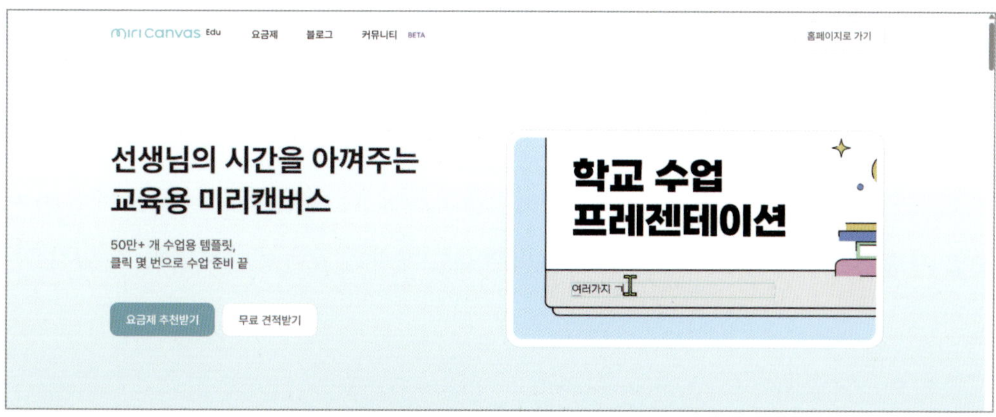


[이미지 6-1] 미리캔버스 교육용 템플릿 메인 화면

## **1 AI 프레젠테이션으로 빠르고 논리적인 수업용 슬라이드 제작**

앞선 수업 사례에서도 언급한 바 있지만, 최근 업데이트된 미리캔버스의 가장 큰 고급 템플릿 활용 기능은 바로 AI 프레젠테이션 제작 기능이다. AI 프레젠테이션 기능을 활용하면 최대 30장의 슬라이드 개요를 자동으로 생성할 수 있다. 예를 들어, 세계사의 흐름을 바꿔 놓았던 '십자군 전쟁'을 주제로 개요를 입력하면 서론-본론-결론 구조로 슬라이드가 자동 배치된다. 이후 불필요한 항목은 삭제하고, 핵심 메시지는 맨 앞이나 맨 뒤로 이동해 강조한다. 템플릿 선택 시 교육용 발표에는 가독성 높은 스타일, 감성적인 내용을 담은 발표에는 따뜻한 컬러를 추천한다.

---

**〈AI 프레젠테이션 3단계 활용법〉**

① 주제 및 세부 내용 입력하기: 수업 주제와 함께 학습 목표, 대상 학생 특성(학년, 수준)을 함께 입력하면 더 맞춤화된 결과를 얻을 수 있다.

② AI가 생성한 개요 수정하기: AI가 제안한 슬라이드 구성을 검토하고, 필요한 부분을 추가하거나 불필요한 내용을 삭제한다.

③ 템플릿 선택 및 최종 생성: 학습 내용과 학생들의 특성에 맞는 디자인 템플릿을 선택하여 최종 프레젠테이션을 완성한다.

---

## **2 AI 기반 세부 편집 기능을 활용해 순식간에 고급 템플릿 만들기**

AI 프레젠테이션 제작 기능 외에도 미리캔버스의 AI 세부 편집 기능을 이용하여 수업 자료(템플릿)의 퀄리티를 한층 더 높이면서도 제작의 효율성도 제고할 수 있다.

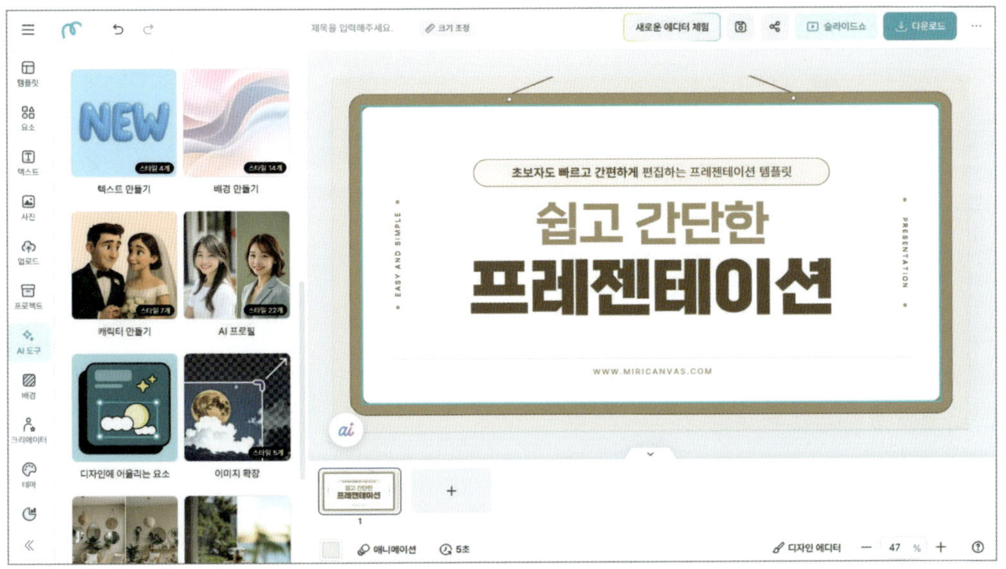



[이미지 6-2] 미리캔버스 AI 도구 활용 모습

AI 세부 편집 기능은 좌측 'AI 도구'를 클릭하면 바로 활용할 수 있다. 미리캔버스의 장점 중 하나인 사용자 중심의 UI를 통해 어떤 기능을 활용할지 일목요연하게 살펴볼 수 있다. 다만, 미리캔버스의 AI 기능은 반드시 PRO 계정에서만 사용할 수 있으니, 학교 예산을 활용하여 PRO 계정을 구매한 뒤 활용하는 것을 추천한다. 그 기능을 순차적으로 살펴보자.

### (1) AI 기능을 활용해 일러스트, 로고 제작하기

AI 드로잉 기능의 핵심은 텍스트 기반 프롬프트를 통한 자동 이미지 생성이다. 교사가 원하는 교육 주제나 개념을 간단한 문장으로 설명하면 AI가 이를 분석하여 적절한 시각적 표현으로 변환한다. 예를 들어, "조선 시대 한옥 마을의 평화로운 풍경, 따뜻한 햇살이 비치는 오후"라고 입력하면 AI는 역사 교육에 활용할 수 있는 생동감 넘치는 일러스트를 생성한다. 특히 참고가 될 만한 사진 자료를 함께 업로드해 주면 훨씬 더 퀄리티 높은 일러스트를 생성할 수 있다.

[이미지 6-3] 미리캔버스 AI를 활용한 일러스트 제작 장면

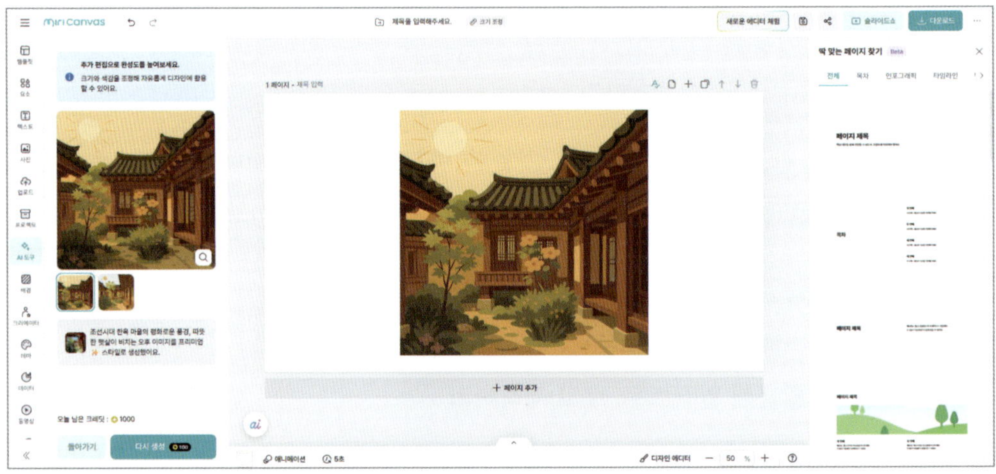

[이미지 6-4] 미리캔버스 AI를 활용한 일러스트 제작 완료 장면

　구체적인 사진 자료를 입력하면 이를 토대로 [이미지 6-4]와 같이 퀄리티 높은 자료를 제작해 주는 것을 확인할 수 있다. 특히 제작 완료 후에는 오른쪽 화면에 완성된 일러스트와 어울리는 PPT 디자인도 추천해 주는 것을 알 수 있다. 즉 하나의 활동으로 지속적인 AI의 추천을 받으며 기존에 수업용 슬라이드를 제작하는 데 들였던 품과 시간을 압도적으로 단축시킬 수 있으면서도 퀄리티 높은 자료를 제작할 수 있다.

로고 제작 기능은 학급 운영이나 교과별 브랜딩에 특히 유용하다. 학급의 정체성을 나타내는 심볼이나 교과목의 특성을 반영한 아이콘을 제작할 때, 브랜드명과 콘셉트만 입력하면 다양한 디자인 옵션을 제시받을 수 있다. 예를 들어, "'○○중학교 3학년 2반'이라는 학급의 로고. 창의적 사고를 가진 학생들이 함께 어깨동무를 하고 웃는 모습이 그려져 있고, 글씨체는 통통 튀는 글씨"라는 키워드를 입력하면, 학급의 교육 철학을 반영한 독창적인 로고가 생성된다. 역시 앞선 경우와 마찬가지로 이미지를 삽입하면 의도했던 이미지를 구현하는 데 더 큰 도움을 받을 수 있다.

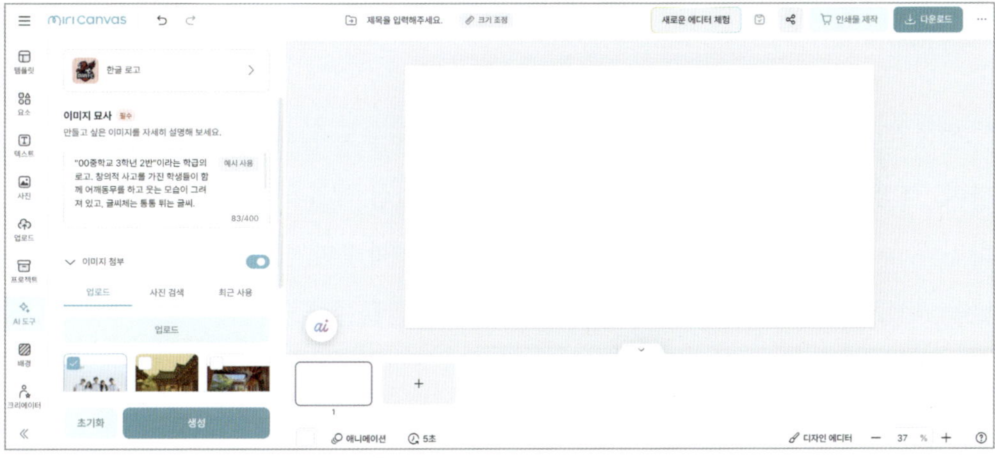

[이미지 6-5] 미리캔버스 AI를 활용한 로고 제작 장면

[이미지 6-6] 미리캔버스 AI를 활용해 학급 로고를 제작한 모습

[이미지 6-7] 미리캔버스 AI를 활용해 학급 로고를 제작한 후 편집을 하는 모습

생성된 로고나 일러스트는 미리캔버스의 편집 도구를 통해 추가적인 수정이 가능하다. 색상 조정, 크기 변경, 텍스트 추가 등의 후편집 작업을 통해 교육 환경에 최적화된 완성도 높은 시각 자료를 만들 수 있다. 특히 학교의 심볼 마크나 교실 환경에 맞는 색조로 조정하면 일관성 있는 학급 브랜드를 만들 수 있다.

### (2) AI 기능을 활용해 텍스트, 배경, 프로필, 캐릭터 제작하기

교육 콘텐츠의 다양성을 추구하는 현대 교실에서 AI 기반 텍스트 및 캐릭터 생성 기능은 수업의 질적 향상을 도모하는 핵심 도구가 되었다. 특히 개별화된 학습 경험을 제공하고 학습자의 흥미를 유발하는 데 있어 그 효과성이 입증되고 있다.

[이미지 6-8] 미리캔버스 AI를 활용해 텍스트를 제작하는 장면

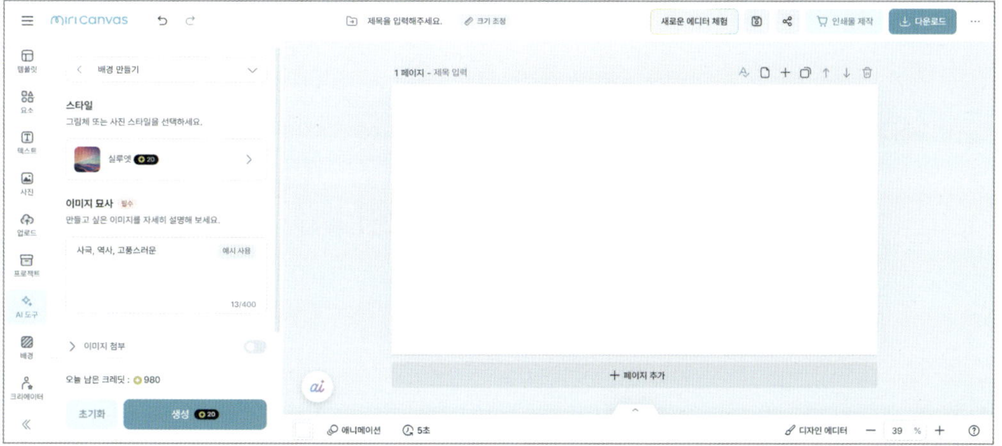

[이미지 6-9] 미리캔버스 AI를 활용해 배경을 제작하는 장면

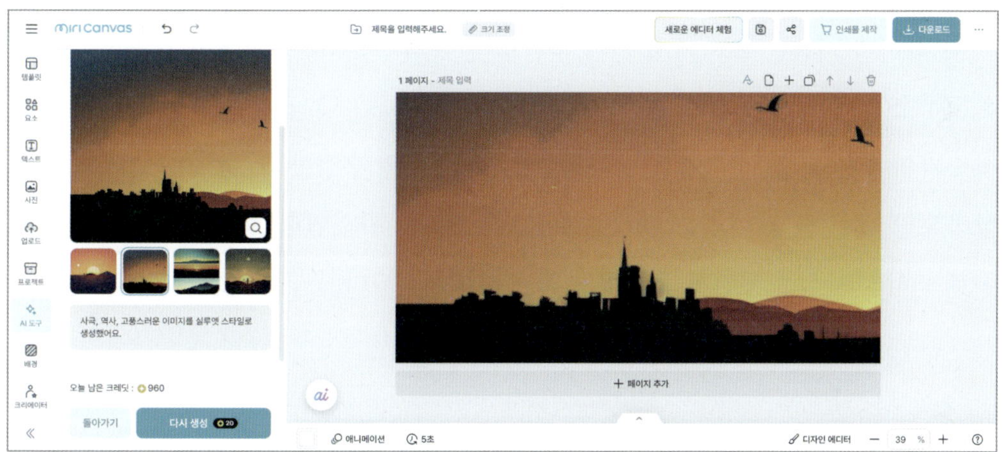

[이미지 6-10] 미리캔버스 AI를 활용해 PPT 배경을 제작한 장면

미리캔버스 AI 텍스트 및 배경 만들기 기능은 AI 기능 중에서도 가장 쉽다. 단어 위주의 프롬프트만 입력해도 수업 자료와 어울리는 멋스러운 디자인을 뚝딱 만들어 활용할 수 있다. 배경 제작 기능은 수업 분위기 조성에 핵심적인 역할을 한다. 각 교과목의 특성과 학습 주제에 맞는 배경을 생성하여 몰입도 높은 학습 환경을 조성할 수 있다. 역사 수업 외에도 과학 수업에서는 "미래적이고 첨단적인 실험실 분위기, 파란색과 은색 톤"으로, 문학 수업에서는 "고전적이고 따뜻한 도서관 분위기, 갈색과 노란색 톤"으로 설정하여 교과별 특색을 살린 시각적 환경을 만든다.

[이미지 6-11] 미리캔버스 AI 라이팅 기능을 활용하는 모습

　AI 라이팅 기능은 교사의 글쓰기 부담을 덜어 주는 동시에 교육적 효과를 극대화하는 텍스트를 생성한다. 프레젠테이션 제작 시 주제와 대상 학년을 명시하면, AI가 학습자의 수준에 맞는 적절한 어휘와 문체로 내용을 구성한다. "중학교 1학년 대상 삼국통일 과정 설명"이라는 프롬프트를 입력하면, 해당 연령대가 이해하기 쉬운 언어로 역사적 사실을 흥미롭게 풀어낸 텍스트가 생성된다.

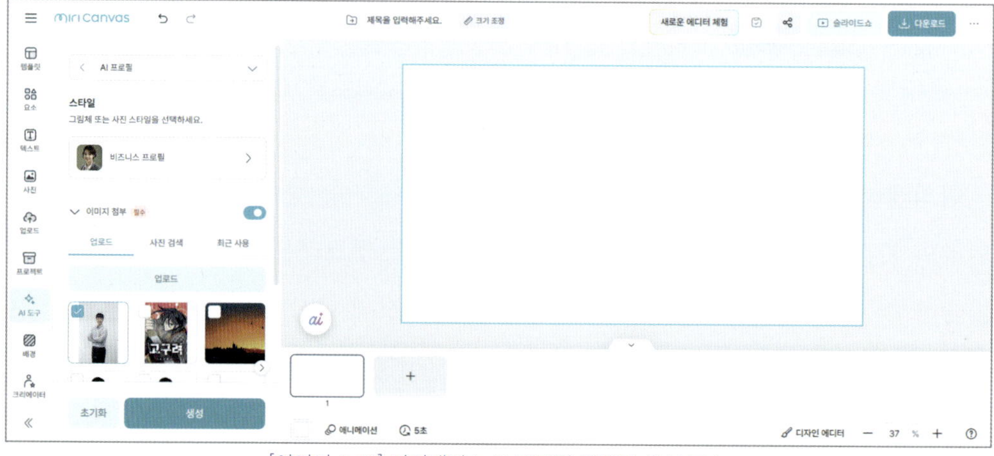

[이미지 6-12] 미리캔버스 AI 프로필 이미지 생성 모습

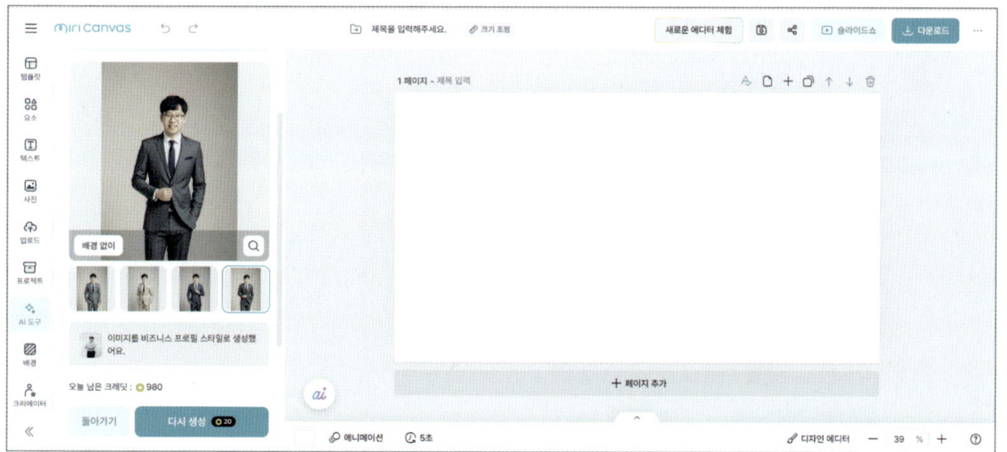

[이미지 6-13] 미리캔버스 AI 프로필 이미지(비즈니스 프로필) 생성 모습

프로필 이미지 생성은 온라인 수업 환경에서 특히 중요한 기능이다. 교사와 학생 모두가 개성 있으면서도 교육적 맥락에 적합한 아바타를 사용함으로써 디지털 학습 공간에서의 정체성을 확립할 수 있다. 커스터마이징(customizing) 기능을 통해 색감, 배경, 효과를 자유롭게 조정하여 학급의 통일성을 유지하면서도 개별성을 표현할 수 있다. 특히 원본 사진이 있다면 더 좋은 결과를 만들어 낼 수 있다. 교사들의 경우 '비즈니스 프로필'을 선택하여 디자인하면 순식간에 깔끔한 수트를 입은 사진으로 자신의 사진을 변환할 수 있다.

[이미지 6-14] 미리캔버스 AI 캐릭터 제작 기능

캐릭터 제작 기능은 간단한 프롬프트만으로도 교사, 학생의 프로필을 제작할 수 있을 뿐 아니라, 앞선 사례처럼 사진 첨부 기능을 지원하여 완성도 높은 캐릭터를 제작할 수 있다. 예로, "수트를 입고 있는 스마트한 선생님"이라는 간단한 프롬프트만으로도 아래와 같은 캐릭터 장면을 표현할 수 있다.

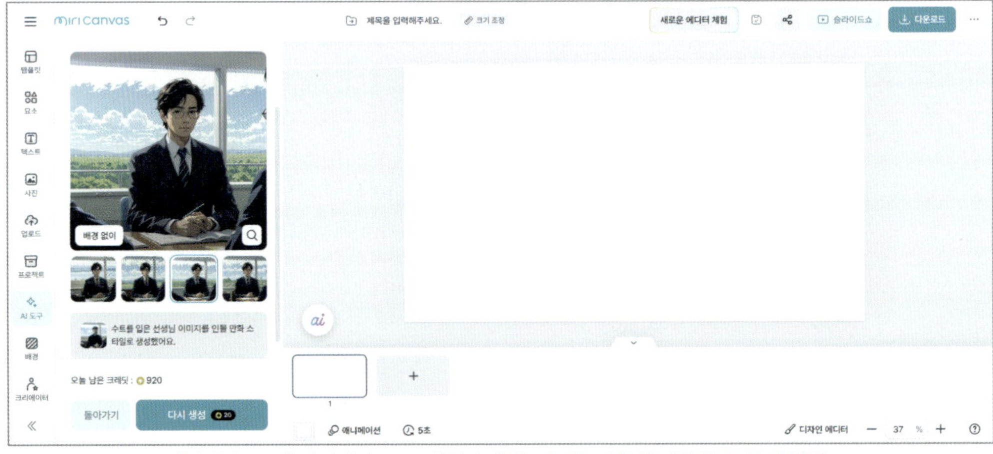

[이미지 6-15] 미리캔버스 AI 캐릭터 제작 기능을 사용해 제작한 교사 캐릭터

또한, 스토리텔링 기반 교육에서 그 진가를 발휘한다. 교육 내용을 전달하는 의인화된 캐릭터를 생성하여 학습자의 관심과 몰입도를 높일 수 있다. 생성된 캐릭터는 역사 수업 전반에 걸쳐 일관된 내러티브를 제공하는 교육적 도구가 된다. 복수 캐릭터를 활용한 대화형 콘텐츠 제작을 통해 토론이나 역할극 수업을 더욱 생동감 있게

연출할 수 있다.

## (3) AI 기능을 활용해 사진 교체, 비슷한 이미지 생성하기

배경 교체 기능은 학급 사진이나 현장 학습 자료를 더욱 의미 있게 활용할 수 있게 한다. 일반적인 교실에서 촬영된 수업 사진의 배경을 역사적 장소나 과학 실험실로 변경하여 학습 몰입감을 높일 수 있다. 이를 통해 예산이나 시간적 제약으로 실제 현장 체험 학습이나 견학이 어려운 상황에서도 간접 체험의 기회를 제공할 수 있다. 또한, 학교 축제 때 학급 부스 운영 시 포토존 및 우리 학급만의 '인생네컷' 효과를 연출할 수도 있다. 특히 만든 사진은 미리캔버스와 연동된 비즈하우스(https://www.bizhows.com/?lang=ko)를 통해 바로 포스터 등 실물 굿즈로 제작할 수 있으므로 교사의 기획 의도에 따라 교육적 효과성을 한층 업그레이드할 수 있다.

[이미지 6-16] 미리캔버스 AI를 활용해 학급 아이들과 찍은 사진을 바탕으로 배경 교체를 진행하는 모습

[이미지 6-17] 미리캔버스 AI를 활용해 학급 사진 배경을 아테네 아크로폴리스로 배경 교체한 모습

유사 이미지 생성 기능은 시리즈물이나 세트 교육 자료 제작에서 그 가치를 발휘한다. 하나의 우수한 교육 이미지를 기반으로 비슷한 스타일과 구성을 가진 다양한 버전을 생성하여 일관성 있는 교육 시리즈를 완성할 수 있다. 예를 들어, 아래와 같이 특정 역사적 장면이나 유물과 유사한 이미지를 생성할 수도 있고, 심지어 효과적인 수학 개념 설명 이미지가 있을 경우 이를 참조하여 다른 수학 단원에도 적용 가능한 유사한 스타일의 설명 이미지들을 자동으로 생성할 수도 있다.

[이미지 6-18] 미리캔버스 AI를 활용해 이집트 피라미드와 스핑크스 사진과 유사한 이미지를 생성하는 모습

[이미지 6-19] 미리캔버스 AI를 활용해 이집트 피라미드와 스핑크스 사진과 유사한 이미지를 생성한 모습

유사 이미지 생성 기능은 단순히 수업 자료를 제작할 때 원본 이미지의 해상도가 너무 낮거나 대상의 다양한 측면을 보여 주고 싶을 때 사용할 수도 있지만, 교사가 아래와 같이 AI를 활용한 이미지가 무엇인지 학생들에게 질문하여 동기를 유발하고, 역사적 사실을 바탕으로 진위를 가려내도록 수업을 기획하여 학생들의 비판적 사고를 촉진하는 데도 활용할 수 있다.

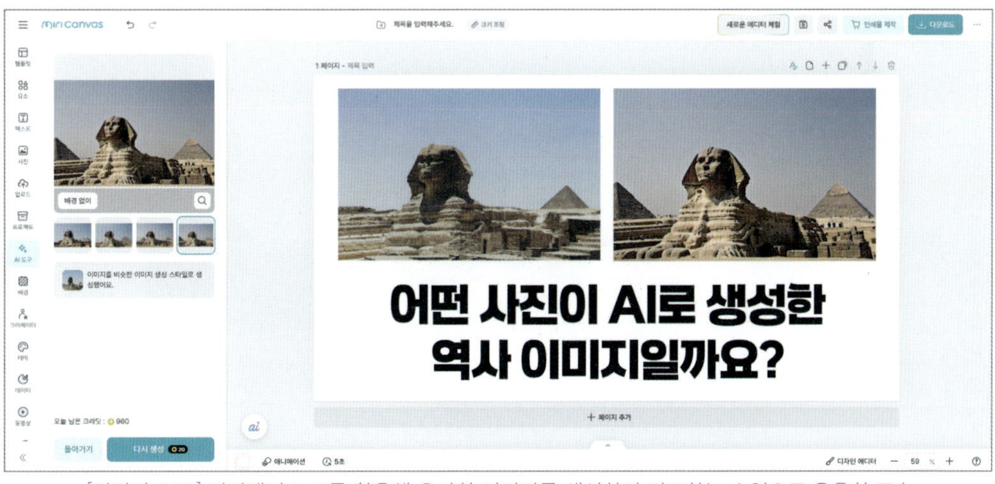


[이미지 6-20] 미리캔버스 AI를 활용해 유사한 이미지를 생성하여 비교하는 수업으로 응용한 모습

다만, 유사한 이미지 생성 기능은 생성하고자 하는 대상이 사람이 아닐 때 더욱 효과적이다. 기본적으로 AI가 인식하는 사람의 형태는 수많은 정보가 있으므로 특정 인

물과 유사한 이미지를 생성하는 데는 다소 아쉬운 결과를 보여 준다. 하지만 역사적인 유물, 데이터, 특정 장소, 건물 등 비인간(非人間) 정보에 대해서는 굉장히 퀄리티 높은 수준의 이미지를 생성해 내주는 것을 확인할 수 있다. 특히 역사 수업 측면에서는 더욱 효과적이다. 위에서 본 스핑크스의 사진에서도 볼 수 있듯 훼손된 유물, 유적의 경우 해당 부분을 나머지 부분을 토대로 상상하여 복원하여 생성해 낼 수 있다.

[이미지 6-21] 미리캔버스 AI를 활용해 배경 제거를 진행하는 모습

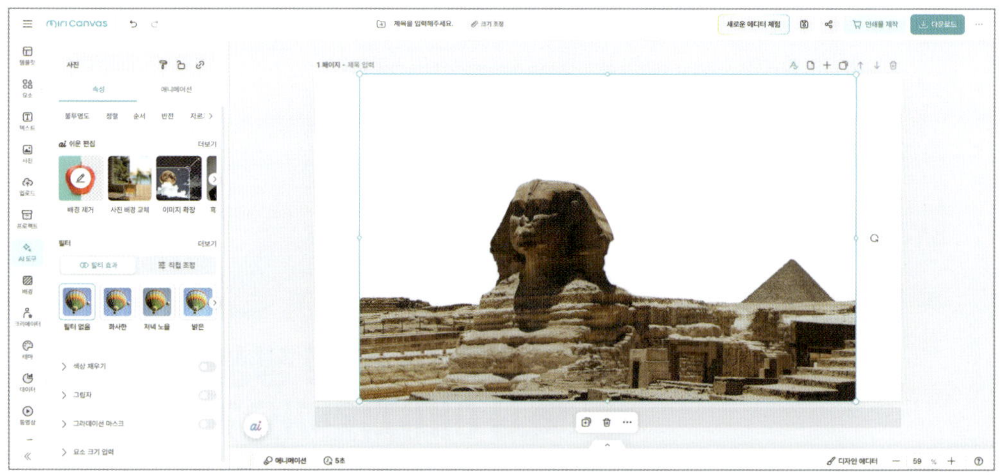

[이미지 6-22] 미리캔버스 AI를 활용해 배경 제거를 완료한 모습

배경 제거 기능은 교육 자료의 활용도를 크게 높이는 핵심 도구가 될 수 있다. 복잡한 배경을 가진 교육 관련 사진에서 필요한 피사체만을 추출하여 다양한 교육 콘텐츠에 재활용할 수 있다. 박물관에서 촬영한 유물 사진이나 현장학습에서 찍은 자연 현

상 사진에서 핵심 요소만을 분리하여 깔끔한 교육 자료로 변환하는 것이 가능하다. 위 예시처럼 특정 역사적 현장(스핑크스, 피라미드)을 PPT에 깔끔하게 넣어 구성하고 싶을 때도 활용 가능하다. 배경 제거는 위처럼 업로드한 사진을 클릭하면 좌측에 나오는 탭의 '배경 제거'를 클릭하면 5초 만에 진행할 수 있다.

# 2. 애니메이션, 동영상을 활용하여 더 생동감 있는 자료 만들기

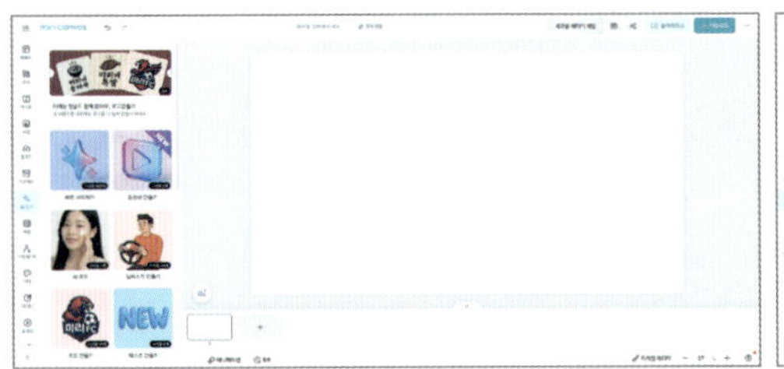

[이미지 6-23, 24] 미리캔버스 AI를 활용한 동영상 제작 과정

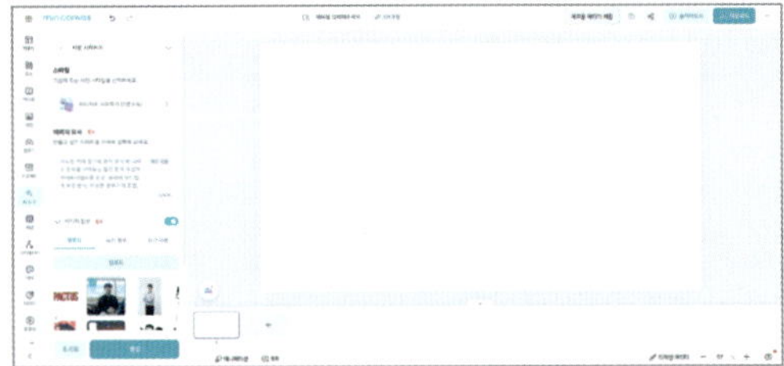

[이미지 6-25, 26] 미리캔버스 AI를 활용한 동영상 제작 과정

디지털 네이티브 세대의 학습자들에게 정적인 이미지만으로는 충분한 학습 동기를 유발하기 어려운 현실이다. 동적인 시각 요소는 학습자의 주의 집중을 높이고 복잡한 개념을 단계적으로 이해시키는 데 탁월한 효과를 발휘한다. 미리캔버스의 애니메이션 및 동영상 제작 기능은 교사들이 이러한 시대적 요구에 부응하는 매력적인 교육 콘텐츠를 손쉽게 제작할 수 있도록 지원한다. 특히 사진을 입력한 후 상황을 설명하는 명령어를 입력한 후 동영상을 생성하면 수업 자료 혹은 교육적 상황에 활용할 수 있는 생동감 있는 동영상을 손쉽게 확인할 수 있다.

애니메이션 기능의 기본 원리는 요소별 움직임 효과를 통한 시각적 흐름 구성이다. 교사는 수업 내용의 논리적 전개에 맞춰 텍스트나 이미지에 순차적인 등장 효과를 적용할 수 있다. 예를 들어, 역사 수업에서 삼국 통일 과정을 설명할 때, 고구려, 백제, 신라의 영토 변화를 단계별로 애니메이션화하여 시간의 흐름에 따른 변화를 직관적으로 보여 줄 수 있다. 좌측 에디터의 애니메이션 메뉴에서 페이드, 올라오기, 밀어내기 등 다양한 효과 중에서 교육 목적에 맞는 것을 선택하여 적용한다.

[이미지 6-27] 미리캔버스 애니메이션 기능 중 요소 재생 시간 조절 활용 장면 예시

요소 재생 시간 조절은 학습자의 인지 속도를 고려한 섬세한 교육 설계를 가능하게 한다. 등장 시간은 4.9초까지 설정 가능하며, 동영상 요소가 포함된 경우 해당 영상의 길이에 맞춰 자동 조정된다. 복잡한 개념 설명 페이지는 충분한 시간을 주고, 간단한 전환 페이지는 빠르게 넘어가도록 설정하여 수업의 리듬감을 조절할 수 있다.

# 3. 미리캔버스를 활용한 비주얼 퍼실리테이션 기법

## 1 레이아웃 마스터하기: 고급 템플릿의 구조 이해

효과적인 수업 자료는 단순히 예쁜 디자인이 아니라 정보의 구조화가 중요하다. 미리캔버스의 고급 템플릿은 교육학적 원리를 바탕으로 정보의 우선순위, 학습 순서, 집중력 배분을 고려하여 설계되어 있다.

---

**〈미리캔버스 템플릿을 활용한 레이아웃 구조화하기〉**

- 읽기 흐름 최적화 레이아웃: 학습자의 시선 이동을 고려한 Z패턴과 F패턴 레이아웃으로 핵심 내용을 효과적으로 전달한다.
- 정보 계층화 레이아웃: 주제-소주제-세부 내용으로 이어지는 계층적 구조로 복잡한 개념도 명확하게 전달할 수 있다.
- 비교/대조 레이아웃: 개념 비교가 필요한 학습에 최적화된 레이아웃으로 유사점과 차이점을 시각적으로 구분할 수 있다.
- 순차적 프로세스 레이아웃: 단계별 학습이 필요한 내용에 적합하며, 학습 과정을 명확하게 시각화할 수 있다.

---

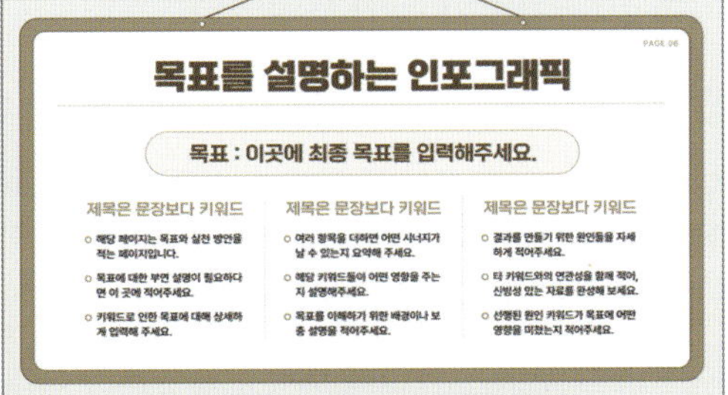

[이미지 6-28, 29] 읽기 흐름 최적화 레이아웃(F 패턴, 좌), 정보 계층화 레이아웃(우) 예시

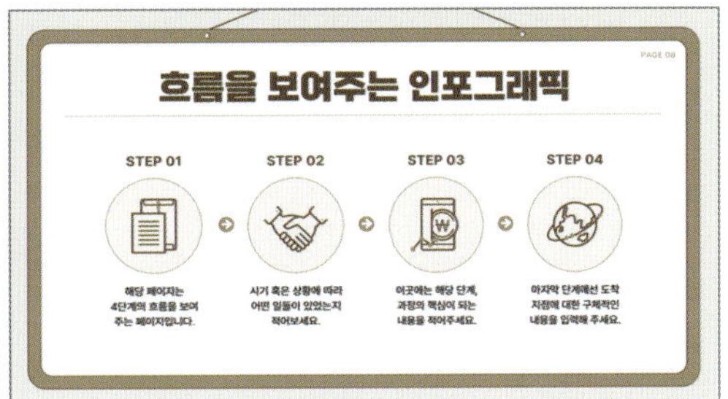

[이미지 6-30, 31] 비교/대조 레이아웃(좌), 순차적 프로세스 레이아웃(우) 예시

제한된 수업 시간 안에서 깔끔하고 구조화된 레이아웃을 갖춘 교육 자료 및 수업 자료는 학생들의 동기 유발 및 학습 몰입도 향상에 큰 도움을 줄 수 있다. 특히 비교/대조 레이아웃과 순차적 프로세스 레이아웃은 교과와 상관없이 개념의 깊이 있는 이해와 교과 내용의 흐름을 학생으로 하여금 한눈에 파악하기 쉽게 할 수 있다.

## 2 말머리 기능으로 더 깔끔한 프레젠테이션 만들기

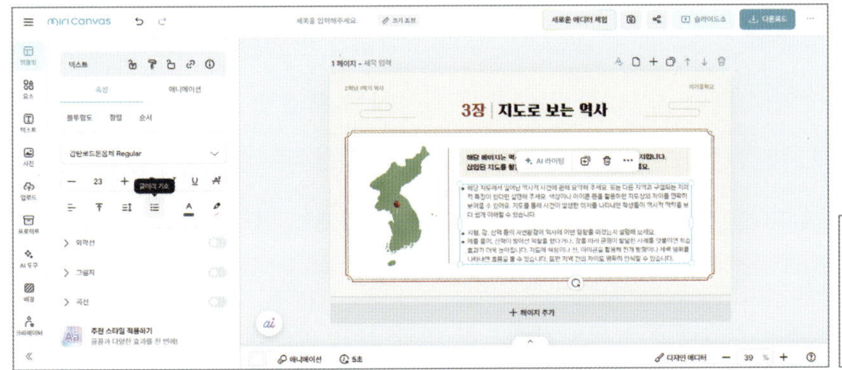

[이미지 6-32, 33] 말머리 기능을 활용해 내용을 정렬하는 모습(좌), 설명 QR코드(우)

　수업의 시청각 자료로 많이 활용되는 미리캔버스의 특성상 말머리 기능을 사용하면 훨씬 더 구조화된 모습으로 학생들의 집중을 유도할 수 있다. 말머리 기능의 사용 방법은 아래와 같으며, 구체적인 절차는 위 QR코드로 접속하면 확인할 수 있다.

<br>

**〈미리캔버스 말머리 기능을 활용해 구조화하기〉**
- 텍스트를 만든 뒤 좌측 메뉴에서 말머리 아이콘을 누른다.
- 한 번 누르면 동그란 말머리가, 두 번 누르면 숫자 말머리가 나온다.
- 두 번째 줄부터는 키보드의 'tab' 키를 사용해 다른 모양의 말머리를 사용할 수 있다.

## 3 차트 모양의 다양한 시각화로 청중의 가독성 높이기

[이미지 6-34] 차트 모양 시각화 기능을 활용해 차트의 데이터를 변경하는 모습

　교실에서 학생들에게 정보를 전달할 때, 글로만 설명하면 이해가 어렵고 집중력이 떨어질 수 있다. 이럴 때는 차트, 즉 그래프를 활용하면 복잡한 내용도 한눈에 쉽게 보여 줄 수 있다. 미리캔버스에서는 여러 가지 그래프를 아주 손쉽게 만들 수 있다. 예를 들어, 학생들의 출석률이나 성적을 보여 주고 싶을 때는 막대그래프를 이용하면 각 반이나 학년별로 차이가 한눈에 들어온다. 동아리별 학생 수나, 과목별 선호도를 보여 주고 싶을 때는 원그래프나 도넛그래프가 적합하다. 시간에 따라 점수가 어떻게 변하는지 보여 주고 싶다면 선그래프를 활용할 수 있다.

# 4 테마 색 기능, 레이어 기능으로 시각화 효율성 높이기

[이미지 6-35] 미리캔버스 레이어 기능을 활용해 PPT 디자인의 순서를 변경하는 모습

여러 가지 그림, 글씨, 아이콘이 겹쳐 있을 때는 '레이어' 기능이 큰 도움이 된다. 레이어 기능의 활성화는 좌측 상단의 삼색 바를 클릭하여 활성화에 체크를 해 주면 사용이 가능하다. 레이어는 투명한 종이를 여러 장 쌓아 올려 그림을 그리는 것과 비슷하다. 각 그림이나 글씨가 어느 위치에 있는지 한눈에 볼 수 있고, 순서를 바꿀 수도 있다. 예를 들어, 배경 그림 위에 차트, 그 위에 글씨, 그 위에 아이콘이 있는 구조라면, 레이어 패널에서 각 요소를 클릭해 쉽게 선택하고, 위아래 순서를 바꿀 수 있다. 필요 없는 부분은 잠가서 실수로 움직이지 않게 할 수도 있다. 레이어 기능을 활용하면 복잡한 자료도 체계적으로 관리할 수 있다. 여러 명이 함께 작업할 때도 각자 맡은 부분을 쉽게 구분해 편집할 수 있다.

# 4. 동시 협업 진행하기

미리캔버스에서 여러 사람이 동시에 하나의 자료를 만들고 수정하는 과정은 매우 체계적이고, 누구나 쉽게 따라 할 수 있도록 설계되어 있다. 협업의 시작은 '워크스페이스'와 '공유 드라이브'라는 두 가지 공간을 이해하는 것에서 출발한다.

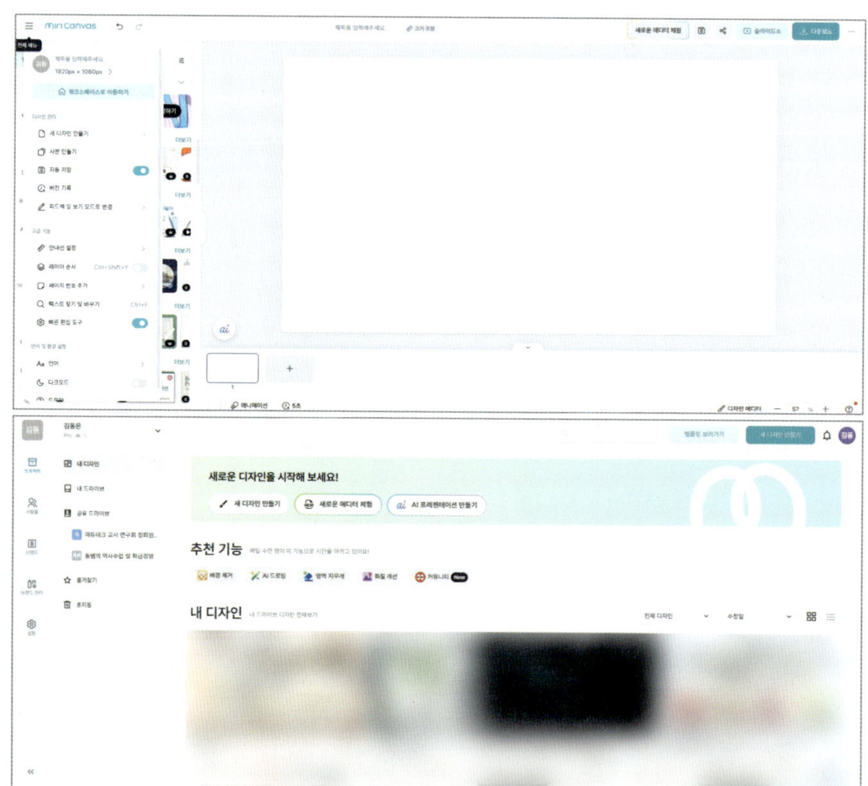

[이미지 6-36, 37] 미리캔버스의 작업 공간인 워크스페이스 확인 모습

먼저, 미리캔버스에 로그인하면 화면 왼쪽 상단에 집 모양 아이콘이 있다. 이 아이콘을 클릭하면 '워크스페이스' 화면으로 이동한다. 워크스페이스는 여러 명이 함께 일할 수 있는 작업 공간이다. 여기서 '내 드라이브'와 '공유 드라이브'라는 두 가지 저장 공간이 보이는데, '내 드라이브'는 오직 본인만 볼 수 있는 개인 저장소이고, '공유 드라이브'는 워크스페이스에 초대된 모든 사람이 함께 자료를 보고, 만들고, 수정할 수 있는 공간이다.

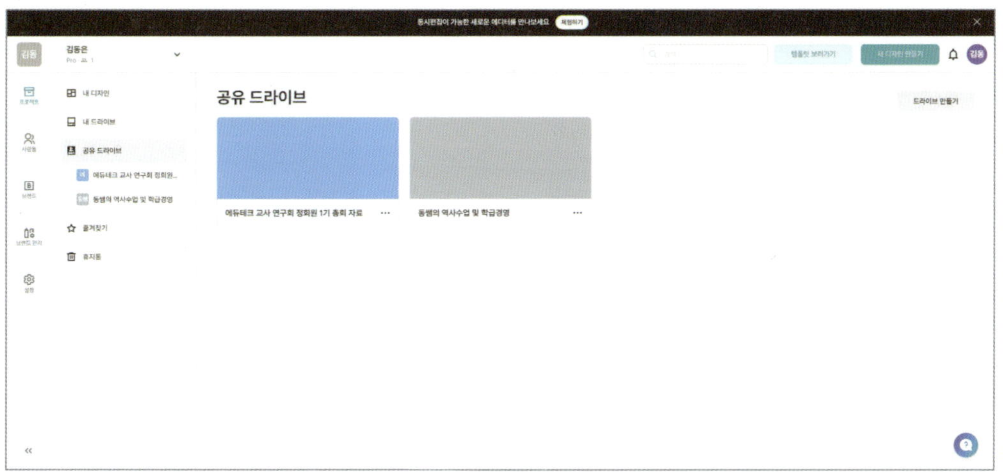

[이미지 6-38] 공유 드라이브에 공동 협업을 위한 폴더를 생성하는 모습

협업을 시작하려면 먼저 '공유 드라이브'를 만들어야 한다. 워크스페이스 화면에서 '공유 드라이브' 옆의 '+' 버튼을 클릭하면 새 공유 드라이브를 생성할 수 있다. 드라이브 이름을 정하고, 함께 작업할 사람들을 초대한다. 초대는 '멤버 초대' 버튼을 누른 뒤, 상대방의 이메일 주소를 입력하면 된다. 초대받은 사람은 이메일로 초대장을 받고, 수락하면 바로 워크스페이스와 공유 드라이브에 들어올 수 있다.

이렇게 해서 공유 드라이브가 만들어지면, 그 안에서 '새 디자인 만들기' 버튼을 눌러 새로운 자료를 만들 수 있다. 이때 만든 자료는 공유 드라이브에 자동으로 저장되어 초대된 모든 멤버가 동시에 볼 수 있고, 수정할 수 있다. 예를 들어, 한 명이 표지를 디자인하고 있을 때, 다른 사람은 본문 내용을 작성하거나 차트와 그림을 추가할 수 있다. 각자의 작업 내용이 실시간으로 반영되어 누가 무엇을 바꿨는지 바로바로 확인할 수 있다.

또한, 작업 내역이 자동으로 저장되기 때문에 실수로 내용을 지워도 걱정할 필요가 없다. 만약 이전 상태로 돌아가고 싶다면 상단 메뉴의 '파일' → '작업 내역'을 클릭하면 시간대별로 저장된 버전을 확인할 수 있다. 원하는 시점의 버전을 선택해 '이 버전 복원'을 누르면 그때의 상태로 자료가 되돌아간다. 만약 지금 작업 중인 파일을 따로 보관하고 싶다면 '사본 만들기' 기능을 사용해 복사본을 만들어 둘 수도 있다.

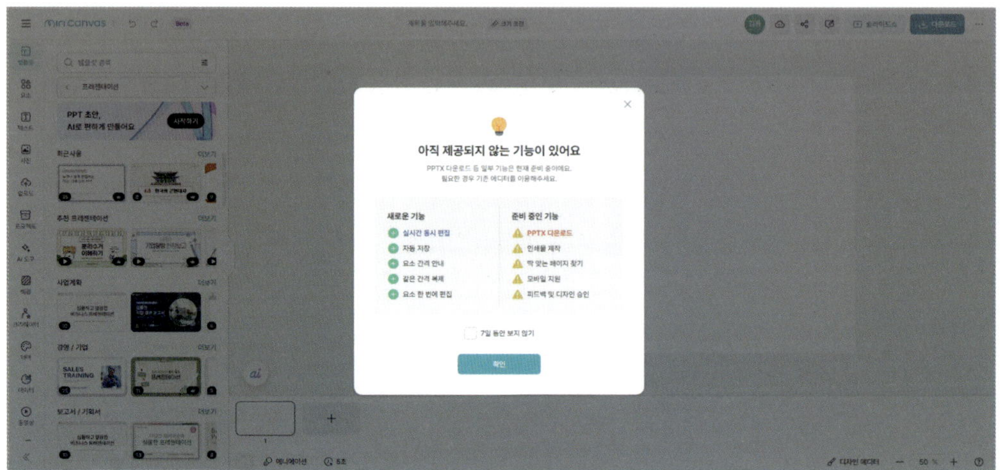

[이미지 6-39] 동시 작업 에디터 기능 초기 화면

공유 드라이브는 여러 명이 한 번에 PRO 계정 이상으로 결제해야 하는 비용 부담이 있어, 사실 좋은 기능임에도 예산상의 문제로 이용하기 어려운 경우가 있다. 이를 보완하기 위해 미리캔버스에서는 최근(2025년 5월 말 기준) 실시간 동시 편집과 강화된 편집 기능을 겸비한 새로운 에디터 기능을 출시했다. 이 기능을 활용하면 교사와 학생, 동료 교사들 모두가 같은 디자인 문서에서 실시간으로 작업하며, 각자의 아이디어를 바로 반영할 수 있다.

실제 학교 현장에서는 여러 교사가 함께 학급 행사 포스터를 만들거나, 학생 조별 과제에서 각자 맡은 부분을 동시에 작업할 때 이 기능이 매우 유용하다. 예를 들어, 한 조의 학생이 발표 자료를 만들 때 한 명은 표지를, 다른 한 명은 차트를, 또 다른 학생은 사진을 넣는 식으로 동시에 작업할 수 있다. 이렇게 하면 자료 완성 속도가 훨씬 빨라지고 서로의 의견을 바로 반영할 수 있어 협력의 효과도 커진다. 그럼 이번에 새로 업데이트된 미리캔버스의 동시 작업 에디터의 주요 기능을 일목요연하게 살펴보도록 하자.

### 〈미리캔버스 동시 작업 에디터의 주요 기능〉

- 동시 편집 가능한 새로운 에디터(베타)의 특징

  - 실시간 자동 저장: 기존 에디터에서는 수동 저장이 필요했지만, 새로운 에디터는 모든 작업이 실시간으로 자동 저장되어 별도의 저장 버튼이 없다. 작업 중 갑작스러운 오류나 인터넷 연결이 끊겨도 입력한 내용이 안전하게 보존된다.

  - 최대 5명 동시 편집: 한 디자인 문서에 최대 5명까지 동시에 접속해 각자 원하는 부분을 수정할 수 있다. 예를 들어 한 명은 표지를, 다른 한 명은 차트를, 또 다른 사람은 텍스트를 동시에 수정할 수 있다. 즉 학생들이 모둠 활동을 진행할 때 효율적인 시스템이다.

  - 다중 요소 편집과 간격 안내: 여러 요소를 한 번에 선택해 색상이나 글꼴을 바꿀 수 있고, 요소를 이동할 때 간격이 숫자로 표시되어 정렬이 훨씬 쉬워졌다. 복제(복사)도 Ctrl+D 단축키로 빠르게 할 수 있다.

  - 작업 내역 관리: 실수로 내용을 지웠거나, 이전 상태로 되돌리고 싶을 때는 상단 메뉴의 '파일' → '작업 내역'에서 원하는 시점의 버전을 복원할 수 있다.

- 제한 사항: 베타 기간에는 PPTX 다운로드, 모바일 편집, 인쇄물 제작, 피드백 모드, 디자인 승인 기능이 제공되지 않는다. 또한, 새로운 에디터에서 만든 디자인은 기존 에디터에서 수정할 수 없다.

동시 편집을 시작하려면 먼저 미리캔버스에 로그인한 뒤, 화면 왼쪽 상단의 집 모양 아이콘을 클릭해 워크스페이스로 이동한다. 여기에서 '내 디자인' 또는 '공유 드라이브'를 선택해 새로운 디자인을 만들 수 있다. 만약 동시 편집이 가능한 새로운 에디터(베타)로 작업하고 싶다면, 디자인을 새로 만들 때 페이지 크기를 선택한 후 '새로운 에디터로 만들기' 버튼을 클릭한다. 기존 디자인을 새로운 에디터로 옮기고 싶을 때는, 기존 에디터 상단에 표시되는 '새로운 에디터 체험' 버튼을 이용하면 된다.

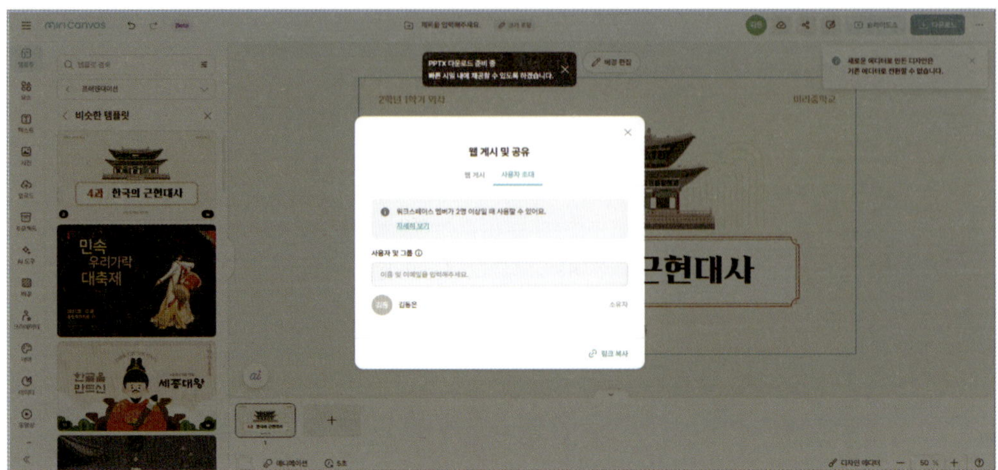

[이미지 6-40] 동시 작업 에디터를 활용해 제작한 PPT 양식을 학생들을 초대하여 공유하는 장면 예시

디자인 작업 화면이 열리면, 상단 오른쪽에 있는 '공유' 버튼을 클릭해 협업할 사용자를 초대할 수 있다. '사용자 초대' 메뉴에서 함께 작업할 사람의 이메일 주소를 입력하면 초대장이 발송되고, 초대받은 사람은 이메일을 통해 해당 디자인에 바로 접속할 수 있다. 워크스페이스의 '사람들' 탭에서도 멤버를 추가할 수 있으며, 공유 드라이브에 있는 디자인 문서는 드라이브 권한을 통해 협업자를 지정할 수 있다.

[이미지 6-41] 동시 작업 에디터를 활용하기 위해 워크스페이스 멤버를 초대하는 모습

이렇게 초대된 사용자는 동시에 한 디자인에서 각자 원하는 부분을 실시간으로 편집할 수 있다. 예를 들어, 한 명이 표지를 디자인하는 동안 다른 사람은 본문에 차트

나 텍스트를 추가할 수 있다. 각자의 작업 내용이 실시간으로 반영되어 누가 무엇을 바꿨는지 바로 확인할 수 있다. 작업 중에는 오른쪽 상단의 '댓글' 아이콘을 눌러 특정 요소나 페이지에 의견을 남길 수 있어 소통이 더욱 원활하다. 모든 변경 사항은 자동 저장되며, 실수나 오류가 발생했을 때는 상단 메뉴의 '파일' → '작업 내역'에서 원하는 시점의 버전을 복원할 수 있다. 이처럼 미리캔버스의 동시 편집 기능은 누구나 쉽게 접근할 수 있도록 설계되어 여러 사람이 함께 자료를 만들고 의견을 나누며 효율적으로 협업할 수 있게 해 준다.

# 5. 다양한 교육 환경에 맞춘 자료 제작 방법 (프린트, 웹)

미리캔버스는 교실, 가정, 온라인 수업 등 다양한 교육 환경에서 자료를 쉽고 편리하게 제작하고, 배포할 수 있도록 여러 기능을 제공한다. 자료를 만들고 나서 어떻게 인쇄하거나 웹에서 공유하는지 구체적으로 살펴보자.

## 1 프린트(인쇄)용 자료 만들기

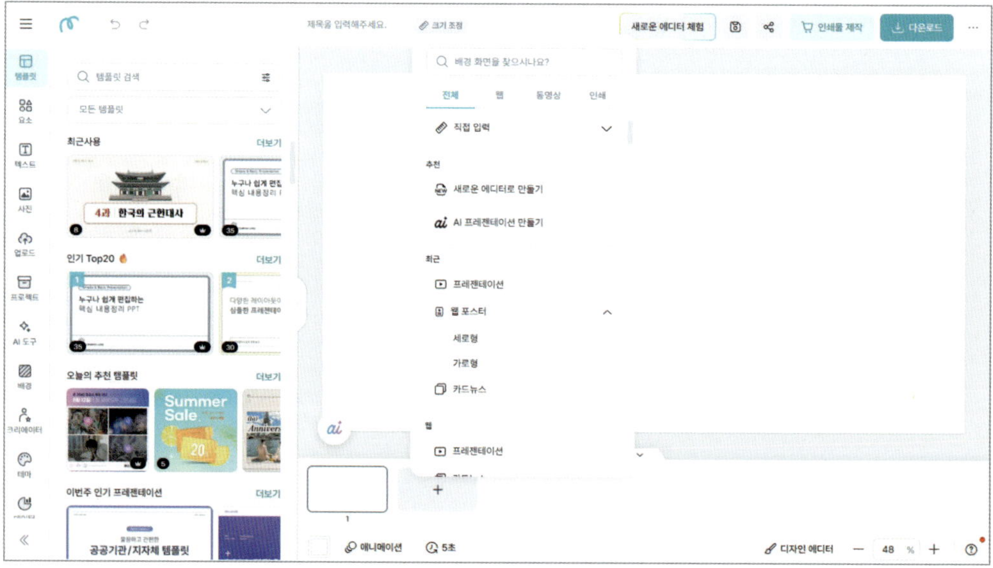

[이미지 6-42] 미리캔버스 에디터의 프린트(인쇄)용 자료 사이즈 설정 장면

먼저, 인쇄용 자료를 만들 때는 작업을 시작하기 전에 사이즈를 정확히 정하는 것이 중요하다. 미리캔버스 에디터 왼쪽 상단의 '사이즈' 메뉴를 클릭하면, A4, B4, 포스터, 전단지 등 다양한 인쇄용 크기를 선택할 수 있다. 원하는 크기를 선택해 디자인을 시작하면, 나중에 인쇄했을 때 크기가 맞지 않아 다시 만드는 일을 줄일 수 있다.

[이미지 6-43] 미리캔버스 에디터에서 작업한 결과물을 다운로드하는 장면(웹용: 발표, 온라인 배포용 / 인쇄용: 출력용)

디자인이 완성되면, 화면 상단의 '다운로드' 버튼(화살표 모양)을 클릭한다. 다운로드 창이 열리면 '인쇄용' 탭을 선택한다. 여기서 JPG 또는 PDF 파일 형식을 선택할 수 있는데, 인쇄용은 자동으로 300dpi(고해상도)로 저장되어 실제로 인쇄했을 때 그림이 깨지지 않고 선명하게 나온다. 파일 형식을 선택한 뒤, 전체 페이지를 저장할지, 특정 페이지만 저장할지 선택할 수 있다. 여러 장의 자료 중 한 페이지만 인쇄하고 싶다면 '페이지 선택'에서 원하는 페이지만 체크하면 된다.

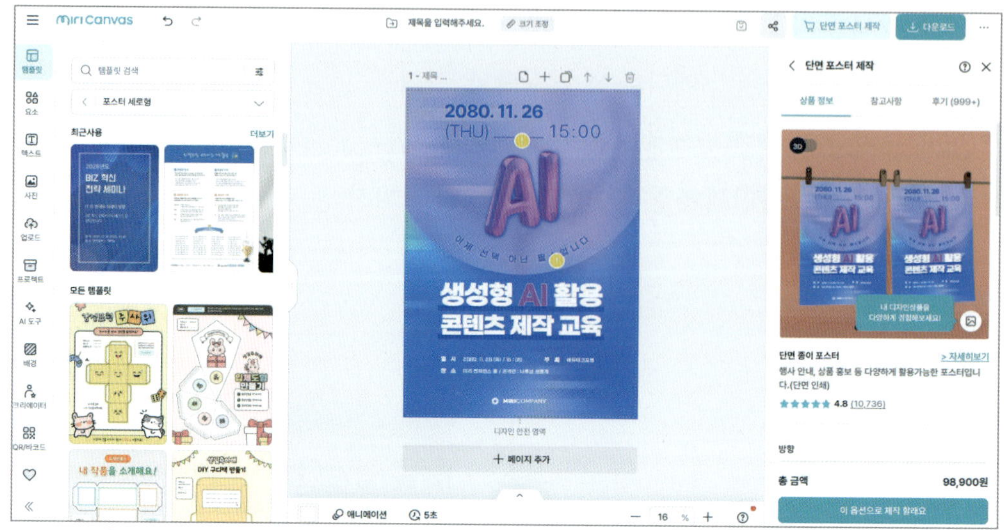

[이미지 6-44] 미리캔버스 에디터에서 작업한 결과물을 비즈하우스와 연동하여 주문하는 장면

다운로드가 완료되면 내 컴퓨터의 '다운로드' 폴더에 파일이 저장된다. 이 파일을 USB에 담거나 이메일로 전송해 학교 프린터나 복사실에서 바로 인쇄할 수 있다. 또한, 미리캔버스와 연동된 굿즈 제작 플랫폼인 '비즈하우스'에서 바로 인쇄 배송 주문을 원클릭으로 진행할 수도 있다. 교사, 학생이 제작한 결과물을 포스터, 굿즈 등 다양한 제품으로 미리캔버스 홈페이지 내에서 바로 주문할 수 있을 뿐 아니라, 출력 전 시안도 미리보기로 제공하기 때문에 교육 행사 및 수업을 준비할 때의 상황도 미리 예상해 볼 수 있어 효과적이다.

## 2  웹(온라인)용 자료 만들기

온라인 수업이나 가정 학습, 학부모 안내문 등은 웹에서 바로 볼 수 있도록 만드는 것이 편리하다. 미리캔버스에서는 디자인을 웹용으로 저장하거나 웹페이지처럼 바로 공유할 수 있는 기능이 있다.

디자인이 완성되면, 마찬가지로 상단의 '다운로드' 버튼을 클릭한다. 이번에는 '웹용' 탭을 선택한다. JPG, PNG, PDF, PPT 등 다양한 파일 형식으로 저장할 수 있는 데, JPG와 PNG는 이미지로 저장되고, PDF는 문서 형식으로 저장된다. PPT로 저장하면 파워포인트에서 바로 열 수 있다.

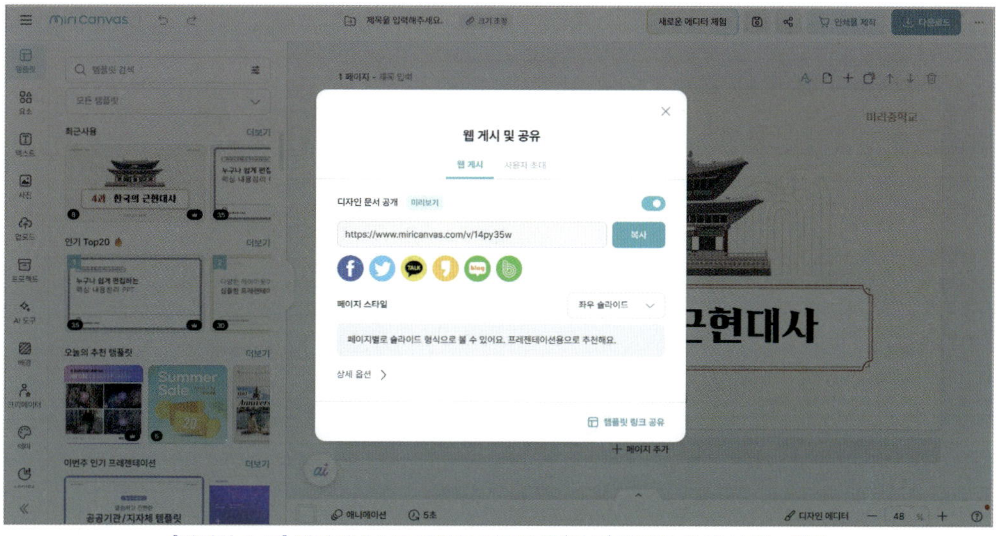
[이미지 6-45] 미리캔버스로 작업한 결과물을 '공유' 탭에서 웹 게시하는 장면

웹용으로 저장하면 파일 용량이 작아져서 이메일이나 메신저로 쉽게 보낼 수 있다. 특히 미리캔버스에서 제공하는 '웹 게시' 기능을 활용하면, 디자인을 웹페이지처럼 바로 공유할 수 있다. 디자인 작업 화면의 오른쪽 상단, '공유'를 클릭하면 '웹 게시' 메뉴가 나타난다. 이 메뉴를 클릭하면 자동으로 인터넷 주소(URL)가 생성된다. 이 주소를 복사해서 학생, 학부모, 동료 교사에게 보내면 누구나 인터넷 브라우저에서 자료를 바로 볼 수 있다.

웹 게시 기능을 사용하면 자료를 수정할 때마다 웹페이지에 바로 반영되어 최신 내용을 공유할 수 있다. 예를 들어, 학급 공지 사항을 미리캔버스로 만들어 웹 게시하면 내용이 바뀔 때마다 새로 인쇄하지 않고도 학생들과 실시간으로 정보를 공유할 수 있다.

## 3 다양한 기기에서 자료 확인하기

미리캔버스의 웹 게시 자료는 컴퓨터, 태블릿, 스마트폰 등 어떤 기기에서도 화면 크기에 맞게 자동으로 조정된다. 즉 학생이 집에서 스마트폰으로 자료를 보거나, 교사가 태블릿으로 수업 자료를 띄워도 화면이 깨지지 않고 보기 좋게 나온다. 모바일 기기에서는 '미리캔버스' 앱을 설치하여 데스크톱이나 노트북 환경에서 수업 자료 제작을 하기 어려울 경우 임시로 활용할 수 있다. 다만, 현재 미리캔버스의 주요 기능이 데스크톱 및 노트북 환경에 맞춰져 있기 때문에 모바일에서의 제작은 급하게 자료를 수정하는 경우에만 사용하는 것을 추천한다.

## 4 HTML 코드로 웹사이트에 삽입하기

[이미지 6-46, 47] 미리캔버스로 작업한 결과물을 HTML 코드로 변환하는 장면(좌)
HTML 코드 웹사이트 삽입 가이드(우)

만약 학교 홈페이지나 블로그에 자료를 직접 삽입하고 싶다면, 디자인 작업 화면 오른쪽 상단의 '…'(점 세 개) 버튼을 눌러 '삽입' 메뉴를 선택한다. 'HTML 코드 생성' 버튼을 누르면 복사할 수 있는 코드가 만들어진다. 이 코드를 홈페이지나 블로그에 붙여 넣으면 미리캔버스에서 만든 자료가 그대로 웹사이트에 표시된다.

이때 디자인을 수정하면 웹사이트에 반영되므로 항상 최신 정보를 유지할 수 있다.

# 7장

# 지속 가능한 자료 관리 및 보관

# 1. 학생 피드백을 반영한 자료 수정 및 관리 방법

　　이번 장에서는 온라인 자료의 지속 가능한 관리와 보관에 관해 알아보고자 한다. 자료를 지속 가능하게 만들어 두면 여러 가지 장점을 얻을 수 있는데, 첫째로 학생들이 언제 어디서나 자료에 접근할 수 있어 학습의 연속성을 유지할 수 있다는 것이다. 둘째, 자료를 체계적으로 정리하면 필요한 정보를 쉽게 찾을 수 있어 수업 준비가 효율적이다. 셋째, 학생들과의 협업이 용이해져 공동 프로젝트나 과제를 진행할 때 편리하다. 넷째, 협업은 학생들의 참여도와 흥미를 높여 학습 효과를 극대화하고, 교사의 수업 운영을 더 원활하게 만들 수 있다. 마지막으로, 자료를 최신 상태로 유지하기 쉽고, 변화하는 교육과정에 맞춰 신속하게 수정할 수 있다.

　　[표 7-1]은 7장에서 다룰 내용을 간단하게 요약한 것으로, 아래에서 표의 내용을 보다 자세하게 하나씩 설명하도록 하겠다.

| 방법 | 주요 특징 및 장점 | 주의 사항/한계 |
| --- | --- | --- |
| 정기적 백업 | - 주기적으로 데이터 백업<br>(전체 또는 증가분 백업)<br>- 신속한 복구 가능 | - 백업 주기는 일정하게<br>- 보관 위치 관리 필요함 |
| 클라우드 저장 | - 내구성이 높음<br>- 원격지에서도 보관 가능<br>- 대용량/장기 저장<br>- 암호화 지원 | - 대체로 유료임<br>(용량이 클수록 더욱 비쌈)<br>- 서비스 장애 가능성<br>- 보안 위협 주의 |

| 방법 | 주요 특징 및 장점 | 주의 사항/한계 |
| --- | --- | --- |
| 분산 저장 | - 같은 자료 여러 곳에 저장<br>- USB, CD, 외장하드 등<br>- 하드웨어 장애 대비 | - 물리적 손상에 취약<br>- 자연 재해 등으로 파손<br>- 유지보수 필요함 |
| 데이터 보존 관리 | - 유형별 보존 기간 설정<br>- 보존 규정 만들고 준수<br>- 비용 및 성능 최적화 | - 정기적 관리 필요함<br>- 미준수 시 최적화 불가 |
| 버전 관리 | - 데이터 변경 이력 추적<br>- 특정 시점으로 돌려 복구 | - 모든 버전 저장 불필요<br>- 일정한 규정 마련해야 함 |
| 암호화 및 접근 통제 | - 데이터 유출 및 변조 방지<br>- 민감한 정보 보호 | - 접속 시 인증<br>- 접근 권한 관리 필수 |

[표 7-1] 온라인 자료의 지속 가능한 관리 방법

미리캔버스로 제작한 자료는 동료나 교사의 피드백으로 수정 이후 관리하는 것이 좋다. 아무리 정성들여 만든 자료일지라도, 내용에 오류가 있거나 오탈자가 발견되면 디자인으로서의 가치도 떨어지는 까닭이다. 먼저 공유할 디자인을 클릭하여 작업 공간에 들어온 다음, 우측 상단의 공유 버튼을 누른다.

공유 버튼을 누르면 '웹 게시 및 공유' 팝업이 뜬다. 디자인은 기본적으로 제작을 시작할 때부터 비공개로 되어 있는 까닭에, 공유하려면 이 팝업에서 활성화해 주어야 한다. 그러면 복사가 가능한 디자인 링크가 뜬다. 만약 공개된 디자인을 비공개로 바꾸고 싶다면 나중에 동일한 팝업 메뉴로 들어가 활성화된 부분을 재클릭하여 비활성화하길 바란다.

자동으로 뜬 링크를 복사하여 학생들이 다 같이 링크를 확인할 수 있는 온라인 공간에 붙여 넣는다. 온라인 공간은 학생들과 교사가 서로 의사소통을 나누기 간편한 것이라면 무엇이든 좋다. '원본 문서 복제 허용' 기능은 기본적으로 활성화되어 있는데, 만약 타인의 복제를 원치 않고 타인에게 조회만 하게 하고 싶다면 비활성화하면 된다.

복사하여 붙여 넣은 링크를 클릭하면 링크를 받은 사람이 누구든 디자인 화면을 바로 볼 수 있다. 화면에서 우측 하단에 있는 +버튼을 눌러, 용도에 맞게 댓글/좋아요나 슬라이드쇼, 복제를 선택하라. 동료 평가를 목적으로 한다면 댓글/좋아요를, 자료를 수정 완료하여 지속 가능한 형태로 보관하고자 한다면 복제를 선택하는 것을 추천한다. 즉 여러 디자인 가운데 가장 선호도가 높은 디자인을 선정해야 한다거나, 내용 혹은 오탈자 등의 오류를 잡아내는 활동에는 댓글/좋아요가 적합하고, 이러한 피드백을 바탕으로 학생 혹은 교사가 수정 작업을 하는 활동에는 복제가 적합하다. 이때 충분히 사전 교육을 실시하여, 수업과 관련이 없거나 비난 혹은 비하하는 내용의 댓글은 지양하고, 개선점을 제언하는 형식의 댓글을 달도록 한다. 수집된 댓글이 여러 개라면 주제별로 분류하여 공통된 의견을 파악하는 데 이용할 수도 있다.

피드백을 받은 이후 복제하기 버튼을 누르면, 워크스페이스의 '내 디자인' 메뉴에 디자인이 들어간다. 수정하기 전, 피드백을 바탕으로 어떤 부분을 어떻게 수정할 것인지 구체적으로 계획한다. 최초 디자인을 한 학생들에게 시각적으로 더 이해하기 쉽게 혹은 매력적으로 자료를 개선해 보라는 주문을 하여 자기 평가의 일환으로 활동을 설계할 수도 있다. 만약 수정할 부분이 많다면, 수정 이전 자료와 이후 자료의 제목을 다르게 저장하여 어떤 곳을 왜 고쳤는지 비교 분석하게 하는 것도 가능하다.

# 2. 미리캔버스에서의 효율적인 자료 보관 팁

미리캔버스 자료들을 효율적으로 관리하기 위한 몇 가지 팁을 소개하려 한다. 먼저 파일들의 구조가 체계적이어야 한다. 매년 다른 프로젝트 수업을 하는 경우 연도별로 폴더를 만들어 분류하고, 매년 같은 프로젝트 수업을 하는 경우 프로젝트의 종류별로 폴더를 만들어 분류하면 나중에 찾기가 용이하다. 또한, 디자인 제목에 날짜와 주제를 명확하게 포함시키면 검색 작업이 보다 수월해진다. 디자인뿐 아니라 온라인에서 사용되는 파일의 제목에는 가급적 여백이 없어야 관리하기가 좋다고 한다. 제목에 띄어쓰기가 적용된 파일은 전송 과정에서 파일명이 깨지는 오류를 일으키는 까닭이다.

따라서 띄어쓰기가 필요한 경우 언더바(_)를 사용하여 디자인 제목을 정하면 좋다. 예를 들어, 디자인 제목이 '2026(연도)_10(월)_수학(과목)_1학년(학년)_6반(학급)_기초개념(주제)' 이런 식으로 구성되어 있다면, 이 가운데 하나의 키워드만 검색창에 입력하여도 바로 관련 디자인들을 찾을 수 있을 것이다. 제목을 카테고리별로 일일이 이렇게 명명하는 건 품이 드는 작업이지만, 워크스페이스의 자료가 방대할수록, 사용자의 수가 많을수록, 그리고 서비스를 오래 사용할수록 꼭 해야 하는 작업이기도 하다. 디자인 버전이나 작성자 정보가 있어서 좋은 경우라면 함께 적어도 좋겠다.

학교 전체가 하나의 워크스페이스를 사용하는 Edu 서비스 같은 경우, 자료의 방대

함이 예상되므로 서비스 초반부터 폴더 체계를 수직적으로 만드는 것을 추천한다. 보통 Edu 서비스에서는 워크스페이스 이름이 학교 이름으로 되어 있으므로, 최상위 폴더로 학년별 폴더를 생성한다(예: '1학년', '2학년', '3학년' 등). 그 뒤 학년별 폴더 안에 상황에 따라 학급별(예: '1반', '2반', '3반' 등) 혹은 교과별(예: '국어', '영어', '수학' 등) 하위 폴더를 생성한다. 그리고 그 안에 단원별(예: '1단원', '2단원', '3단원' 등) 혹은 주제별(예: '자기소개', '동아리', '연극' 등) 하위 폴더를 생성하는 것이다. 이후 디자인을 만들게 되면 반드시 해당 폴더에 만든 디자인을 넣어 정리한다. 폴더를 찾지 못하는 학생들이 있는 경우, 나중에 교사가 디자인을 해당 폴더로 이동해 줄 수 있다.

다음으로, 정기적인 백업과 업데이트가 중요하다. 자료를 다른 클라우드 서비스나 외부 저장 장치에 틈날 때마다 백업하여 데이터 손실에 대비하는 게 좋다. 미리캔버스의 워크스페이스는 안정적인 클라우드이며 수시로 자동 저장 기능이 작동하지만, 만일을 대비하여 디자인을 파일로 다운로드하여 다른 클라우드 서비스 혹은 외부 저장 장치에 폴더별로 정리하여 놓으면 갤러리처럼 더욱 손쉽고 안전하게 디자인을 확인할 수 있다.

그리고 새로운 자료를 추가할 때마다 오래된 자료의 정리도 동시에 하여 항상 정돈된 상태로 워크스페이스를 유지하면 그만큼 사용이 원활해진다.

# 3. 클라우드 기반의 자료 관리 전략

## 1 클라우드 저장의 강점

클라우드(cloud)란 본래 '구름'을 뜻하는 영단어이다. 구름은 우리 손에 있지 않지만 우리가 방향을 바꾸어도 여전히 그것을 관찰할 수 있는 것처럼, 클라우드에 컴퓨터 파일을 저장하면 그 파일은 작업한 컴퓨터 내부가 아닌 중앙 컴퓨터 내부에 저장이 된다. 즉 클라우드는 인터넷을 통해 서버, 저장소, 데이터베이스, 소프트웨어 등 컴퓨팅 자원과 서비스를 원격으로 제공하는 기술이라고 보면 되겠다. 따라서 클라우드에 저장한 파일은, 지금 당장 내게 작업한 컴퓨터가 없더라도 클라우드 연동 앱이나 웹 페이지를 열 수 있다면 언제 어디서든 꺼내고 집어넣을 수 있다는 장점이 있다. 게다가 체계적으로 자료를 축적하여 담당자가 바뀌어도 작업 노하우가 단절되지 않을 수 있으며 조직 간의 공유도 쉽게 할 수 있다.

USB는 분실 및 파손의 염려가 있고, 연결 단자의 크기가 미세하게 맞지 않는 경우도 존재하며, 저장 공간이 작은 편이라 동영상 등의 대용량 파일은 여러 개 저장하기 어렵다. 그러나 클라우드는 서버와의 연결이 끊기거나 서버 자체에 문제가 발생하지 않는 한 분실하거나 파손될 염려가 상대적으로 적고, 동영상, 사진, 문서 등 파일의 형태를 가리지 않고 대용량의 파일들도 저장할 수 있는 데다 모바일에서도 서비스가 가능하다는 강력함을 지녔다. 이에 교육뿐 아니라 금융, 제조, 의료를 아우르는 다양한 분야에서 경쟁력 강화를 위해 앞다투어 클라우드 채택을 하고 있고, 이를 통해 비용 절감, 유연한 확장성, 신속한 서비스, 유지 관리의 효율성 등의 효과를 거두고 있다.

## 2 클라우드 기반 자료 관리

본래 아카이브(archive)는 '기록 보관소', '기록 보관소에 보관하다'라는 뜻을 지닌 영단어로서, 최근 정보통신 분야에서는 백업용 또는 다른 목적으로 한 곳에 데이터를 모아둔 것을 지칭할 때 사용한다. 예를 들어, '디지털 아카이브'는 지속 가능한 관리 와 보관을 위해 종이 자료를 디지털 형식으로 변환하여 저장하는 걸 의미한다. 서책 으로만 존재했던 『조선왕조실록』이나 옛 신문 등을 고해상도의 스캐너를 이용해 스 캔하고 전자문서 형태로 바꾼 뒤, OCR(광학 문자 인식) 기술을 적용하여 텍스트를 인식 하면 원본을 훼손할 염려 없이 자료를 열람할 수 있게 된다.

미리캔버스의 디자인 자료는 생성할 때부터 디지털 형식이므로 종이 자료처럼 따 로 디지털화할 필요는 없다. 대신에 아카이브로 정립할 시점에는 원 자료에 자료 작 성자나 내용 설명 등의 '메타데이터'를 추가할 수 있겠다. 공유 드라이브를 사용하는 경우, 아래 그림과 같이 학급별 폴더에 담겨 바깥으로 노출되어 있던 디자인을 발표 수업이 끝나면 단원별 폴더로 옮긴다. 그리고 학년도가 마무리되면 해당 연도의 숫자 가 적힌 폴더 하나에 모든 디자인을 이동시킨다. 이때 필요한 경우 구별을 위해 하위 폴더나 파일의 제목에 수업 운영자나 과목명 등의 메타데이터를 추가한다. 그런 다음 공유 드라이브별로 초대되었던 멤버들에게서 권한을 회수하거나 부여한 권한을 변경 한다. 이렇게 하면 여러 해가 지나도 한 워크스페이스를 혼동 없이 사용할 수 있다.

| 전략 | 실천 방법 | 비고 |
| --- | --- | --- |
| 프로젝트별 폴더 정리 | [내 디자인]에서 폴더 생성 후 주제나 용도별로 분류 | 워크스페이스별 관리 |
| 버전 기록 활용 | 작업 내역(버전 기록)별로 자동 저장된 디자인을 보관 | 필요시 복원<br>요금제별 디자인 별도 처리 |
| 워크스페이스 관리 | 여러 워크스페이스나 계정 사용 시 저장 위치 꼭 확인 | 워크스페이스나 계정 혼동 주의 |
| 파일 내보내기 및 외부 보관 | 완성본을 .png, .pdf 등의 형태로 내보내 외부 보관 | 디자인 사본 만들기<br>클라우드, usb, 외장하드 등 |

[표 7-2] 미리캔버스 자료 아카이빙 전략

# 8장

# 미리캔버스
## 사용 시 저작권 및 법적 고려 사항

# 1. 수업 자료에서의 저작권 문제 해결하기

　미리캔버스는 이제 학교 현장에서 수업 자료 제작과 학생 창작 활동에 필수 소비재처럼 빠질 수 없는 창작 도구가 되었다. 그러나 미리캔버스가 가진 편리함과 유용성 뒤에 수업을 진행하는 교사 입장에서 반드시 숙지해야 할 저작권과 법적 고려 사항이 존재한다. 미리캔버스가 제공하는 템플릿과 디자인 요소는 모두 저작권이 있는 콘텐츠이므로, 이를 올바르게 이해하고 사용하지 않으면 저작권 침해 문제가 발생할 수 있다. 지금부터 미리캔버스를 수업 현장에서 사용 시 반드시 유념해야 하는 저작권 및 법적 고려 사항을 살펴보도록 하자.

　앞서 살펴본 다양한 사례를 통해, 우리는 미리캔버스를 활용해 다양한 수업 자료뿐 아니라 수업 교구들도 제작할 수 있다는 것을 확인했다. 예를 들어, 학급 게시판에 붙일 생활 안내문, 학부모 상담 주간 안내장, 학년말 시상식 포스터, 수행평가 안내 자료 등이 될 수 있다. 이러한 자료를 만들 때 가장 먼저 고려해야 할 점은 사실 '이 자료가 얼마나 학생들에게 효과적인가?'보다도 '이 자료에 들어가는 모든 이미지, 글꼴, 아이콘, 배경 등이 합법적으로 사용 가능한가?'이다. 수업 자료를 제작할 때 선행되어야 할 기본적인 저작권과 창작 윤리를 준수해야 하기 때문이다.

　2025년 개정 저작권법 제25조는 학교가 '수업 목적'으로 저작물을 복제·배포·공중송신할 수 있도록 허용한다. 실제로 교실에서 교사가 미리캔버스 템플릿을 활용해 학습지를 제작하거나, 학생 발표 자료에 쓸 이미지를 넣는 것은 이 조항에 따라 보호받는다. 그러나 여기에는 한계가 있다. 가령 A 교사가 미리캔버스에서 제공하는 유명 일러스트를 사용해 만든 학급신문을 학교 홈페이지에 올렸는데, 외부 업체에서 저작권 침해라고 항의한 사례가 있다고 가정해 보자. 이 경우 교육 목적임을 명확히 밝히고, 자료 하단에 미리캔버스 출처를 표기해 문제를 해결할 수 있다.

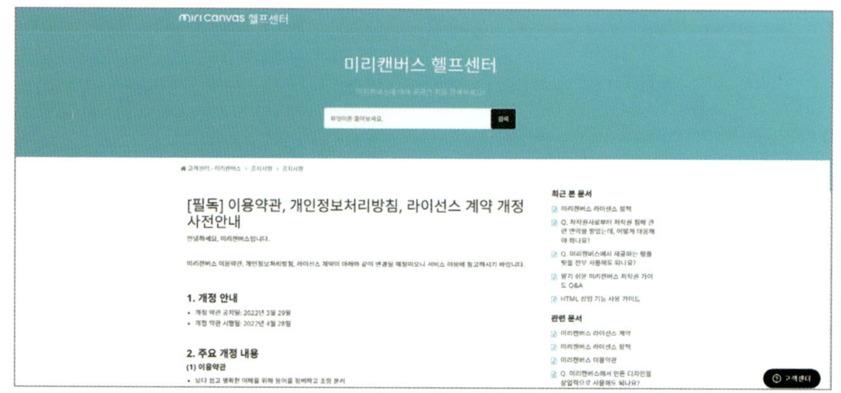

[이미지 8-1, 2] 미리캔버스 헬프센터 라이센스 정책(좌), 상세 안내 페이지(우)

실제 현장에서는 '수업 목적'의 범위를 놓고 혼란이 생기기도 한다. 예를 들어, 미술 교사가 미리캔버스 템플릿을 이용해 만든 전시회 포스터를 지역사회 행사에 활용하려 했을 때, 이는 교육 목적을 넘어선 사용으로 간주될 수 있다. 이럴 때는 반드시 미리캔버스의 라이센스 정책을 확인하고, 필요하다면 추가 허가를 받아야 한다.

또한, 미리캔버스에서 제공하는 디자인 요소는 반드시 미리캔버스 에디터로 편집해야 하며, 포토샵 등 외부 프로그램으로 수정하면 저작권 문제가 생길 수 있다. 미리캔버스에서 다운로드한 이미지를 포토샵에서 편집해 학교 리플렛에 사용하면, 미리캔버스 고객센터로부터 '에디터 외 편집 금지' 안내를 받을 수도 있다. 이처럼 원본 에디터 내에서만 편집해야 안전하다.


출처 표기도 중요하다. 미리캔버스에서 제공하는 무료 폰트를 써서 학급 안내장을 만들 경우, 해당 폰트가 출처 표기를 요구하는 것인지 파악하고 사용하는 것이 좋다. 만약 출처 표기를 반드시 해야 하는 폰트일 경우, 안내장 하단에 "폰트: ○○○(출처:

미리캔버스)"를 추가하면 된다. 이처럼 교육적 목적으로 수업 자료를 제작한다고 하더라도 항상 출처 표기 여부를 확인하는 것이 좋다. 이 외에 대표적으로 미리캔버스 저작권에 대해 많은 문의가 들어오는 내용을 Q&A 형식으로 살펴보도록 하자.

---

### 〈미리캔버스 저작권 관련 대표 Q&A〉(출처: 미리캔버스 헬프센터)

**· 미리캔버스 저작권 관련 기본 사항**

- 도박, 향락 등 불건전 업종, 기타 건전 문화에 반하거나 사치, 투기 조장 등 우려가 있는 업종은 이용을 제한한다. 또한, 불쾌감을 주는 광고 및 콘텐츠 만들거나 타인을 비방하는 용도로는 이용할 수 없다(학생들이 특정 대상을 비방하거나 불쾌감을 주는 콘텐츠를 제작하지 않도록 명확한 지도가 필요하다).

**· 미리캔버스의 로고 템플릿으로 로고를 만들었는데 사용해도 될까?**

- 사용 가능하다. 미리캔버스에서 제공하는 템플릿 및 디자인 요소로 만든 로고는 비상업적인 용도(동호회, 개인 SNS 프로필, 단체 등)와 상업적인 용도(사업자 등)로 모두 사용 가능하다. 하지만 상표권 등록에는 사용할 수 없으니, 상표권 등록에 사용할 로고는 로고 디자인 의뢰 서비스를 이용해야 한다.
- **<유의 사항>** 미리캔버스에서 제공하는 것 외에 직접 추가한 요소가 있다면 해당 요소에 대한 저작권은 스스로 확인해 봐야 한다.

**· 교육적 목적으로 제작한 수업 자료를 다운로드하여 자유롭게 배포해도 될까?**

- '공유 링크' 혹은 출력을 통해 자유롭게 배포 가능하다. 미리캔버스에서 만든 프레젠테이션을 교육 자료나 홍보 자료로 사용해도 되지만, 다운로드한 PPT 파일을 타인에게 공유하거나 배포, 판매하는 것은 금지된다. PDF 등 다른 파일 형식으로 다운로드해서 파일을 전달하거나, 미리캔버스에서 제공하는 [공유] 기능을 이용하는 것을 추천한다.

**· 미리캔버스에서 만든 디자인을 다운로드해서 다른 업체에 인쇄를 맡겨도 될까?**

- 가능하다. 하지만 다운로드한 파일은 가정용/사무용 프린터에 적합하다. 따라서 미리캔버스에서 "인쇄물 제작하기"를 이용하길 추천한다. 이를 통해 위에서 언급했던 비즈하우스를 통해 원클릭 주문이 가능하다.
- **<유의 사항>** 다른 업체에 파일을 전달할 때는 꼭 편집이 불가한 형식의 파일(통 이미지 파일, PDF 파일 등)을 전달해야 한다.

**· 미리캔버스에서 만든 디자인을 포토샵 등 다른 디자인 편집 프로그램에서 재편집해도 될까?**

- 가능하다. 미리캔버스에서 다운로드한 디자인을 포토샵 등을 이용해서 수정할 수 있다.
- **<유의 사항>** 디자인에 포함된 요소를 캡처하거나 잘라내서 디자인 작업이나 문서에 사용하는 것은 금지된다. 그리고 미리캔버스에서 제공하는 것 외에 직접 추가한 요소가 있다면 해당 요소에 대한 저작권은 직접 확인해 봐야 한다.

---

- **미리캔버스에서 만든 디자인을 공모전이나 대회에 출품해도 될까?**
  - 출품작에 대한 지적재산권(저작권 포함)을 요구하는 공모전 및 대회는 안 된다. 주최 측에 직접 문의해서 위와 같은 요구사항이 있는지 확인이 필요하다.
  - 학술대회는 기본적으로 참가자 본인에게 지식재산권이 있는 것을 출품해야 하므로 출품이 금지된다.
  - **<유의 사항>** 미리캔버스에서 제공하는 템플릿을 그대로 사용한 디자인을 출품하는 것은 금지된다. 자신의 창작성이 가미된 디자인만 출품할 수 있다. 또한, 편집 가능한 템플릿 형태(PPT 파일 포함)로 출품하는 것도 금지된다. 그리고 미리캔버스에서 제공하는 것 외에 직접 추가한 요소가 있다면 해당 요소에 대한 저작권은 직접 확인해 봐야 한다.

- **저작권사로부터 저작권 침해 관련 연락을 받았는데 어떻게 대응해야 할까?**
  - 저작권사에 미리캔버스에서 만들었다고 밝히면 된다. 저작권사에서는 디자인만 보고 미리캔버스에서 만든 것임을 알기가 어렵다. 혹시라도 저작권사로부터 연락을 받게 된다면 당황하지 말고 미리캔버스에서 만든 것임을 설명하면 된다.
  - 그리고 출처 표시가 있으면 저작권사에서 식별하기가 쉬워지기 때문에 강제는 아니지만 불필요한 저작권 분쟁을 예방하는 데 도움이 될 수 있다. 출처 표시 방법은 아래 사항을 참조해 보자.
  - **<유의 사항>** 미리캔버스에서 제공하는 것 외에 추가한 디자인 요소로 인해 저작권 분쟁이 발생했을 때는 그 책임이 본인에게 있으니 유의하자.

[이미지 8-3] 미리캔버스 출처 표시 쉽게 넣는 방법

  - **<출처 표기 방법>** 위와 같이 쉽게 출처 표시를 할 수 있도록 미리캔버스에 등록된 출처 표시 조합이 있으니 이용해 보는 것을 권장한다. 에디터의 **[요소]** 메뉴의 검색창에 "출처 표시"를 검색하면 바로 이용할 수 있다.

- **미리캔버스 편집 과정에서 디자인 요소 1개만 필요할 경우, 이걸 수정해서 사용해도 될까?**
  - 불가능하다. 디자인 요소를 개별적으로 복제하거나 수정하는 것은 금지된다. 미리캔버스에서 제공되는 선, 도형, 아이콘, 일러스트, 사진, 텍스트 등 개별 디자인 요소에 대한 저작권은 미리캔버스 혹은 미리캔버스와 계약된 업체가 가지고 있다. 제휴사의 저작권을 보호하기 위해 디자인 요소 하나만 다운로드하여 사용하거나 수정하는 것은 불가능하다.

# 2. 미리캔버스에서 제공하는 이미지 및 템플릿의 상업적 사용 범위

미리캔버스는 교육용, 비영리, 상업적 용도 모두에 사용할 수 있도록 허용하고 있다. 하지만 상업적 사용에는 분명한 한계가 있다. 예를 들어, 교사가 미리캔버스를 이용해 만든 학급 티셔츠 디자인을 학생들과 함께 입는 것은 가능하지만, 이 디자인을 외부에 판매하거나 학교 바자회(벼룩시장 등)에서 판매한다면 문제가 될 수 있다. 글꼴 역시 주의가 필요하다. 미리캔버스에서 제공하는 폰트를 사용해 가정통신문을 만들고, 이를 학교 홈페이지에 게시할 경우, 글꼴 사용 시에도 반드시 라이선스와 출처 표기 여부를 확인해야 한다.

이러한 리소스 각각은 라이선스 유형에 따라 사용 가능 범위가 달라지므로 교사는 항상 해당 리소스 하단에 표기된 라이선스 정보를 반드시 확인해야 한다.

또한, 미리캔버스에서 제공되는 리소스를 단독으로 추출하여 활용하는 행위는 금지되어 있다. 예를 들어, 아이콘만 따로 저장하여 별도 디자인에 활용하거나, 배경 이미지만 추출하여 PPT에 사용한 뒤 공유하는 행위는 사용 약관 위반에 해당한다. 반드시 디자인 결과물 내에 포함된 형태로만 사용해야 하며, 이는 디자인 완성물 자체가 주된 창작물이 되어야 함을 의미한다.

# 3. 학생 제작 콘텐츠에서의 저작권 보호 방법

　미리캔버스 교육용 라이선스는 2023년 9월 11일부터 시행된 개정 계약에 따라 교육 현장에서의 사용 범위와 제한 사항을 명확히 규정하고 있다. 교육용 라이선스를 적용받는 사용자는 교육 목적에 한하여 미리캔버스에서 제공하는 템플릿, 요소, 폰트 등을 자유롭게 활용할 수 있다. 그러나 이러한 자유는 교육적 맥락 내에서만 보장되며, 상업적 목적이나 영리 활동에는 별도의 라이선스가 필요하다는 점을 명확히 이해해야 한다.

　학교에서 무료로 사용할 수 있는 Edu 서비스와 1인당 최소 1,870원으로 프리미엄 기능을 제공하는 Edu+ 요금제는 교육기관의 예산과 필요에 따라 선택할 수 있다. 교육용 라이선스의 가장 큰 장점은 저작권 걱정 없이 교육 활동에 집중할 수 있다는 점이다. 미리캔버스가 제공하는 모든 콘텐츠는 국내 및 국제 저작권의 보호를 받지만 교육용 라이선스 하에서는 교육 목적의 사용이 허가된다.

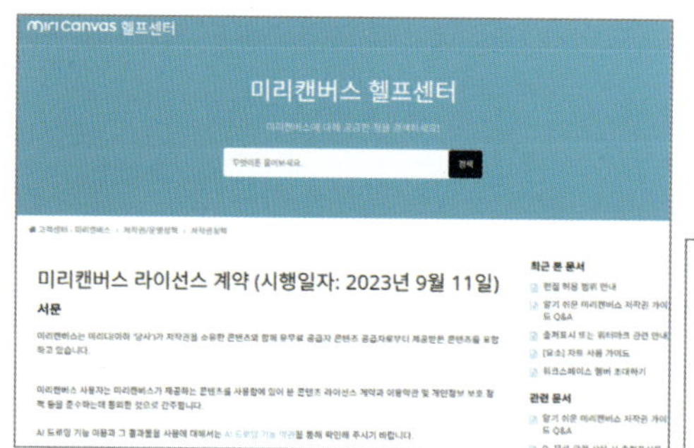

[이미지 8-4, 5] 미리캔버스 헬프센터 라이선스 계약 관련 내용(좌), 전문을 확인할 수 있는 QR코드(우)

다음으로 학생 창작물의 저작권 보호 전략을 살펴보자. 학생들이 미리캔버스를 활용하여 제작한 창작물은 창작자인 학생에게 저작권이 귀속된다. 이러한 학생 창작물의 저작권을 보호하고 관리하는 체계적인 방법을 구축하는 것이 중요한데, 특히 프로젝트 기반 학습이나 포트폴리오 제작 과정에서 학생들의 창작물이 외부에 노출되거나 무단 사용되지 않도록 사전 예방 조치를 마련하는 것이 중요하다.

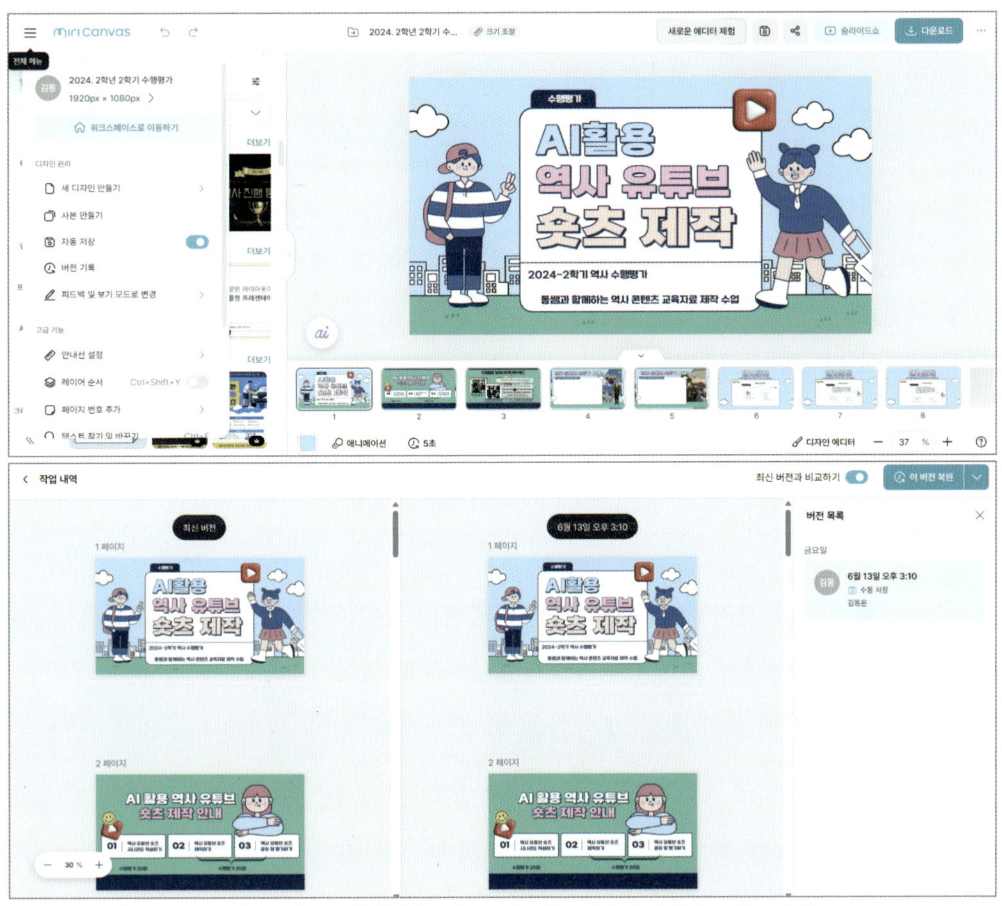

[이미지 8-6, 7] 미리캔버스를 활용한 디자인 작업물의 저장 내역을 확인하는 과정(버전 기록)

학생 창작물의 저작권 보호를 위한 첫 번째 단계는 창작 과정의 문서화이다. 학생들이 아이디어 구상부터 최종 완성까지의 전 과정을 단계별로 미리캔버스 워크스페이스에 별도의 사본으로 저장하도록 지도하며, 이러한 기록은 향후 저작권 분쟁 시 창작자임을 입증하는 중요한 증거가 된다. 또한, 사본으로 저장할 시간이 없을 경우 미리캔버스의 '버전 기록' 기능을 활용하면 창작 과정의 변화를 시간순으로 추적할 수 있어 이러한 문서화 작업에 도움이 된다.

두 번째는 창작물에 대한 적절한 표시 방법을 교육하는 것이다. 학생들에게 자신의 창작물에 이름, 제작 연도, 저작권 표시(©) 등을 명시하도록 지도한다. 예를 들어, "© 2025 김○○, 모든 권리 보유"와 같은 형태로 표기하여 창작자의 권리를 명확히 한다. 저작권은 창작물이 완성되는 순간 자동으로 발생하기 때문에 이러한 표시 자체가 법적 효력을 발생시키는 필수 조건은 아니지만, 창작자의 의도를 분명히 하고 무단 사용을 억제하는 효과가 있다.

세 번째는 창작물 공유 시의 라이선스 설정이다. 학생들이 자신의 창작물을 온라인에 공유하거나 전시회에 출품할 때, 어떤 조건으로 다른 사람들이 사용할 수 있는지를 명확히 설정하도록 지도한다. 미리캔버스에서 제공하는 개방형 라이선스(개방형 요소, 개방형 디자인 등) 활용하면 창작자의 의도에 따라 사용 조건을 세밀하게 조정할 수 있다.

인공지능 시대의 저작권 이슈도 교육 내용에 포함되어야 한다. 미리캔버스의 AI 기능을 활용하여 생성한 이미지나 텍스트의 저작권 귀속 문제, AI 학습 데이터의 저작권 문제 등 새롭게 대두되는 쟁점들을 학생 수준에 맞게 설명한다. 특히 "생성형 AI를 활용하여 만든 콘텐츠입니다." 표시와 같은 최신 트렌드를 실시간으로 반영하여 교육하면 학생들의 저작권 감수성을 높이는 데 기여할 수 있다.

# 4. 미리캔버스에서의 출판 및 인쇄 시 유의 사항

미리캔버스를 활용한 교육 자료의 출판 및 인쇄는 디지털 화면에서 보는 것과 다를 수 있기 때문에 미리보기를 반드시 확인한 후 출판 및 인쇄를 진행하는 것이 좋다. 2025년 현재 출판 산업의 표준에 맞춰 고품질의 인쇄물을 제작하기 위해서는 해상도, 색상 모드, 파일 형식 등 여러 기술적 요소들을 종합적으로 고려하는 것이 필요하다.

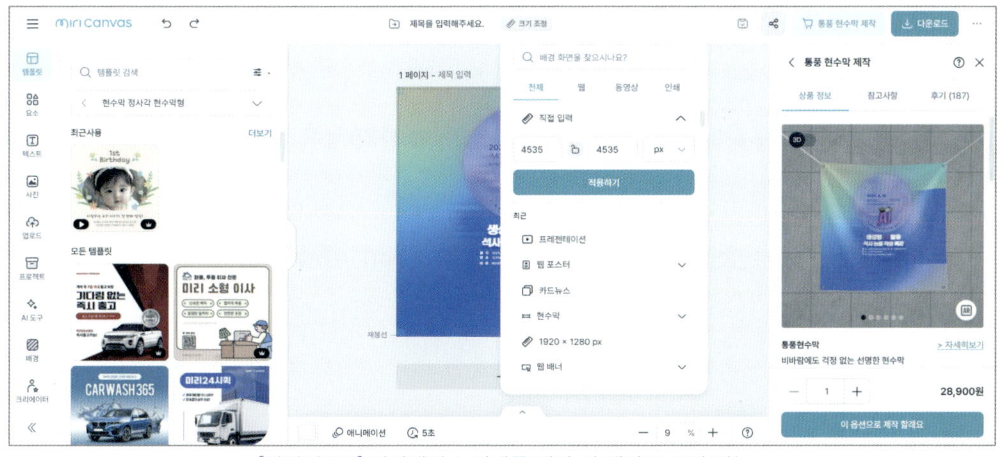

[이미지 8-8] 미리캔버스 인쇄물 제작 시 해상도 조절 기능

해상도 설정은 인쇄 품질을 결정하는 가장 중요한 요소다. 미리캔버스에서 출판용 자료를 제작할 때는 반드시 300dpi 이상으로 설정해야 한다. 일반적인 웹용 이미지가 72dpi인 것과 달리, 인쇄용 이미지는 300dpi가 표준이며, 고급 출판물의 경우 600dpi까지 요구되기도 한다. 미리캔버스 가이드에 따르면 가로×세로 최소

700~9800px, dpi 최소 150으로 권장하고 있지만, 교육용 출판물의 경우 가독성을 위해 보다 높은 기준을 적용하는 것이 좋다.

캔버스 크기 설정 시에는 최종 인쇄 크기를 고려하여 충분한 여유를 두어야 한다. 예를 들어, A4 크기(210×297mm)의 교재를 제작한다면, 여백과 재단선을 고려하여 220×307mm 정도로 설정하는 것이 안전하다. 미리캔버스에서는 3000×3000px 크기에 300dpi로 설정하는 것을 권장하며, 이는 대부분의 교육용 출판물 제작에 충분한 사양이다.

색상 모드의 이해도 중요하다. 컴퓨터 화면은 RGB(Red, Green, Blue) 모드를 사용하지만, 인쇄는 CMYK(Cyan, Magenta, Yellow, Black) 모드를 사용한다. 미리캔버스에서 디자인할 때 화면에서 보이는 색상과 실제 인쇄된 색상이 다를 수 있다는 점을 염두에 두고, 가능하면 CMYK 색상 팔레트를 사용하거나 인쇄 전 색상 교정 작업을 거치는 것이 좋다.

미리캔버스에서 제공하는 교육용 폰트들은 모두 가독성을 고려하여 선별된 것들이므로 안심하고 사용할 수 있다. 특히 한글 폰트의 경우 나눔고딕, 노토산스, G마켓 산스 등이 교육용으로 널리 사용되며, 영문 폰트는 Arial, Helvetica 등의 폰트를 권장한다.

또한, 미리캔버스에서 작업한 결과물은 앞서 이야기했듯이 비즈하우스를 통해 주문 및 결제를 진행할 수 있다. 미리캔버스에서 다시 작업하여 비즈하우스 장바구니에 담지 않더라도, 비즈하우스에 접속하여(미리캔버스 계정과 동일) 수정을 누르면 바로 미리캔버스와 연동되므로 효과적으로 편집할 수 있다.

# 9장

## 수업의 마지막 빈틈까지 채워 넣기

# 1. 자주 묻는 질문 (FAQ)

## 1 미리캔버스 Edu 서비스가 무엇인가요?

미리캔버스 Edu는 초중고 및 대학교에 한해 무료로 사용할 수 있는 서비스이다. 학교 전용 워크스페이스를 사용할 수 있으며, 드라이브의 용량이 늘어난다는 장점이 있다. 미리캔버스 홈페이지에서 '교육용' 탭을 선택하면, Edu뿐 아니라 유료인 Pro 와 Edu+ 요금제도 한눈에 확인할 수 있다.[7]

| 구분 | 무료 버전 | Edu 버전 |
|---|---|---|
| 이용료 | 무료 | |
| 내 드라이브 | 1GB | 10GB |
| 공유 드라이브 | 1개 100MB | 100개, 10GB*멤버 수 |
| 고급 폴더링 기능 | 미제공 | 제공 |
| 공동 편집(실시간 편집 준비 중) | 미제공 | 제공 |
| 피드백/승인 기능 | 미제공 | 제공 |
| 폰트 파일 업로드 기능 | 미제공 | 제공 |
| 템플릿 및 디자인 요소 | 동일 | |
| 라이선스(디자인 사용 범위) | 동일 | |

[표 9-1] 미리캔버스 무료 서비스

---

7) 미리캔버스 학교용 요금제 안내: https://www.miricanvas.com/v/12dldne

Edu 서비스는 위와 같은 혜택이 주어지지만, 서비스 신청 절차가 다소 복잡하고 몇 가지 준비해야 할 것들이 있기에 잘 알아보고 신청해야 한다. 우선 학교 전체 단위로만 신청 및 도입 가능하고, 구성원별로 이메일 주소가 있어야 한다는 걸 참고하자. 구글 등 기존 학교 단체 이메일 주소가 있는 경우 그것을 바로 사용하면 되지만, 만약 없다면 웨일 스페이스의 단체 계정을 사용할 수도 있다. 전국 시도교육청마다 조금씩 웨일 스페이스 지원 가이드가 다르므로 계정 발급을 원한다면 소속 학교 및 교육청의 서비스 지원 범위를 먼저 알아야 한다.[8]

다음으로 워크스페이스 소유자 계정, 관리자 계정, 학교 고유번호증이 있어야 한다. 보통 워크스페이스 소유자 계정은 학교 대표 계정을 사용하고, 고유번호증은 행정실 주무관님께 문의하면 받을 수 있다. 모든 준비가 다 되면 Edu 서비스 신청서를 작성하고, 온라인상에서 정보 입력 및 서명 작업을 한 뒤 미리캔버스 에듀팀 이메일로 고유번호증을 전송한다. 워크스페이스 생성과 소유자 계정 등록이 완료된 후에는 이메일 답신으로 받는 세팅 매뉴얼에 따라 멤버 초대 → 그룹 생성 → 공유 드라이브 생성 → 드라이브별 멤버 추가의 순서로 세팅한다.

## 2 미리캔버스 Edu 수업 사례집이 있나요?

당연하게도 사례집이 있다. 각주의 링크에 들어가면 바로 사례집으로 이동하며[9], 초등학교, 국제학교, 중학교, 고등학교, 대학교에 이르기까지 다양한 교육기관에서의 수업 적용 사례가 소개되어 있다. 과목별 수업 혁신 사례는 본 도서 4장에 더욱 자세하게 나와 있다. Edu 서비스에서 실행할 수 있는 협업 및 디자인 관리 기능은 금지어 설정, 에디터 제어, 디자인 승인, 폰트 파일 업로드 등이 있으며[10], 각각에 관해 알아보고 싶으신 분들은 [홈페이지]-[교육용]-[블로그]-[활용사례]에 가면 상세한 설명을 볼 수 있다.

---

8) 웨일 스페이스 학교 가입 방법: https://help.naver.com/service/17587/contents/15063?lang=ko
9) 미리캔버스 Edu 활용 사례집: https://www.miricanvas.com/v/11qurw4
10) 협업 및 디자인 관리 기능: https://www.miricanvas.com/v/12iq2m9

## 3 모바일에서 워크스페이스를 전환하는 방법은?

모바일 앱으로 이용 가능하다는 점은 여타 디자인 플랫폼과 미리캔버스를 차별화하는 엄청난 강점이다. 하지만 모바일 UI(디지털 기기를 작동시키는 명령어나 기법을 포함하는 사용자 환경)이 PC와 다소 차이가 나기 때문에 미리캔버스의 다양한 서비스를 한눈에 볼 수 있는 PC와 달리 모바일에서는 이용하고 싶은 서비스가 어디 있는지 찾기 어려울 수 있다. 특히 Edu 버전은 워크스페이스를 개인용과 분리하여 구축하기 때문에 학생들이 모바일에서 워크스페이스 전환하는 방법을 몰라 헤매는 경우가 생긴다.

워크스페이스를 전환하여 학생들에게 디자인 편집을 하게 하고, 편집한 디자인을 본인이 소속된 폴더에 넣게 한다. 이러면 따로 노트북이나 패드 등의 디지털 기기가 없는 학생들도 자신의 휴대전화를 이용하여 모바일 앱으로 만든 디자인을 교육용 워크스페이스에 저장할 수 있다. 가끔 워크스페이스 전환을 깜빡한 학생들이 개인 드라이브에 디자인을 만드는데, 그런 경우 해당 디자인을 교사가 링크로 공유받아 복사한 후 교육용 워크스페이스에 옮겨 주면 된다.

## 4 그 사이에 미리캔버스 버전이 바뀌었나요?

미리캔버스 2.0 버전이 출시되면서 1.0 버전의 파일 메뉴와 설정 메뉴가 전체 메뉴로 통합되었다. 디자인 페이지에서 좌측 상단의 ≡ 버튼을 누르면 전체 메뉴를 볼 수 있다. 전체 메뉴에는 모드 변경(피드백 모드는 Edu 서비스 내의 디자인에서 가능), 안내선(구 가이드선), 언어 설정 등이 있다. 현재 한국어 외에도 영어, 일본어, 독일어, 프랑스어, 스페인어, 이탈리아어, 네덜란드어, 포르투갈어까지 총 9개 언어 설정이 가능하다. 아울러 작업 중 눈의 피로감을 덜어 주는 다크 모드도 활성화할 수 있다. 자세한 내용은 [고객센터-미리캔버스]-[사용법]-[디자인 문서 및 작업 내역 관리]에서 볼 수 있다. 미리캔버스는 디지털 플랫폼이므로 계속적으로 자체 업데이트를 하고 있으며, 특히 AI와 협업 기능을 고도화하는 작업을 대대적으로 진행하고 있다. 모바일 앱도 마찬가지이므로, 정기적으로 업데이트를 해 주면 더욱 편리하게 이용할 수 있을 것이다.

[이미지 9-1] 미리클 첫 화면

### (1) 미리클 AI

'미리클'은 미리캔버스와 기적을 뜻하는 영단어 미러클(miracle)을 결합하여 만든 이름으로, 미리캔버스의 새로운 AI 기술 브랜드이다. 2025년 4월에 국내 디자인 플랫폼 중 처음으로 디자인 맞춤 AI 기술을 탑재한 툴로서 정식 출시되었으며, 출시에 앞서 2023년 2월부터 1년 반 동안 테스트를 진행하였다. 별도의 홍보나 마케팅 없이도 496만 명 이상의 사용자들이 해당 AI 기능을 적극 활용하였으며, 매월 글로벌 이용자가 꾸준히 증가하여 이에 한국어뿐 아니라 영어, 일본어 등 다국어 서비스를 점점 더 늘려가고 있다. AI 제품 연출, AI 보이스, 3D 재질 만들기, 아이콘/동영상 만들기, 일러스트/로고/텍스트 만들기, AI 프로필/캐릭터 만들기 등 다양한 기능을 제공하며, 기존의 배경 제거 기능 등에서 확장하여 배경 만들기, 사진 배경 교체, 흑백 사진 컬러 복원, 비슷한 이미지 생성, 명화 따라 그리기 기능까지도 갖추어 편리하고 쉽게 AI 생성물을 얻을 수 있다.[11]

---

11) 미리클 AI: https://www.miricanvas.com/ko/miricle

[이미지 9-2] 콘텐츠샵 소개 페이지 첫 화면

### (2) 콘텐츠샵

콘텐츠샵은 내가 디자인한 상품을 판매할 수 있는 나만의 온라인 스토어이자 미리캔버스에 기여한 나의 요소, 컬렉션, 템플릿을 한눈에 전시하고 알릴 수 있는 공간이다. 상품 제작, 재고 관리, 배송, 고객 응대(CS)까지 전부 미리캔버스가 책임지고 진행한다. 특히 교사가 콘텐츠샵을 활용하는 경우, 직접 제작한 수업 자료를 인쇄 상품으로 등록하고 판매할 수도 있는 길이 열린다. 현재 미리디의 미리캔버스와 인쇄 커머스 비즈하우스에서는 2,000만 명의 고객이 활동 중이다. 콘텐츠샵 크리에이터의 모든 디자인(상품, 템플릿, 요소 전체)은 서비스 전반에 적극적으로 노출되며, 상품 판매가 발생하면 디자인에 따라 인쇄/구독 수익도 동반될 수 있다. 한 번 등록하면 반영구적으로 반복 판매할 수 있고, 크리에이터 전용 이벤트를 진행하고 있어 단순 기여를 넘어 디자인 크리에이터로 성장하는 기회를 얻는다면 더욱 좋을 듯하다.[12]

---

12) 미리캔버스 디자인허브: https://slashpage.com/designhub-guide/7vgjr4m1nejr12dwpy86

## (3) 교사 대상 미리캔버스 PRO 무상 지원 혜택

2025년 8월, 미리캔버스의 유료 라이선스인 PRO가 전국 38만 명 교직원 대상으로 무료 제공되기 시작하였다.[13] 서울특별시교육청 교육연구정보원과 MOU를 맺은 것을 대표격으로 하여, 여러 개의 시도교육청과 MOU를 맺게 되었다. 따라서 서울, 인천, 광주, 대전, 충남, 충북, 울산, 세종, 강원, 전북, 전남, 경북, 경남, 제주 등 총 14개 시도교육청 교직원에게 혜택이 주어지고 있다. 이로 인해 해당 교직원들은 교육청 메일로 가입하면 미리캔버스의 50만 개 이상의 템플릿을 비롯하여 유료로 제공되는 디자인 요소들까지 자유롭게 활용할 수 있다. 다만, 아직도 본인이 혜택 대상자인지 알지 못하는 교직원이 대다수라 아쉬울 따름이다. 모쪼록 더 많은 교직원이 가입하여 더 편리하고 멋진 디자인 생성을 해 냈으면 하는 바람이다.[14]

---

13) 박윤희. (2025, August 23). 미리디, 11개 시도교육청에 AI 디자인 솔루션 "미리캔버스 프로" 무상 지원. 한국강사신문. https://www.lecturernews.com/news/articleView.html?idxno=185248
14) 교육청별 교직원 대상 미리캔버스 Pro 무료 이용 가이드: https://bit.ly/miriteachers

# 2. 유용한 단축키 모음

미리캔버스에서 사용할 수 있는 윈도우용 유용한 단축키를 몇 가지 간추려 소개하자면 다음과 같다. Mac OS에서는 단축키가 완전히 달라지므로 전체 단축키는 [고객센터-미리캔버스]-[사용법]-[디자인 편집 및 다운로드]에서 확인해야 한다.

| | |
|---|---|
| **1) 기본 단축키** | • Ctrl + C: 선택한 요소 복사<br>• Ctrl + V: 복사한 요소 붙여넣기<br>• Ctrl + X: 선택한 요소 잘라내기<br>• Delete: 선택한 요소 삭제<br>• Ctrl + Z: 마지막 작업 취소<br>• Ctrl + Y: 마지막 작업 다시 실행<br>• Ctrl + A: 모든 요소 선택 |
| **2) 텍스트 관련 단축키** | • Ctrl + B: 선택한 텍스트 볼드체<br>• Ctrl + I: 선택한 텍스트 이탤릭체<br>• Ctrl + U: 선택한 텍스트 밑줄<br>• Ctrl + E: 텍스트 정렬(가운데) |
| **3) 요소 이동 및 조정** | • 화살표 키: 선택한 요소를 한 픽셀씩 이동<br>• Shift + 화살표 키: 선택한 요소를 10픽셀씩 이동<br>• Ctrl + G: 선택한 요소 그룹화<br>• Ctrl + Shift + G: 그룹 해제 |

[표 9-2] 미리캔버스 단축키

# 3. 미리캔버스와 결합 가능한 다른 도구들

## 1 망고보드

　주식회사 망고플레이트에서 개발한 망고보드는 디자인 및 콘텐츠 제작을 위한 온라인 플랫폼으로, 사용자가 손쉽게 그래픽 디자인 작업을 할 수 있도록 도와준다. 여러 템플릿과 디자인 도구를 제공하여, 비전문가도 익숙해지면 포스터, 인포그래픽, 프레젠테이션, 소셜미디어 콘텐츠 등을 전문가 수준으로 제작할 수 있다. AI 보조 기능도 다양하여, AI 얼굴이나 개체를 교체한다든가 화질 개선, 이미지 영역 확장 등의 작업을 할 수 있다. 한국적인 감성이나 트렌디하고 펑키한 느낌을 살린 디자인 요소를 상당수 보유하고 있으며, GIF나 움직이는 이미지를 활용한 동적인 콘텐츠 제작에 강점을 지닌다. 무료 버전과 유료 버전을 제공하여 무료 버전에서는 기능이나 사용할 수 있는 템플릿, 워터마크 등의 제약이 걸린다.

　따라서 미리캔버스와 망고보드를 연계하여 교육 활동을 진행하는 경우, 학생들은 핵심 내용을 효과적으로 강조하고 발표 자료의 전체적인 완성도를 높이며, 각 툴의 강점을 살려 효율적으로 작업하는 방법을 익힌다. 그리고 자신의 개성을 담은 디자인을 시각적으로 더욱 풍부하고 매력 있게 만드는 역량을 기를 수 있어 추천한다.

## 2 북 크리에이터(Book Creator)

북 크리에이터는 영국에 본사를 둔 회사인 Tools for Schools Limited에서 개발했다. 이 앱은 교육자와 학생이 텍스트, 이미지, 오디오, 비디오, 외부 콘텐츠 등을 결합하여 대화형 전자책을 만드는 데 널리 사용된다. 여러 명이 함께 하나의 책을 만들 수 있는 협업 기능을 제공하여 모둠 활동이나 공동 프로젝트에 적합하며, 각자가 만든 책을 여러 명이 동시에 열람하는 작업 역시 가능하다. 또한, 사이트 내에 사용자들이 손쉽게 책이나 전자책을 제작할 수 있도록 형식과 디자인을 선택하고 편집할 수 있는 기능이 있다. 이야기책, 보고서, 학습 포트폴리오, 설명서 등 만들 수 있는 책의 종류가 다양하며, 편집이 완료된 책은 온라인으로 공유하거나 pdf 등으로 다운로드하여 다양한 기기에서 보거나 인쇄할 수 있다.

따라서 미리캔버스와 북 크리에이터를 연계하여 교육 활동을 진행하는 경우, 학생들은 창의적인 스토리텔링 능력을 기르고 그림과 글, 소리를 결합하여 자신만의 결과물을 만들어 내는 과정을 통해 성취감을 느끼고 표현력을 향상시킬 수 있다. 아울러 정보를 구조화하고 정리하는 능력을 기르고, 보고서 내용을 더욱 풍부하고 시각적으로 매력 있게 만드는 방법을 배울 수 있어 추천한다.

## 3 젭(zep)

젭(zep)은 우리나라에서 개발된 메타버스 플랫폼으로서, 슈퍼캣과 네이버제트의 합작 법인이 운영하고 있다. Zero Effect Programming의 앞 글자를 따 젭이란 이름을 갖게 되었다. 직관적인 인터페이스를 제공하여 기술에 익숙하지 않은 학생들에게 적용하기가 좋다. 사용자들이 가상공간에서 실시간으로 소통하고, 프로젝트를 함께 진행할 수 있는 기능이 있으며, 오피스, 행사, 커뮤니티 등 여러 목적에 맞는 다양한 공간 템플릿을 제공하여 누구나 쉽게 메타버스 공간을 만들 수 있다. 가상공간 안에서 아바타를 움직이며 다른 참여자들과 실시간으로 소통하고 협업할 수 있으며, 퀴즈, 미니게임 등 다양한 활동 요소를 공간에 추가하여 상호 작용을 높일 수 있고 비디오나 화면 공유 기능도 제공한다. 따라서 교육 현장에서는 이미 온라인 수업, 가상 체험 학습, 학생 간 교류 공간 마련, 온라인 설명회 등 다채로운 형태로 활용하고 있다.

따라서 미리캔버스와 젭을 연계하여 교육 활동을 진행하는 경우, 학생들은 주도적으로 자신들의 학습 환경을 조성하며, 게임 형식으로 학습 내용을 재미있게 접할 수 있다. 또한, 문제 해결 능력과 협업 능력을 기르고, 직접 교육용 게임 콘텐츠를 기획하고 시각 자료를 활용하여 학습 내용을 공유하는 방법을 배울 수 있어 추천한다.

## 4 마인드 마이스터(MindMeister)

마인드 마이스터는 온라인 마인드맵 도구로, 아이디어를 시각적으로 정리하고 공유할 수 있도록 도와주는 플랫폼이다. 주로 브레인스토밍, 프로젝트 계획, 학습 정리 등에 활용된다. 직관적인 인터페이스를 지녀, 사용자가 쉽게 마인드 맵을 만들 수 있도록 드래그&드롭 방식으로 디자인되어 있다. 그리고 여러 사용자가 동시에 마인드 맵을 편집하고 댓글 기능을 통해 의견을 주고받을 수 있어 팀워크를 촉진한다. 또한, 다양한 주제에 맞는 템플릿을 제공하여 빠르게 시작할 수 있다. 예를 들어, 프로젝트 계획, 학습 노트, 아이디어 정리 등 다양한 템플릿이 있다. 클라우드 저장 기능이 있기 때문에 모든 마인드맵은 클라우드에 저장되어 언제 어디서나 접근할 수 있고 모바일 앱을 통해 이동 중에도 쉽게 사용할 수 있다.

따라서 미리캔버스와 마인드 마이스터를 연계하여 교육 활동을 진행하는 경우, 학생들은 아이디어 발상부터 정보 구조화, 그리고 최종 발표 자료 제작까지의 과정을 익히며 내용 구성 능력과 발표 역량을 기를 수 있다. 또한, 협업을 통한 프로젝트 기획 능력을 향상하고, 프로젝트의 과정을 체계적으로 정리하며 결과를 효과적으로 요약 및 시각화하는 기술을 배울 수 있어 추천한다.

## 5  네이버 웹툰 AI 페인터

네이버 웹툰 AI 페인터는 네이버에서 개발한 인공지능 기반의 그림 도구이다. 이 도구에서 제공하는 그림들은 인물의 포즈나 표정을 표현해 내기 위한 시안 혹은 아이디어 구상에 참고할 자료로 활용 가능하며, 이를 바탕으로 디지털 일러스트레이션 또는 색채 이론의 기초를 익히는 수업을 설계할 수 있다. 학생들은 이 도구로 자신만의 캐릭터를 디자인하는 방법을 배우고, 흑백 스케치를 색칠하거나 명암을 추가할 수 있다. 또 AI를 활용하여 간단한 스케치를 바탕으로 색상, 디테일, 정교한 배경 이미지를 생성할 수 있기 때문에 수업 중 밑작업에 들일 시간이 줄어들고, 이렇게 줄인 시간은 만화의 이야기 전개를 더 치밀하게 하는 데 쏟을 수 있다. 학생이 원하는 스타일(만화, 수채화, 리얼리즘 등)에 맞게 이미지를 자동으로 변환하는 작업도 가능하여, 다양한 스타일을 시도하고 실험할 수 있는 기회를 제공한다는 장점이 있다.

따라서 미리캔버스와 네이버 웹툰 AI 페인터를 연계하여 교육 활동을 진행하는 경우, 학생들은 학습 내용을 그림으로 표현하며 시각적 사고력 및 스스로의 이해도를 높일 수 있고, 만든 그림을 다양한 형태로 가공하여 발표하거나 공유하는 활동을 효과적으로 진행할 수 있다. 아울러 그림 그리는 과정에서의 효율성을 높이고, 디자인 활동에 참여하며, 학생들로 하여금 성취감을 느끼게 하기 쉬워 추천한다.

## 6  피그마(Figma)

피그마는 2012년 미국 샌프란시스코에서 처음 개발된 웹 기반 협업 디자인 도구로서, 2022년에는 어도비(Adobe)가 인수하여 더욱 주목받고 있는 에듀테크이다. 앞서 소개한 연계 도구들의 사용법이 직관적이고 기능에 적응하기가 수월하여 초등학교나 중학교 적용에 적합하다면, 피그마는 인터페이스에 대한 기본적인 지식 및 에듀테크 활용 능력이 뒷받침되어야 하여 고등학교나 대학교 수준에 더 어울릴 듯하다. 가장 쉬운 수업 적용법은 조별 활동 시 같은 그룹에 속한 구성원들과 프레임, 이미지, 아이콘 등의 디자인을 피그마에서 제작한 뒤, 완성된 작업물을 .png, .jpg, .pdf 등 원하는 포맷으로 내보내어 미리캔버스에 요소로 업로드하는 것이다. 이렇게 업로드한 요소는 포스터, 프레젠테이션, 썸네일 등 다양한 미리캔버스 디자인에 적용할 수도 있다. 재가공한 미리캔버스 디자인은 다시 수업 개념 설명이나 과제 안내 자료로서도 온라인 수업 플랫폼에서 사용할 수 있어 여러모로 활용도가 높다.

따라서 미리캔버스와 피그마를 연계하여 교육 활동을 진행하는 경우, 학생들은 학습 효과를 높이는 인터랙티브 디자인 요소를 고민하며 실제 콘텐츠 디자인 역량을 키울 수 있다. 아울러 추상적인 아이디어를 구체적인 디자인으로 시각화하고, 만든 결과물을 효과적으로 알리는 방법을 익히게 된다.

# 4. 교육용 무료 및 유료 리소스 모음

## 1 무료 리소스

미리캔버스는 개인 사용자, 특히 교육 현장의 교사들과 학생들이 별도의 비용 없이도 디자인 작업을 할 수 있도록 강력한 무료 기능을 제공하고 있다. 무료 버전만으로도 다수의 교육용 템플릿과 디자인 요소, 글꼴을 저작권 걱정 없이 자유롭게 사용할 수 있다. 이는 교육 자료 제작에 있어 매우 중요한 부분으로, 상업적 이용 가능 여부를 일일이 확인해야 하는 번거로움을 덜어 준다. 예를 들어, 수업 발표 자료나 학생들에게 배포할 활동지, 독후감 양식, 학급 게시판에 붙일 안내문, 온라인 수업용 카드뉴스 등 다양한 종류의 시각 자료를 전문 디자이너가 아니더라도 손쉽게 만들 수 있다. 제공되는 템플릿은 주제별, 형태별로 잘 분류되어 있어 필요한 자료를 빠르게 찾아 수정하여 활용하기 좋다.

처음부터 완벽한 디자인을 만들려고 하기보다는, 일단 초안을 만든 후 계속해서 수정하고 개선해 나가는 과정을 거치면 좋다. 실제로 사용해 보면서 학습자나 동료의 피드백을 반영하여 자료를 발전시키는 방향을 추천한다. 아울러 인쇄용 자료인지, 화면으로 보는 자료인지, 혹은 모바일 기기에서 볼 자료인지 등 최종 결과물이 사용될 환경을 고려하여 디자인함이 좋다. 예를 들어, 모바일로 볼 자료라면 글자 크기를 키우거나 레이아웃을 단순화하는 게 훨씬 효과적이다.

  미리캔버스의 Edu+ 요금제는 학교, 교육청 등 교육기관을 위해 설계된 유료 서비스이다. 이 요금제는 기관 전체의 교직원 및 학생들이 미리캔버스의 Pro 요금제 이상의 모든 기능과 방대한 프리미엄 디자인 자원을 이용할 수 있게 해 준다. 무료 버전에서 제공하는 것보다 다양하고 고급스러운 템플릿, 이미지, 영상, 폰트 등을 무제한으로 활용 가능하여, 학교의 공식 문서나 홍보물, 학교 행사 관련 자료 등을 더욱 전문적이고 통일감 있게 디자인할 수 있다.

  Edu+ 요금제의 큰 장점 중 하나는 강력한 협업 기능이다. 팀 폴더를 만들어 여러 교직원이 함께 자료를 공유하고 공동 작업하거나, 학생들의 프로젝트 활동 결과물을 한곳에서 관리하고 피드백을 제공하는 등의 효과적인 소통과 협업이 가능해진다. 즉 여러 사람이 함께 자료를 개발할 수 있으므로 효율성이 높아지며, 결과물을 관리하기에도 일손을 덜 수 있어 편리하다. 또한, 계정 관리 기능이 제공되어 학교 차원에서 사용자 계정을 일괄적으로 관리하고 통제할 수 있어 보안 및 관리의 용이성을 높일 수 있다. 이로 인해 학교나 교육기관 전체의 디자인 생산성을 향상하고, 모든 구성원이 고품질의 시각 자료를 쉽게 만들 수 있도록 지원하여 교육 환경의 질을 전반적으로 높이는 데 기여한다.

# 5. 미리캔버스 커뮤니티



미리캔버스에서는 사용자들이 아이디어를 공유하고, 작업물을 전시하며, 서로 피드백을 주고받을 수 있는 페이스북 교사 모임을 운영하고 있다. 이 모임은 미리캔버스 앰버서더를 중심으로 한 사용자들이 디자인 작업에 대한 영감을 얻고, 다양한 템플릿이나 디자인 팁을 나누는 공간으로 활용된다. 2023년 11월 28일에 만들어졌으며, 2025년 5월 기준으로 590명이 넘는 교사들이 소속되어 있다.[15] 모임 가입자라면 누구나 공유 디자인을 열람하고 활용할 수 있도록 하기 위해 디자인 공유는 무료 템플릿이나 요소 등을 사용해 만든 콘텐츠 링크로 이루어지므로 유료로 제공되는 컨텐츠의 공유는 불가하다. 해당 모임은 현직 초·중·고 교사만을 위한 비공개 모임으로 운영되고 있어, 검색은 가능하나 멤버가 아닌 사용자들은 게시물을 볼 수 없다는 점을 유의해야 할 듯하다.

미리캔버스의 페이스북 교사 모임을 보완하고 확장하기 위해 2025년 4월 14일, 새로운 미리캔버스 커뮤니티가 열렸다.[16] 페이스북 교사 모임에서는 주로 앰버서더가 디자인 업로드를 하고 가입자들이 그것을 보는 방식으로 운영이 되었다면, 새로운 커뮤니티는 이전보다 업로드 조건이 상당히 유연해졌다고 볼 수 있겠으며, 수업 및 교과 활동을 하며 미리캔버스로 AI를 활용한 사례, 초·중등 교사가 자료를 만든 사례, 함께 쓰는 캔버스 등의 메뉴에 앰버서더가 아닌 가입자들도 자신의 디자인을 업로드

---

15) 미리캔버스 페이스북 교사 모임: https://www.facebook.com/groups/miricanvasteachers
16) [홈페이지]-[교육용]-[커뮤니티]

할 수 있다.

　최근에는 매주 가장 활발하게 자료를 공유하거나, 가장 많은 공감을 받은 게시글을 공유한 교사를 1명씩 선발하여 미리캔버스 1개월 구독권 및 어워드 배지를 수여하는 이벤트를 열고 있기도 하다. 상대적으로 새로운 커뮤니티는 열린 지 얼마 되지 않은 만큼 페이스북 교사 모임에 비해 덜 알려져 있어, 이벤트에 적극적으로 참여하고 커뮤니티를 주변에 널리 알리면 상품을 얻을 수 있는 기회를 더욱 수월하게 잡을 수 있을 것이다.

**현직교사**가 만든
가장 쉬운 **미리캔버스** 수업 활용!

| | | | | | |
|---|---|---|---|---|---|
| 2025년 12월 25일 | 1판 | 1쇄 | 인 쇄 |
| 2026년 1월 5일 | 1판 | 1쇄 | 발 행 |

지 은 이 : 에듀테크 교사 연구회 미리캔버스 팀
　　　　　(김동은·김효민·박채린·이희정·임준열) 공저

펴 낸 이 : 박　　　정　　　태

펴 낸 곳 : **(주) 광문각출판미디어**

10881
파주시 파주출판문화도시 광인사길 161
광문각 B/D 3층
등　　　록 : 2022. 9. 2 제2022-000102호
전 화(代): 031-955-8787
팩　　　스 : 031-955-3730
E - m a i l : kwangmk7@hanmail.net
홈페이지 : www.kwangmoonkag.co.kr

ISBN : 979-11-93205-78-5　13000

값 : 21,000원